中国人民大学研究报告系列

中国城市文化发展指数

2016

URBAN CULTURE DEVELOPMENT INDEX
OF CHINA （2016）

王琪延　徐　玲　著

中国人民大学出版社
· 北京 ·

总 序

陈雨露

当前中国的各类研究报告层出不穷，种类繁多，写法各异，成百舸争流、各领风骚之势。中国人民大学经过精心组织、整合设计，隆重推出由人大学者协同编撰的"研究报告系列"。这一系列主要是应用对策型研究报告，集中推出的本意在于，直面重大社会现实问题，开展动态分析和评估预测，建言献策于咨政与学术。

"学术领先、内容原创、关注时事、咨政助企"是中国人民大学"研究报告系列"的基本定位与功能。研究报告是一种科研成果载体，它承载了人大学者立足创新，致力于建设学术高地和咨询智库的学术责任和社会关怀；研究报告是一种研究模式，它以相关领域指标和统计数据为基础，评估现状，预测未来，推动人文社会科学研究成果的转化应用；研究报告还是一种学术品牌，它持续聚焦经济社会发展中的热点、焦点和重大战略问题，以扎实有力的研究成果服务于党和政府以及企业的计划、决策，服务于专门领域的研究，并以其专题性、周期性和翔实性赢得读者的识别与关注。

中国人民大学推出"研究报告系列"，有自己的学术积淀和学术思考。我校素以人文社会科学见长，注重学术研究咨政育人、服务社会的作用，曾陆续推出若干有影响力的研究报告。譬如自2002年始，我们组织跨学科课题组研究编写的《中国经济发展研究报告》《中国社会发展研究报告》《中国人文社会科学发展研究报告》，紧密联系和真实反映我国经济、社会和人文社会科学发展领域的重大现实问题，十年不辍，近年又推出《中国法律发展报告》等，与前三种合称为"四大报告"。此外还有一些散在的不同学科的专题研究报告也连续多年出版，在学界和社会上形成了一定的影响。这些研究报告都是观察分析、评估预测政治经济、社会文化等领域重大问题的专题研究，其中既有客观数据和事例，又有深度分析和战略预测，兼具实证性、前瞻性和学术性。我们把这些研究报告整合起来，与人民大学出版资源相结合，再做新的策划、征集、遴选，形成了这个"研究报告系列"，以期放大规模效应，扩展社会服务功能。这个系列是开放的，未来会依情势有所增减，使其动态成长。

中国人民大学推出"研究报告系列"，还具有关注学科建设、强化育人功能、推进协同创新等多重意义。作为连续性出版物，研究报告可以成为本学科学者展示、交流学术成果的平台。编写一部好的研究报告，通常需要集结力量，精诚携手，合作者随报告之连续而成为稳定团队，亦可增益学科实力。研究报告立足于丰厚素材，常常动员学生参与，可使他们在系统研究中得到学术训练，增长才干。此外，面向社会实践的研究报告必然要与政府、企业保持密切联系，关注社会的状况与需要，从而带动高校与行业企业、政府、学界以及国外科研机构之间的深度合作，收"协同创新"之效。

为适应信息化、数字化、网络化的发展趋势，中国人民大学的"研究报告系列"在出版纸质版本的同时将开发相应的文献数据库，形成丰富的数字资源，借助知识管理工具实现信息关联和知识挖掘，方便网络查询和跨专题检索，为广大读者提供方便适用的增值服务。

中国人民大学的"研究报告系列"是我们在整合科研力量，促进成果转化方面的新探索，我们将紧扣时代脉搏，敏锐捕捉经济社会发展的重点、热点、焦点问题，力争使每一种研究报告和整个系列都成为精品，都适应读者需要，从而铸造高质量的学术品牌、形成核心学术价值，更好地担当学术服务社会的职责。

序 言

　　2016年是"十三五"的开局之年，是推行供给侧结构性改革的攻坚之年。这一年，中国经济能否行稳致远，对"十三五"时期开展经济社会建设、夺取全面建成小康社会的胜利意义重大。面对新时期经济发展战略的调整和经济结构的转型升级，文化事业和文化产业将迎来新一轮发展的契机。根据《中华人民共和国国民经济和社会发展第十三个五年规划纲要》，文化及文化产业再次被作为重要议题写入规划中，规划提出"加快文化改革发展""丰富文化产品和服务""推进文化事业和文化产业双轮驱动"等，并确立"十三五"时期"公共文化服务体系基本建成，文化产业成为国民经济支柱性产业"的发展目标。回顾"十二五"时期，我国文化事业建设、文化产业发展成绩斐然，至2015年，全国公共图书馆、群众文化机构、博物馆服务人次分别达到5.89亿、5.48亿、7.81亿，年增长率均在10%左右；全国艺术表演团体演出收入达到93.93亿元，比上年增长24.1%；8家文化企业首次公开发行股票并上市，首发融资额共计80.62亿元，19家上市文化企业实现再融资，共募集资金506.30亿元。全国文化及相关产业增加值占GDP的比重在2014年达到3.8%，相比2010年的2.8%提高了一个百分点，而北京、上海、江苏、广东等省市文化产业增加值占GDP的比重在2014年已超过5%，如此来看，在"十三五"的收官之年，也即在2020年，我国文化产业极有希望实现文化产业增加值占GDP的比重达到5%，从而实现文化产业成为国民经济支柱产业的发展目标。"十二五"的圆满收官为"十三五"时期的文化事业建设、文化产业发展奠定了坚实的基础，全力推动文化产业发展也将成为"十三五"时期经济发展的主旋律、创新创业的新动力，而推动文化供给侧结构性改革、激发文化消费活力、推行"文化+"的融合发展模式将成为"十三五"时期文化产业发展的主要着力点。

　　文化是城市的灵魂，城市是文化的载体。五千多年的中华传统文化博大而精深、丰富而厚重，在历史长河中所形成的精神信仰、伦理观念、处世哲学等，对推动当代城市发展依然具有不容忽视的重要价值。中华文明不仅是我国构建社会主义核心价值体系的主要内容、培育和践行社会主义核心价值观的源头活水，在文化与政治、经济相交融的21世纪，文化更是影响城市发展最为深远的内在要素，是城市精神特质的塑造者。从城市的产生与人类文明的发展历程来看，二者相伴而生。

文化的力量熔铸于城市的生命之中，塑造城市的魅力、引领城市的发展、推动城市的进步；而城市也在历史演进中实现了对传统文化的传承和延续。随着社会发展的不断进步、国际竞争的日益激烈，文化发展在城市建设中的重要性日益凸显，以文化为核心的软实力正日益成为国际舞台上各国城市乃至各国之间竞争的焦点。我们也应该清晰地认识到，我国城市文化建设还存在较大的有待继续完善和改进的空间，我国城市文化发展水平与世界发达城市的文化发展水平差距较大，尚未在国际市场上形成有力的竞争优势。面对世界各国文化交融时代的来临，中国文化在文化全球化中的地位如何凸显，以及如何传播、影响其他国家的人民，是值得我们深思的重要问题。

与文化产业迅猛发展的形势相呼应，学术界围绕文化议题的研究也是如火如荼，越来越多的学者基于不同学科、不同视角对文化发展问题进行多角度的研究和探讨，并形成了很多有意义的研究结论。通过对相关文献进行梳理，我们发现，现有研究成果的不足之处主要是理论探讨较多，实证研究较少；基于全国层面的研究较多，而基于城市层面的研究较少，尤其是以城市文化为研究对象的实证研究更为少见。研究视角、研究维度、研究方法等都有待拓宽，研究内容和体系仍需丰富和完善。

基于上述思考，本书搜集和整理了 2014 年我国 236 个地级及以上城市文化相关数据，借助一定的统计分析方法，对我国城市文化发展水平进行测算和评估，揭示了我国城市文化发展的客观现状，厘清了城市文化发展中的不足和薄弱环节，可为探索推进城市文化建设、促进城市文化发展提供参考。本书研究的脉络、主要内容及各章执笔者具体如下。

第一章，中国城市文化发展总论。执笔者王琪延、黄羽翼、王博。本书在这一章节中，系统阐述了中国传统文化内容在建立社会主义核心价值体系、推动当代城市发展方面所具有的精神价值，提出应以"内容创新、形式创新、科技创新、教育创新、学术创新、产业创新"推动城市文化供给侧改革，突破传统文化发展的困局；通过对文化发展政策的历史演进进行系统梳理，揭示国家助力城市文化发展的战略举措和文化发展方向；从宏观层面分析了全国城市文化产业的发展现状、融合趋势以及城市文化消费水平的稳步提高。

第二章，城市文化发展指数理论框架。执笔者王琪延、徐玲。这一章是研究城市文化发展指数的理论基础。本章基于现有研究成果，以及对城市文化内涵的理解和诠释，从理论层面构建了城市文化发展指数理论模型以及城市文化发展指数的评价体系，并对城市文化发展指数的测算方法进行了说明。

第三章，中国城市文化发展指数及综合分析。执笔者徐玲。本章基于城市文化发展指数理论模型和评价体系，以2014年国内236个地级及以上城市作为研究样本，对我国城市文化发展指数进行测算和综合评价分析。

第四章，中国城市文化发展分要素指数及比较分析。执笔者徐玲。本章基于城市文化发展指数模型以及国内236个城市文化发展指数的测算结果，对构成文化发展指数的六大文化发展要素在样本城市的现状水平进行比较分析，以揭示样本城市文化发展的优劣势，厘清各城市文化发展中的具体薄弱环节。

第五章，中国城市文化发展指数分析——以北京为例。执笔者王琪延、黄羽翼、王博。北京作为我国政治、文化的中心，文化资源丰富，文化发展水平显著领先于国内其他城市，"建设世界文化中心城市"更是北京文化发展的核心目标。基于此，本章以北京为例，将北京作为国内文化发展的重点城市予以关注，对北京文化发展现状进行了更为具体和深入的分析，在总述北京文化发展现状的基础上，分别从国际视野和区县维度，对北京文化发展水平进行评价和比较研究，分析北京文化发展的优劣势，揭示北京建设世界文化中心城市的不足之处和薄弱环节，为从不同层面探索北京文化发展的提升路径提供更为细致和客观的科学依据。

第六章，中国城市文化发展战略研究。执笔者王琪延、徐玲、黄羽翼、王博。本章基于前面章节中对中国城市文化发展的理论探讨和实证研究结论，立足不同层面对城市文化发展的不足及现存问题进行总结提炼，并据此提出推动我国城市文化全面发展的对策选择，以及促进北京区县文化特色发展、加速建成世界文化中心城市的战略选择。

课题组的每一位成员对于本书的完成都做了巨大的贡献，徐玲、黄羽翼、王博、马瑜、马琳共同承担了数据的搜集与整理工作，徐玲协助笔者做了很多统稿和修订工作。由于本书对我国城市文化发展指数的测算涉及236个样本城市、83个数量指标，需要查阅各个城市的统计年鉴、各市统计网站的官方数据以及其他相关年鉴，数据清理任务十分繁重，经过一年多的数据搜集、整理、测算以及反复讨论与修改，书稿成形。在此谨对课题组成员以及所有关心书稿进展的专家学者深表谢意。同时也要感谢出版社的诸位编辑为本书出版所做的大量编辑工作。

由于我国城市文化统计工作尚不完善，各城市年鉴中对文化指标的统计标准及统计口径并没有保持完全的一致性，尤其是一些偏远的、发展较为落后的城市，文化统计严重滞后，一些较为重要的文化发展指标或未做数据统计或存在年份上的数据缺失，对本书研究工作的开展形成很大的阻碍。在对个别城市文化指标数据缺失的处理上，一方面，运用统计方法进行推算、插补或近似替代；另一方面，将指标数据缺失过于严重的城市予以删除，最后仅保留了 236 个地级及以上城市作为研究样本。此外，城市文化发展指数理论评价体系中一些重要的文化指标，由于数据很难获取而未能纳入实证评价体系中。数据难以获取与数据缺失等问题的存在，使本研究难免存在未尽之处，有待我们在后续的分析和研究中加以补充和完善。书中难免存在错漏之处，恳请各位读者批评指正。

王琪延

2016 年 8 月于中国人民大学

目 录 ▶

第一章　中国城市文化发展总论

　　文化是民族的血脉、城市的灵魂。中华传统文化博大精深、源远流长，使中华文明历经五千年却依然具有旺盛的生命力，优秀传统文化中所蕴含的精神信仰、处世哲学等在当代城市发展中依然具有重要价值，新时代的城市建设也应更注重传统文化的传承与发扬，对历史文化的传承和创新发展是推动城市不断进步的根本路径与动力源泉。时代在发展，社会在进步，历史文化作为一座城市的标识与记忆，也应赋予其新的时代内涵，使中华传统文化在不断传承与弘扬中逐渐走向先进。本书在这一章中，结合我国当前国情及建立社会主义核心价值体系的需求，系统分析了中华传统文化内容在城市发展中所具有的当代价值，对如何以创新推动文化供给侧结构性改革、突破城市传统文化发展的瓶颈进行阐述，对我国文化发展政策的历史演进进行梳理，并从宏观层面分析全国城市文化产业发展、文化消费水平的现状及变化趋势。

一、中国传统文化价值与城市发展

　　在中国，"文化"一词最初源于《易经》："观乎天文，以察时变；观乎人文，以化成天下。"也即，文化在我国古代文明中是指人文教化。在西方，文化（Culture）一词则源于拉丁文"Cultura"和"Colere"，原意是"耕耘、栽培、养育等"，后引申为对人的品行、智能的培养。在现代语境中，更将"Culture"解释为是人类能力的高度发展，精神、心性的修养。可见，无论是东方文化还是西方文化，文化皆有"教育、教化"之意，是推动人类文明发展进步的精神动力。文化与社会文明相伴而生，人们通过在生产实践中不断创造、在社会交往中相互学习与分享而形成文化，文化也在特定的时间和空间下指引人们的行为方式、影响人们的价值观念。每一个时代都会有新观念的产生、旧思想的舍弃，而每一个时代新文化的产生又都是建立在传统文化的基础之上的。优秀文化的形成不是一蹴而就，而是在历史的发展过程中不断积淀而成，凝结着一代又一代人不断进化的先进思想和价值观念，是人类文明进步的结晶。

中华传统文化拥有五千多年的文明史，博大而精深，丰富而厚重，源远而流长，经过历史长河的锤炼所积淀下的是中华民族几千年的智慧结晶和思想精髓，并形成了独特的精神标识，是中华民族品格之根本、信念之所在、生命之源泉。中华传统文化中所蕴藏的进取、爱国、顽强、拼搏等精神信念，尊师孝亲、修身自律、务实奋进、勤劳节俭等伦理观念，以及天人合一、和而不同、海纳百川、兼容并蓄的文化思想，在当今时代依然具有不容忽视的重要价值，不仅是我国构建社会主义核心价值体系的主要内容、培育和践行社会主义核心价值观的源头所在，在文化与政治、经济相交融的 21 世纪，文化更是影响城市发展最为深远的内在要素、是城市精神特质的塑造者。党的十八大报告中也明确提出了"建设优秀传统文化传承体系，弘扬中华优秀传统文化"的重大任务。习近平总书记 2013 年在全国宣传思想工作会议上提出了"四个讲清楚"：宣传阐释中国特色，要讲清楚每个国家和民族的历史传统、文化积淀，基本国情不同，其发展道路必然有着自己的特色；讲清楚中华文化积淀着中华民族最深沉的精神追求，是中华民族生生不息、发展壮大的丰厚滋养；讲清楚中华优秀传统文化是中华民族的突出优势，是我们最深厚的文化软实力；讲清楚中国特色社会主义植根于中华文化沃土、反映中国人民意愿、适应中国和时代发展进步要求，有着深厚历史渊源和广泛现实基础。习总书记的"四个讲清楚"具体指明了中华传统文化的巨大价值，反映出党和国家对中国传统文化传承与发展的高度重视。在社会不断发展进步的今天，城市建设更应注重对传统文化的传承与发扬，赋予传统文化新的时代内涵，充分认识和阐释传统文化的时代价值，传承并弘扬中华民族的优秀文化，在新的发展时代让传统文化焕发出新的活力，推动城市健康持续地长久发展。

（一）城市发展中传统文化的当代价值

文化是城市的灵魂，是城市精神特质的塑造者。历经千年历史沉淀的中华传统文化是中华民族智慧的结晶，在当代城市的发展中依然具有强大的生命力、指引力，对推动城市发展、形成更为先进的城市文明依然具有重要的价值。结合中国传统文化的内涵，城市发展中传统文化的当代价值具体表现为社会价值、经济价值、政治价值与历史价值。

第一，传统文化的当代价值表现为社会价值。文化，即以"文""化"之，教化、育人是文化的本质属性、首要功能。中华传统文化中引人向上、导人向善的人文精神，"天人合一"的处世哲学等，在当今物欲横流的时代、人与自然冲突愈加凸显的今天，更能显示出其重要的教化价值，对推动社会进步、持续发展具有重要意义。改革开放使国民的生活水平大幅提高，物质文明得以极大发展，但随之而来的是日益严重的社会浮躁，精神文明建设没有得到应有的重视。人们在满足物欲的过程中、在日益忙碌的工作生活中，忽视了对忠诚、孝顺、真诚、与人为善、以己度人等精神品格的坚持，导致社会上官僚腐败、信任缺失、情感冷漠、语言暴力、攀比炫富等不文明现象愈演愈烈。在创造物质财富的过程中，也不乏为了眼前利益和一己私利，无度掠夺和抢占自然财产、肆意破坏生态环境的无良企业。随着人与自然、人与社会、人与人的冲突愈加剧烈，由此而引发的生态危机、道德危机、人文危机也日益凸显，这与我国传统文化思想传承的缺失有很大的关联。当今社会文明建设所缺失的正是我国传统文化所积极倡导的。我国优秀的传统文化是中华民族五千多年智慧的结晶，凝聚着中华民族自强不息的精神信念和历久弥新的精神财富，它所包含的"仁者爱人"的济世精神，"自强不息"的进取精神，"刚柔相济"的坚韧精神，"知行合一"的务实精神，"和而不同"的包容精神，"言必信，行必果"的诚信精神，是推动中华民族向前发展的重要动力，是中华民族共有的精神家园，在当代社会更是培育和践行社会主义文化价值观的源头所在。中国传统文化中"天人合一"的哲学思想，也是最早倡导"尊重自然"、强调"人与自然和谐发展"的生态智慧。可见，中华传统文化的传承与发展对于维护社会稳定、锻铸民族精神，以及抵制极端个人主义、享乐主义和拜金主义的冲击具有不可替代的重要作用，是增强民族自尊心、自信心、凝聚力和向心力的动力源泉，是建设社会主义精神文明的重要支撑，从而体现出中华传统文化重要的社会价值。

第二，传统文化的当代价值还表现为经济价值。文化不是从来就有，而是人们在生产实践中产生并逐渐形成的，也即人为创造性是文化的本质属性。文化的形成伴随着人类物质文明的发展，文化的发展进步同样也促进了物质财富的形成。人们通过劳动与智慧创造的文化产品，经由市场的交换而成为商品，从而产生经济价值，为文化生产者带来财富的增加。同时，随着人们物质财富的不断累积，对文化产品的消费需求越来越大，文化生产成为社会生产的重要组成部分，文化产品的类型和文化服务的形式逐渐趋于多元化，并最终推动了文化产业的形成。如今，文化产业已经成为很多发达国家经济增长的重要贡献者，文化产业发达的国家或城市，也常常是经济实力较为雄厚的国家或城市。如法国的文化之都巴黎不仅是一座举世闻名的世界文化名城，同时也是欧洲GDP最高的城市，这座汇集着世界文化珍品的千年古城以其卓越的文化魅力吸引了大量的资金和人才，并发展成为欧洲都市圈的核心。巴黎的成功验证了文化与经济发展之间的相互促进，以及良性互动下所形成的经济效应，从而彰显了传统文化中所蕴藏的巨大的经济价值。我国传统文化有着厚重的历史积淀，历经几千年的发展变迁所留传下来的文化艺术遗产、所凝聚的千年文化底蕴是我国独有的特色文化资源与文化财富，文化艺术、文化产品的创新只有立足于我国特有的传统文化，才能在国际上形成抗衡他国的文化竞争优势。20世纪六七十年代，一些以中国传统文化为母体，以儒学思想为核心构筑文化圈的国家或地区，如日本、韩国、新加坡、香港、台湾等，在文化发展的同时也实现了经济的快速增长，这在一定程度上也体现了中华传统文化中所蕴藏的巨大的经济价值。因此，进一步弘扬和发展中华传统文化，对于推动我国经济的快速发展意义重大。

第三，传统文化的当代价值表现为政治价值。优秀的传统文化对现代政治文明的建设具有重要的推动作用。文化的产生源于人的创造，每一个时代的文化都是一代人生活的标志和象征，是一个民族各种思想文化、观念形态、价值取向的总体表征。因此，一个时代的文化思想也反映了执政者的治国理念以及所推崇的文化观念和价值取向。中华传统文化所推崇的是"仁""义""礼""智""信"，讲究的是"修身、齐家、治国、平天下"的儒家之道，而这也正是我国当代政治文明建设的内在根本与动力之源。中华传统文化中"天下兴亡，匹夫有责"的爱国精神、"自强不息"的进取精神、"以天下为己任"的英雄气魄、团结统一的价值取向等，以及中华民族强大的凝聚力，都是维护我国政权稳定、国家统一的重要支撑。另外，传统文化在外交政治中也起到极大的作用，许多凭借硬实力难以达成的政治目的和外交目的，可凭借文化的桥梁促进国与国之间的合作，通过文化产品的输出、文化思想的交流弘扬传统文化，提高传统文化在国外的影响力，从而争夺国际上的话语权。因此，中华传统文化当代价值的另一表现即为政治价值。

第四，传统文化的当代价值还表现为历史价值。悠久而厚重的历史积淀是中国传统文化的基础特征和独特优势，传统文化社会价值、经济价值、政治价值的体现也是建立在中华民族历史文化的传承和延续之上的。中华民族薪火相传的五千年文明，铸就了源远流长的传统文化。中国传统文化的内涵也在历史的锤炼中得到不断丰富和演绎，并最终形成了以"天下一统的国家观、人伦和谐的社会观、兼容并蓄的文化观、勤俭耐劳的生活观"等为主要特征的中华优秀传统文化。从世界文化史的发展来看，中国传统文化也是世界上最为古老的文化之一，且相比世界上任何一种文化，中华传统文化都具有更强的连续性，是世界上唯一没有间断过并延续至今的古文化，且更为珍贵的是，这种文化的连续性并不是一成不变的传承延续，而是在传统的基础上不断创新，形成了一个自我更新、不断发展，又不失兼容并蓄的开放体系。中华传统文化是东方文化的典型代表，有着厚重的历史底蕴、独特的价值体系，不仅是中华民族珍贵的文化宝藏，也是人类文明史上的文化瑰宝，其历久弥新的历史价值同样是世界文化史的宝贵财富，对丰富和推动世界文化发展意义重大。

（二）以创新推动城市文化供给侧改革

自 2015 年 11 月起，"供给侧改革"一词频繁出现在人们的视野之中，成为新时期中国经济发展的新风向、主战略。供给侧改革是应当前我国经济增速下滑、落后产能严重过剩的国情而提出的，即在需求侧拉动已明显乏力的现实下，转而从供给层面发力，通过调整优化供给结构缓解经济社会中的供需矛盾，提高全要素生产率，推动经济结构调整和转型升级。文化产业因其低能耗、高效益的产业特质而成为世界公认的朝阳产业，中华传统文化五千年的历史积淀奠定了我国先天的文化优势，而我国文化市场中却呈现文化产品产能过剩和文化产品有效供给不足的尴尬局面，现有文化产品供给远不能满足居民日益多元化和高端化的文化需求，城市文化产品缺乏特色，高品质文化产品尤为缺乏。可见，文化供给侧结构性改革是我国城市文化发展的必然要求，是缓解文化市场供需不平衡的根本选择。如何有效实现我国城市传统文化的供给侧改革？从文化供给现状来看，中华传统文化博大精深、源远流长，浓缩着的是中华民族几千年的智慧，而在当今城市文化发展中，我国传统历史文化的优势并没有得到充分的利用和发挥，城市中流传了几千年的民间特色文化也多遭遇失传的危机。同时，随着世界城市建设进程的不断加快，以及互联网的日趋普及和科技的日新月异，西方文化的强势渗透愈发便捷与凸显，国内城市建设多有崇尚西方之势，而缺乏城市自身特色，千城一面。"周虽旧邦，其命维新。"面对新的经济发展形势，针对我国城市文化发展的瓶颈与困境，应以创新作为城市文化供给侧改革的根本核心动力，推动传统文化的创新性发展，激发传统文化新活力、创造新价值，同时为新时期经济发展营造新的经济增长点。具体来看，城市传统文化的创新应从以下六个方面着手。

第一，内容创新。中华传统文化包含着"仁者爱人"的济世精神，"自强不息"的进取精神，"刚柔相济"的坚韧精神，"知行合一"的务实精神，"和而不同"的包容精神，"言必信，行必果"的诚信精神，"国家兴亡，匹夫有责"的爱国精神，等等，这些传统文化精华至今推动着中华民族的发展。但是从历史上来看，中国传统文化形成发展于农耕文明时代，尽管吸收了牧业文化和其他文化的优势，但总体上来看是适应农业社会的，存在一定的历史局限性。因此，处于高速发展的工业化、信息化社会，要把传统文化所有的内容完全不加改变地保留下来是不可能的，且违背追求先进文化的本质和初衷。比如传统文化中"三从四德"的女性观，"天不变，道亦不变"的自然观，"别尊卑，明贵贱"的贵贱等级观，等等，这些思想带有时代和提出者阶级地位的烙印，已经不符合时代发展和现代化建设的现实要求。因此，传统文化发展必须要在内容上进行创新，坚持取其精华、去其糟粕、古为今用、推陈出新，按照时代发展特点和现代化建设的要求，对那些至今仍有借鉴价值的传统文化精华赋予其新的时代内涵，实现中华传统文化的创造性转化、创新性发展。

第二，形式创新。习近平同志在主持中共中央政治局第十二次集体学习时曾指出："要使中华民族最基本的文化基因与当代文化相适应、与现代社会相协调，以人们喜闻乐见、具有广泛参与性的方式推广开来。"传统文化不应只是束之高阁、艰涩难懂的"高雅文化"，如果不能让人民群众听得懂、能接受，中华传统文化就无法在当代有效地传承与发展。因此，传统文化必须在形式上进行创新，根据时代的变化和人民群众的欣赏特点，实现表现手法、题材体裁、风格流派的多样化，增强传统文化的通俗性，实现传统文化的现代转换，使传统文化的表现形式更加贴近生活、贴近群众、贴近人民，真正赢得群众的认同，达到宣传、教育、引导群众的目的。比如一些传统文化典籍如《论语》《孟子》《庄子》等蕴含了诸多中华伦理文化精华，但很多群众研读起来比较困难。如果专家、学者在传播传统文化时仍然照本宣科，将传统文化讲得很理论化，大众听不懂、不接受，可能就根本不听了，起不到任何效果。因此，要将传统文化的表达形式进行现代转换，于丹讲《论语》《庄子》等传统文化经典就是形式创新的成功典范，她将典籍中所传达的仁义、诚信、爱人、敬业、和合等传统伦理价值观念与当代实际发展相结合，不仅让人民大众能听懂、能接受，还让人对传统文化感兴趣、想学习。通过表达形式上的创新，把原来只是一些专家在研究的传统文化大众化、草根化，从而唤起普通大众对传统文化历史前所未有的关注，掀起一股"论语热""孔学热"，让传统文化在当代散发出了新的活力。同样，一些传统文艺样式在新时代也需要在形式上进行创新。以京剧为例，京剧艺术是我国三大国粹艺术之一，在世界文化艺术宝库中具有重要地位。但随着时代的发展，人民群众的审美心理发生了巨大变化，京剧已经从传统的"流行文化"成为当代的"小众文化"，京剧受众群体规模日趋缩小，发展面临困境。因此，京剧在当代要想实现复兴，就必须在表达形式上进行创新，使京剧的表现形式顺应时代审美。比如"京歌"就是京剧形式改良创新的一种模式，它是将京剧的唱腔、曲调、程式与现代流行音乐元素融合的流行京剧音乐，一些"京歌"作品如《新贵妃醉酒》《唱脸谱》《故乡是北京》《前门情思大碗茶》等将京剧元素与流行音乐元素完美融合，这种形式创新的作品更为符合现代审美，对于京剧的推广和普及起到了很好的作用。

第三，科技创新。在数字化、信息化时代，传统文化发展必须加上科技创新这一新的动力引擎，"传统文化＋科技创新"模式已成为传统文化发展的必然趋势。首先，要依靠科技创新提高传统文化的表现力，利用新型数字影像、声光多媒体、激光显示、电脑特技、LED显示、3D、4D、高清、虚拟展示等数字技术增强传统文化的表现力。利用科技创新提升传统文化表现比较成功的例子是2014年由徐克执导的动作贺岁片《智取威虎山》，这部影片使用了先进的3D特效技术，将传统革命故事与先进科技融合，极大地提升了影片的表现力，不少观众观后大呼过瘾。这部影片在全国创造了近9亿元票房，实现了口碑与票房的双丰收，充分展示了传统文化与科技创新结合所迸发出的活力。其次，要依靠科技创新提高传统文化的传播力。利用网络、移动通信等技术和传播媒介手段如微信平台、微博平台、短信平台、移动传媒、电视广播平台等，发挥现代传播技术传播速度快、无地域限制、受众面广的优势，建设覆盖面广、层次丰富、双向互动的传统文化传播体系。建立中华传统文化学习网络公共服务平台，利用现代科技手段，开展传统文化数字产品试点和传统文化智慧博物馆试点，让公众足不出户就可轻松游历博物馆，使更多的人可以随时随地用数码产品观看精美艺术品与文物，让更多的人学习、了解传统文化瑰宝，同时构建中华传统文化国际交流网络平台，向全世界弘扬中华传统文化，搭建国际文化交流的桥梁，进一步提高我国传统文化的传播力。最后，要依靠科技创新提高传统文化发展的持续力。当前我国诸多传统文化样式诸如唐卡、泥塑、神祇绘像、藏戏等都存在文化传承人才断层、传统表演技艺失传的情况，这些传统文化样式有随时消亡的危险。因此，应积极利用数字化等科技手段将濒临灭绝的传统文化素材资源进行系统的收集、整理，开展各类文化资源数据库、信息库、素材库建设，加强对中华传统文化资源的数字化保护和开发利用。

第四，教育创新。传统文化的当代发展归根到底需要新一代青少年对传统文化的传承发展，学校教育在促进青少年学习、传承传统文化方面具有十分重要的地位。但目前我国学校教育在促进传统文化传承方面成效甚微，传统文化教育存在诸多问题，比如，学校教学体系中传统文化的内容相对缺乏；传统文化知识在考试等环节中较少涉及；教育模式基本上停留在书本教育的层面，相关教育活动开展较少。因此，应进一步创新传统文化教育体系，完善传统文化课程，丰富传统文化教学内容，使中华优秀传统文化成为小学、中学、大学的重要课程，将传统文化知识纳入考试范围。根据青少年学习能力发展规律，编写适用于学前教育、小学教育、中学教育、大学教育的教学材料，根据现代发展形势更新教学内容，使教学内容更容易被青少年接受，充分发挥传统文化"文以育人，文以化人"的作用。积极创新传统文化教育模式，开展丰富多样、健康有益的传统文化活动，让传统文化不仅仅只停留在书本上。增加传统文化的鲜活性、趣味性，让孩子们在快乐中学习传统文化，通过"快乐学习"增加对传统文化的兴趣。比如，通过开展"我们的节日"民俗节日活动，采用传统文化故事比赛、民俗电影展演、民俗博物馆文化馆观摩、典籍诵读等形式，把教育活动办成文化节、爱国节、道德节，让孩子们在活动中充分领略传统节日包含的深层文化内涵，如春节之喜庆、元宵之团圆、清明之缅怀、重阳之敬老，培养孩子们对民族传统文化的认同感，增强其对民族传统文化的热爱，切实做好青少年的传统文化教育。

第五，学术创新。学术创新是最深层次的创新，是一个民族创新力最本质的表现，是传统文化创新性发展的基础和前提。远古时期的伏羲依照"河图"的启示而演化出了八卦，后来经过周文王父子的创新演绎，形成了中国自古以来沿用至今的"易经"思维，铸造了中华民族深层次的国民基因。西汉时期的司马迁以巨大的学术创新精神，综合了前代史书中的各种体例，创立了纪传体的通史，开创了我国的史学思维，对我国学术创新发展起到了极大的推动作用。从历史上看，我国学术创新比较繁荣的时代一个是春秋战国时期，一个是唐朝。春秋战国时期学术言论民主、不分贵贱的文化氛围，极大地推进了我国学术创新的发展，形成了儒家、道家、墨家、法家等不同的学派，对中国文化的发展有着举足轻重的影响；而在唐代，当时的统治者对于文化创新有着极大的包容精神，使得这一时期的学术创新达到巅峰，李白、杜甫、颜真卿、柳公权、阎立本、吴道子等文化巨人在这一时期将各自领域的创新达到了后人难以企及的高度，成为中华民族永恒的文化记忆。因此，在当代促进传统文化学术创新要营造有利于学术创新的氛围，在学术界形成包容、平等、开放的学术研究氛围，坚持"百花齐放、百家争鸣"，促进文化的学术创新。

第六，产业创新。我国是四大文明古国中唯一得以完整保存、延续至今的国家。我国历史文化积淀之深厚，传统文化资源之丰富，在全世界都屈指可数，这些都是文化产业发展的重要资源。但从现实来看，由于我国传统文化的产业创新不足，丰富的历史文化资源还未能转化成文化产业优势。以动漫产业为例，由于对于本土文化挖掘不足,我国国产动漫创意水平较低,动漫作品缺乏鲜明的民族特点,我国的传统文化资源频频被国外动漫产业再创新获得巨大的成功。比如"功夫""熊猫",这些都是中国的历史文化资源元素,但这些资源在中国仅仅用于旅游开发,而美国好莱坞团队充分利用这些文化元素打造了美国版《功夫熊猫》系列动漫,这一系列动漫作品获得了40亿元人民币的票房和良好的口碑。《花木兰》《三国演义》等中国故事也被美国制作成动漫作品搬上荧屏,获得票房、口碑的双丰收。美国国家历史较短,历史文化资源不多,但美国却是全球文化产业的霸主,占据全世界56%的广播和有线电视收入、85%的收费电视收入和55%的电影票房收入。中国拥有丰富的文化宝藏,悠久的文明蕴含着无数动人的故事,但传统文化资源丰富的中国在全球的文化产业格局中处于低端位置,究其原因,是由于我国文化产业对于自身文化再创新和再利用不够充分,导致我国文化产业在国际上的竞争力和影响力不强。中华优秀传统文化是文化产业发展的重要基石,文化产业发展应坚持古为今用、创新发展的理念,通过对我国优秀传统文化资源进行深度挖掘与积极创新,推动传统文化与电影、动漫、旅游、休闲等产业融合发展,以产业创新为杠杆,促进传统文化释放巨大能量。

因此,中华传统文化作为中华民族的"根"和"魂",是实现民族复兴与中国梦的文化根基,是城市创新发展的根本动力。在新的时代背景下,要实现传统文化的创新性发展,需要通过传统文化内容创新、形式创新、科技创新、教育创新、学术创新、产业创新的相互协调配置,从而破解当代传统文化发展困局,使传统文化焕发出新的风采。

二、文化发展的政策演进及成效

在经济体制改革和国家文化建设过程中,我国制定了一系列文化政策以推进文化发展,并取得了显著的成效,根据文化政策的历史演进,可划分为四个发展阶段。

第一个阶段为1979—1988年,这是我国文化发展的初级阶段。在这一时期,文化发展实现了由"文化从属于政治"向"文化为人民服务"的重大转变,此时的文化产业尚处于初级发展的萌芽阶段,文化市场建设刚刚起步,尚不成熟。

1979年10月,邓小平同志在中国文学艺术工作者第四次代表大会上的祝辞中提出"文艺为人民服务、为社会主义服务"的方针思想,此后"两为"方针成为社会主义文化建设的一项根本政策。这一方针的提出改变了之前"文艺从属于政治"

所衍生的"文艺为政治服务"的文化政策走向，国家关于文化建设的指导思想和基本政策开始转向，中国文化事业出现了复苏和空前繁荣。1985年4月，在国务院办公厅批转的国家统计局《关于建立第三产业的统计报告》中，文化艺术被纳入第三产业范畴，文化第一次在国民经济和社会发展指标体系中获得了"产业"的身份，以营业性舞会和音乐茶座为发端的文化市场开始日益活跃。1987年2月，文化部、财政部、国家工商管理局颁发《文化事业单位开展有偿服务和经营活动的暂行办法》，开始承认了文化事业单位开展的有偿服务和经营活动的合法性，进一步推动文化市场繁荣发展。1988年2月，文化部、国家工商总局联合发布了《关于加强文化市场管理工作的通知》，这是在政府文件中首次出现"文化市场"的概念，这份文件对于文化发展是一个里程碑式的文件，中国"文化市场"的地位正式得到承认。同时该文件对文化市场的管理范围、任务、原则和方针都进行了界定，改变了文化市场管理无章可循的局面。隔年，国务院批准在文化部设置文化市场管理局，全国文化市场管理体系开始建立。

第二个阶段为1989—2001年，这是我国文化市场的全面推进时期。在这一时期，国家逐步认识到文化产业的重要性，文化经济政策的基本取向进一步地表现为引导、培育和规范。

1991年，国务院批转的《文化部关于文化事业若干经济政策意见的报告》中，"文化经济"的概念正式被提出。1992年，中共中央、国务院发布了《关于加快发展第三产业的决定》，正式提出了要以产业化为方向，加快发展包括文化生产在内的第三产业，促进文化单位由单纯的财政消费部门转为生产型部门。同年10月，江泽民同志在中国共产党第十四次全国代表大会上的讲话中提出："积极推进文化体制改革，完善文化事业的有关经济政策，繁荣社会主义文化"。在这一宏观背景下，中国文化体制改革的步伐明显加快，开始从"直接管理"向"间接管理"、从"办文化"向"管文化"转变。1998年8月，文化部文化产业司成立并制定工作规则，这是政府部门第一次设立文化产业专门管理机构，标志着政府开始重视文化产业在社会主义市场经济中的作用。2000年10月，党的十五届五中全会通过的《中共中央关于制定国民经济和社会发展第十个五年计划的建议》中，第一次提出"文化产业政策"这一概念，文化产业的合法性被确立，文化产业从理论层面上升到国家发展规划和政策层面。该建议提出："完善文化产业政策，加强文化市场建设和管理，推动有关文化产业的发展。"文化产业政策概念的提出，标志着政府部门开始有意识地运用文化产业政策推动文化产业发展，标志着我国对于文化产业的承认和对其地位的认可，这对于文化体制改革起着非常重要的作用。同年12月，国务院颁布了《关于支持文化事业发展若干经济政策的通知》，系统性地提出了支持文化产业发展的财政、税收和金融政策，极大地调动了各方面发展文化产业的积极性。

第三个阶段为 2002—2008 年，这一时期，我国文化产业迎来了大力发展。我国加入 WTO 和十六大开启了文化市场发展的新时期，中国文化产业发展进入了快车道，国家文化软实力建设在国际化竞争中扮演着越来越重要的角色。在这一阶段，国家的文化经济及文化产业政策重心是深化文化体制改革，调整文化产业结构，注重文化产业的开拓创新。

2002 年，党的十六大报告中提出要把文化事业和文化产业从概念上明确区分开，并提出"文化产业是市场经济条件下繁荣社会主义文化、满足人民群众精神文化需求的重要途径；要完善文化产业政策，支持文化产业发展，增强我国文化产业的整体实力和竞争力"，进一步明晰文化产业发展方向。2003 年 9 月，文化部发布《文化部关于支持和促进文化产业发展的若干意见》，指出要在大力繁荣文化事业的同时积极发展文化产业。同时提出新时期我国文化产业的发展目标是在国家宏观调控下，进一步发挥市场机制在文化资源配置上的基础性作用；形成一批实力雄厚、竞争力强的文化企业和有影响的文化品牌，建立一定规模的现代化文化产品生产、服务和销售网络，文化产业整体实力和竞争力明显增强，在国际市场上占有一定份额；文化产业增长速度明显高于国民经济增长速度，文化消费在日常消费中所占的比例明显提高；到 2010 年，形成比较完备的有利于文化产业发展的政策法规体系，形成比较发达的文化产品生产体系以及统一开放、竞争有序的文化市场体系，使文化产业成为国民经济的支柱产业和新的增长点，进一步促进文化市场繁荣壮大，文化产业健康发展。2003 年 10 月，十六届三中全会通过的《中共中央关于完善社会主义市场经济体制若干问题的决定》进一步确认了文化产业的战略地位，国家开始将文化产业列入国民经济的重要产业，纳入国民经济发展总体规划，指出切实转变文化行政管理部门的职能，促进文化事业和文化产业协调发展，进一步强调深化文化体制改革，完善文化产业政策，促进各类文化产业共同发展，增强文化产业的整体实力和国际竞争力。2003 年 11 月，十六届三中全会通过的《完善社会主义市场经济体制若干问题的决议》，开始把文化产业列入国民经济的重要产业，纳入国民经济总体规划，文化产业的战略地位得到了进一步确立。

2004 年 4 月和 2005 年 1 月，国家统计局发布了《文化及相关产业分类》和《文化及相关产业分类统计指标体系》，这两个文件不仅对文化产业进行了详细定义，而且对我国现行的文化产业进行了行业划分，完成了对文化产业形态的统计学划分，它第一次使得文化的生产以及其所形成的产业体系成为重建国家产业政策的标准。2006年9月，中共中央办公厅、国务院办公厅印发了《国家"十一五"时期文化发展规划纲要》，这是中国第一个专门部署文化建设的中长期规划。该纲要提出要进一步发展重点文化产业，进一步优化文化产业布局和结构、转变文化产业增长方式，积极培育文化市场主体、健全各类文化市场，发展现代文化产品流通组织和流通方式。2007年，党的十七大报告中做出了"推动社会主义文化大发展大繁荣"的重大部署，前所未有地将文化提升到国家战略这一新高度，极为深刻地提出文化所具有的战略地位及其重要作用，第一次向全党和全国各族人民发出了兴起社会主义文化建设新高潮的响亮号召，第一次提出提高国家文化软实力的新观点，第一次提出维护和保障人民基本文化权益、让人民共享文化成果等新思想。2008年1月，胡锦涛同志在同全国宣传思想工作会议代表座谈时强调，只有把握时代脉搏、反映时代精神、贴近现实生活、引领人民思想的文化，才能始终赢得人民，才能始终成为社会进步的先导。要立足中国特色社会主义伟大实践，从波澜壮阔的现实生活中汲取养分，准确把握人民精神文化需要的新变化，深入把握新形势下宣传思想工作的特点和规律，改进宣传思想工作的领导方式、组织方式、工作方式、管理方式，形成鼓励创新创造的法制保障、政策体系、激励机制，充分运用先进技术手段丰富文化的生产方式和表现形式，极大丰富文化品种、样式、载体、风格，让一切创造活力竞相迸发，让一切创新才华充分施展，让一切创新成果得到尊重，努力使精神文化产品和社会文化生活更加丰富多彩。

第四个阶段为2009年至今，文化产业迎来了全面发展的黄金时期，"文化＋"的时代也随之到来。在这一时期，文化产业对经济增长的重要贡献得到了国家的高度重视，将大力发展文化产业纳入国家的发展战略，并大力推动文化产业与其他产业的融合发展，在拓展文化产业发展空间的同时，充分发挥文化产业对其他产业发展的带动作用，实现文化产业与相关产业的协调发展。

2009年9月，国务院颁布了《文化产业振兴规划》，该规划明确提出着力做好发展重点文化产业、实施重大项目带动战略、培育骨干文化企业、加快文化产业园区和基地建设、扩大文化消费、建设现代文化市场体系、发展新兴文化业态、扩大对外贸易八个方面的重点任务，该规划的提出标志着国家已经把发展文化产业提升为一项国家战略，极大地促进了文化产业的发展。

2010年4月，央行、财政部、文化部、中宣部、银监会、证监会、保监会、新闻出版总署、广电总局九部委联合下发《关于金融支持文化产业振兴和发展繁荣的指导意见》，这是新中国成立以来金融支持文化产业发展的第一个全面性、政策性的文件，进一步拓宽了文化产业投融资渠道，是充分发挥金融系统支持文化产业发展作用，贯彻落实党中央、国务院文化产业发展振兴的具体举措。2010 年 7 月，中共中央政治局就深化我国文化体制改革问题进行第二十二次集体学习。胡锦涛同志在主持学习时强调，深入推进文化体制改革，促进文化事业全面繁荣和文化产业快速发展，关系全面建设小康社会奋斗目标的实现，关系中国特色社会主义事业总体布局，关系中华民族伟大复兴。我们一定要从战略高度深刻认识文化的重要地位和作用，以高度的责任感和紧迫感，顺应时代发展要求，深入推进文化体制改革，推动社会主义文化大发展大繁荣。文化是民族凝聚力和创造力的重要源泉，是综合国力竞争的重要因素，是经济社会发展的重要支撑。深化文化体制改革，是党中央做出的关系我国经济社会发展全局的重大决策。2010 年 10 月，中共十七届五中全会再次提出要推动文化大发展大繁荣、提升国家文化软实力，坚持社会主义先进文化前进方向，提高全民族文明素质，推进文化创新，深化文化体制改革，增强文化发展活力，繁荣发展文化事业和文化产业，满足人民群众不断增长的精神文化需求，基本建成公共文化服务体系，推动文化产业成为国民经济支柱产业。由此可见，文化产业在我国国民经济中的地位又得到了新的提升。

2011 年 3 月 16 日，《中华人民共和国国民经济和社会发展第十二个五年规划纲要》提出"加快发展文化产业""推动文化产业成为国民经济支柱性产业，增强文化产业整体实力和竞争力"。文化产业在社会发展和国民经济的战略地位进一步凸显，成为新的支柱性产业。2011 年 10 月，中共十七届六中全会审议通过的《中共中央关于深化文化体制改革，推动社会主义文化大发展大繁荣若干重大问题的决定》，会议进一步确立了文化建设在中国特色社会主义事业总体布局中的战略定位，进一步强调了我们党在中国特色社会主义文化建设中的责任担当，提出了建设社会主义文化强国的总体目标，明确了当前和今后一个时期文化改革发展的具体任务。会议指出：文化是民族的血脉和灵魂，是人民的精神家园，是国家发展的重要支撑。我国文化的改革发展，显著提高了全民族思想道德素质和科学文化素质，促进了人的全面发展，显著增强了国家文化软实力，为坚持和发展中国特色社会主义提供了强大精神力量。该决定全面部署了深化文化体制改革、推动社会主义文化大发展大繁荣的各项工作，发出了进一步兴起社会主义文化建设新高潮的动员令，对于实现中华民族伟大复兴具有重要意义。

2012 年 2 月，文化部印发《文化部"十二五"时期文化产业倍增计划》，该计划进一步肯定了文化产业的重要战略地位，认为"文化产业是社会主义市场经济条件下满足人民多样化精神文化需求的重要途径，是促进社会主义文化大发展大繁荣的重要载体，是国民经济中具有先导性、战略性和支柱性的新兴朝阳产业，是推动中华文化走出去的主导力量，是推动经济结构战略性调整的重要支点和转变经济发展方式的重要着力点"。该规划总结了今后一个时期文化产业发展的十项工作重点，包括培育壮大市场主体、转变文化产业发展方式、优化文化产业布局、加强文化产品创作生产的引导、扩大文化消费、推进文化科技创新、实施重大项目带动战略、健全投融资体系、强化人才支撑和推动文化产业"走出去"。2012 年 7 月，文化部以部令的形式发布了《文化统计管理办法》，该文件是进一步推进文化统计工作法制化、规范化的重要举措。该文件的实施为我国文化统计工作提供了强有力的制度保障，有助于进一步规范文化统计工作，提高文化统计数据质量。

2014 年，文化产业发展政策的重点集中在促进文化融合发展、提高文化产业的发展水平上，先后发布了多条政策文件，引导和支持文化与其他产业的有效融合。如 2014 年 3 月，文化部发布了关于贯彻落实《国务院关于推进文化创意和设计服务与相关产业融合发展的若干意见》（以下简称《意见》）的实施意见。《意见》的出台，旨在提高文化产业创意水平和整体实力，推动文化创意和设计服务与相关产业深度融合，标志着文化创意和设计服务与相关产业融合发展已经成为国家战略。《意见》明确提出，各级文化行政部门要主动把文化产业融入经济社会发展全局，认真研判、准确把握产业融合发展新趋势，打破部门行业区域藩篱，创新理念方式手段，抓好政策措施落实，在切实提升文化产业的创意水平和整体实力的基础上，更加积极主动地发挥文化创意和设计服务对相关产业发展的支持作用，以文化提升相关产业产品和服务的附加值，以融合发展拓展文化产业发展空间，实现文化产业与相关产业相互促进、共同发展。随后，文化部、中国人民银行、财政部又联合印发了《关于深入推进文化金融合作的意见》，该意见总结了近年来文化金融合作的经验与成果，结合当前金融改革和文化产业发展的新趋势，从认识推进文化金融合作重要意义、创新文化金融体制机制、创新文化金融产品及服务、加强组织实施与配套保障这四个方面提出了深入推进文化金融合作的要求，对于建立文化金融合作部际会商机制、完善文化金融中介服务体系、推进文化金融在重点领域的实施、重视金融支持小微文化企业发展、创新文化金融服务组织形式、创新符合文化产业发展需求的金融产品与服务、创新文化资产管理方式等问题做出了部署和指引。同年出台的关于推动文化产业发展的较为重要的相关政策文件还有：《关于深入推进文化金融合作的意见》解读、关于贯彻落实《2014 年文化系统体制改革工作要点》及其《分工实施方案》的通知、文化部办公厅关于修订印发《国家文化产业示范基地管理办法》的通知、《关于推动 2014 年度文化金融合作有关事项的通知》等。

2015 年，文化发展的政策重点则主要放在了提高公共文化服务建设、规范文化市场管理上。如 2015 年 5 月，国务院办公厅转发文化部等部门《关于做好政府向社会力量购买公共文化服务工作意见》的通知，《意见》指出，到 2020 年，在全国基本建立比较完善的政府向社会力量购买公共文化服务体系，形成与经济社会发展水平相适应、与人民群众精神文化和体育健身需求相符合的公共文化资源配置机制和供给机制，社会力量参与和提供公共文化服务的氛围更加浓厚，公共文化服务内容日益丰富，公共文化服务质量和效率显著提高。2015 年 7 月，国务院办公厅印发《关于支持戏曲传承发展若干政策》的通知，主要内容包括加强戏曲保护与传承、支持戏曲剧本创作、支持戏曲演出、改善戏曲生产条件、支持戏曲艺术表演团体发展、完善戏曲人才培养和保障机制、加大戏曲普及和宣传、加强组织领导。2015 年 10 月，国务院办公厅又印发了《关于推进基层综合性文化服务中心建设的指导意见》，其主要内容包括：加强基层综合性文化服务中心建设；明确功能定位；创新基层公共文化运行管理机制；加强组织实施。

三、城市文化产业迅猛发展及融合之势

（一）文化产业高速增长的态势

近年来，在国民不断增长的文化需求刺激以及国家文化发展的政策推动下，我国城市文化产业取得快速的发展，全国文化产业的增加值、对经济增长的贡献率都保持了高速增长。根据三次全国经济普查数据和国家统计局发布的《文化及相关产业分类》（2012 修订版），从中筛选出文化及相关产业进行研究，由于我国城市层面文化及相关产业增加值等数据的统计尚不完善，受数据可得的限制，现主要基于全国层面进行分析，相关数据整理如表 1—1 所示。2004 年，我国文化产业法人单位 31.79 万家，从业人员 873 万人，资产总额 1.8 万亿元，主营业务收入为 1.6 万亿元。2013 年，法人单位达到 91.85 万家，是 2004 年的近 3 倍，从业人员达到 1 760 万人，资产总额达到 10.3 万亿元，主营业务收入达到 8.26 万亿元。十年间，文化产业各项指标年均增速均超过整个国民经济的发展速度，整体呈现迅速发展的态势。从所有制的类型来看，我国城市中文化及相关产业以非国有或集体企业为主，民营及外资企业的广泛介入，为我国文化产业发展注入了无限活力。

表 1—1　　　　2004 年、2008 年及 2013 年我国文化及相关产业基本情况统计表

年份	法人单位数（万家）	从业人员（万人）	资产总计（亿元）	主营业务收入（亿元）
2004	31.79	873.26	18 317	16 225
2008	46.08	1 008.2	27 487	26 802
2013	91.85	1 760	103 407	82 611

数据来源：《中国文化及相关产业统计年鉴2014》。

从近十年文化产业的总体发展现状来看（详见表 1—2、图 1—1），2004 年文化及相关产业增加值仅有 3 440 亿元，占 GDP 的比重为 2.2%，同比增长率达到 30.1%；2013 年，文化及相关产业增加值突破 2 万亿元，占 GDP 的比重增加至 3.6%，同比增长率则有所降低，下降到 11.1%，十年间，文化产业增加值年均增长率达到 22.8%，远高于同期 GDP 的增长速度；至 2014 年，全国文化及相关产业增加值已达到 23 940 亿元，占 GDP 的比重达到 3.8%，同比增长率略有回升，为 12.1%。从 2010 年起，我国文化产业增加值突破 1 万亿元，达到 11 052 亿元，虽然此后增速较前期有所减缓，但 2010 年以后的年均增长量超过 2 000 亿元，远高于 2010 年之前千亿元的年均增长量。从占 GDP 的比重来看，2004—2014 年，文化及相关产业增加值占 GDP 的比重呈上升之势，2004 年所占比重仅为 2.2%，2014 年则上升至 3.8%。可见，文化产业对经济增长的贡献率也在逐年提升，在国民经济发展中的重要地位日益凸显。但同时还应看到，我国文化产业发展水平与世界文化产业发达国家相比还存在一定的差距，2013 年美国文化产业增加值占 GDP 的比重达到 11.25%，这一比例远高于我国文化产业对 GDP 3.6% 的贡献率。

表 1—2　　　　2004—2014 年我国文化及相关产业增加值及增长率

年份	增加值（亿元）	增长率（%）	占 GDP 比重（%）
2004	3 440	30.1	2.2
2005	4 253	37.1	2.3
2006	5 123	20.5	2.4
2007	6 455	26.0	2.4
2008	7 630	18.2	2.4
2009	8 786	22.6	2.5
2010	11 052	25.8	2.8
2011	13 479	22.0	2.9
2012	18 071	16.5	3.5
2013	21 351	11.1	3.6
2014	23 940	12.1	3.8

数据来源：《中国文化及相关产业统计年鉴2015》。

从文化产业分行业的发展现状来看（相关数据详见表 1—3、图 1—2～图 1—4），根据国家统计局的界定标准，文化及相关产业包含文化制造业、文化批发和零

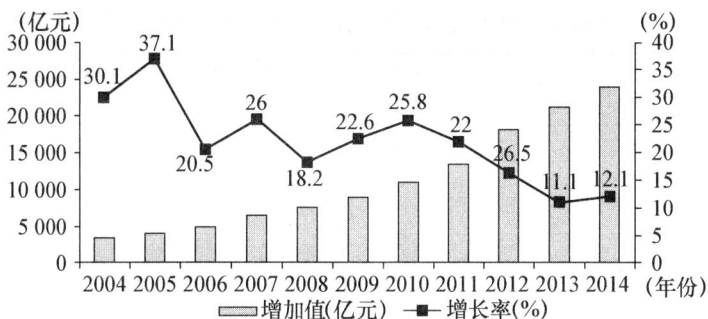

图1—1 2004—2014年我国文化及相关产业增加值、增长率变化趋势

售业（以下简称"文化批发零售业"）以及文化服务业三个行业大类。其中，文化服务业是文化产业的主体部分，且近年来行业规模仍呈现不断扩大之势。从表1—3及图1—2中可以看到，三个文化分行业中，文化服务业的企业数量是最多的，且远超过文化制造业和文化批发零售业，至2014年，我国文化服务业企业数占文化产业企业总量比重达到67.33%，超过文化企业总量的2/3。再从图1—3中文化企业其他发展指标的比较来看，在企业从业人数方面，2004年和2008年文化制造业从业人数的占比最高，总体比重均超过50%，且明显高于其他两个行业，而2013年文化服务业实现反超，从业人数占比略高于文化制造业，分别达到45.93%和45.77%，而文化批发零售业的从业人数规模总体变化不大；在资产规模方面，文化制造业的资产总额越来越低，2008年和2013年已经明显低于文化服务业，文化批发零售业的资产总额则一直处于最低位，且呈不断下降的态势，与二者表现不同的是，文化服务业资产总额呈现明显的不断增加之势，2008年已超过文化企业资产总额的一半，2013年占比已达到53.08%；从企业创收的水平来看，文化产业的三个行业类型中，文化制造业的营业收入明显高于文化批发零售业和文化服务业，在文化产业营业总收入中所占的比重超过50%，且近十年来表现稳定，没有出现大的波动；从行业增加值来看，文化制造业与文化服务业是文化产业增加值的主要贡献者，二者合计占比超过80%，其中文化制造业增加值占比有下降趋势，从2004年的48.56%下降到2013年的42.93%，而文化服务业增加值的总体占比水平则在不断上升，从2004年的40.7%上升到2013年的47.02%，进一步对文化分行业增加值在近几年的变化趋势进行分析（结果如图1—4所示）可以看到，文化各行业的增加值逐年增加的态势十分明显，且自2008年起，文化服务业的增加值一直处于领先位置。结合以上对各项文化发展指标的分析可以看出：近五年来，文化服务业是三个文化行业类型中发展最为迅猛的行业，在企业规模和企业实力方面均好于其他两个行业，但在创收水平上仍远不及文化制造业，创收能力还有待继续增强。

表 1—3   2004 年、2008 年和 2013 年三大文化行业基本情况

年份及行业		法人单位（万个）	从业人员（万人）	资产总计（亿元）	营业收入（亿元）	增加值（亿元）
2004	文化制造业	6.9	500.3	7 862.6	8 911.2	1 480.7
	文化批发零售	5.1	71.5	2 778.2	4 227	327.8
	文化服务业	19.8	301.5	7 675.9	3 423.3	1 241
2008	文化制造业	8.9	508.1	10 438.2	14 477.6	2 944.8
	文化批发和零售	5.5	63.6	3 177.4	4 504.1	526.7
	文化服务业	31.7	436.5	13 870.9	8 262.6	3 639
2013	文化制造业	16.2	805.5	32 478.1	43 501.9	9 166
	文化批发和零售	13.9	146.1	12 290	18 479.6	2 146
	文化服务业	61.6	808.4	50 654	21 762	10 039

数据来源：《中国文化及相关产业统计年鉴 2015》。

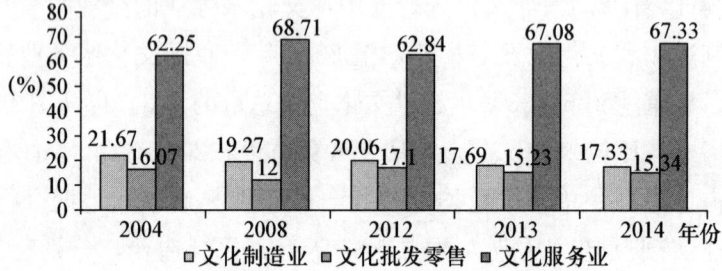

图 1—2　我国文化及相关产业法人单位数的行业构成

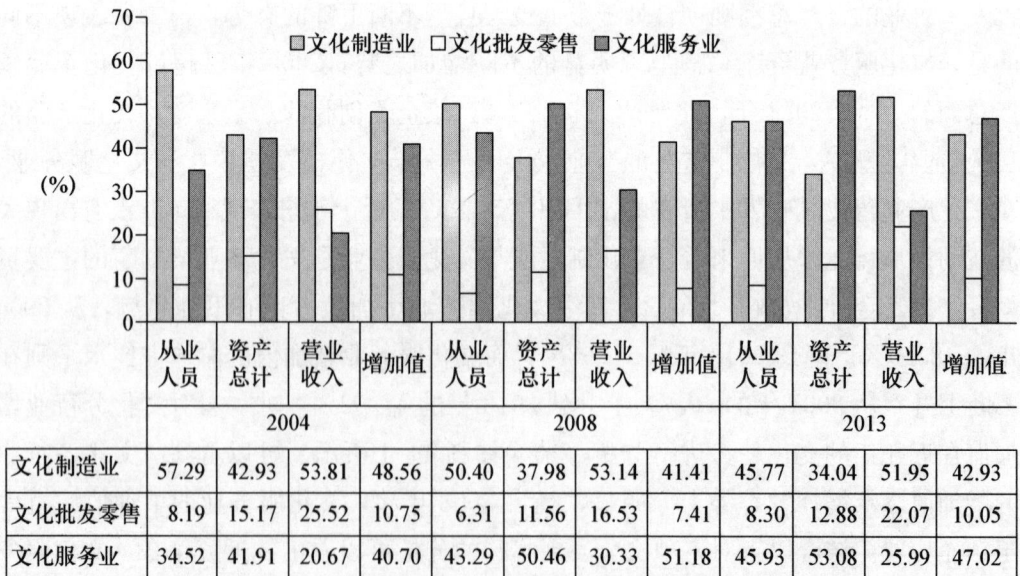

	从业人员	资产总计	营业收入	增加值	从业人员	资产总计	营业收入	增加值	从业人员	资产总计	营业收入	增加值
	2004				2008				2013			
文化制造业	57.29	42.93	53.81	48.56	50.40	37.98	53.14	41.41	45.77	34.04	51.95	42.93
文化批发零售	8.19	15.17	25.52	10.75	6.31	11.56	16.53	7.41	8.30	12.88	22.07	10.05
文化服务业	34.52	41.91	20.67	40.70	43.29	50.46	30.33	51.18	45.93	53.08	25.99	47.02

图 1—3　我国文化及相关产业各项指标的分行业构成

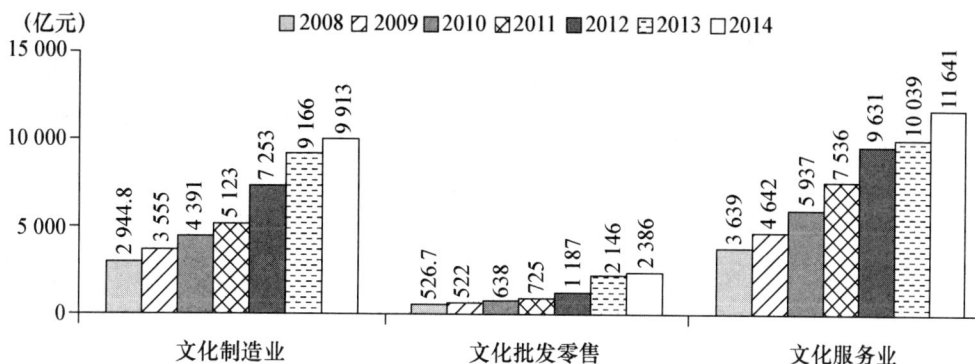

图 1—4　2008—2014 年我国文化分行业增加值

进一步从区域城市文化产业的发展水平来看，我国城市文化产业发展具有明显的"东高西低"的区域特征。东部地区城市文化产业是最先发展起来的，借助政府较大的扶持力度，现已形成规模集聚发展的态势，同时拥有支出能力较强的文化消费市场。而中部地区城市文化产业发展则为追赶之势，诸多省份已经根据自身文化资源优势因地制宜、有的放矢地发展本省城市文化产业。西部地区，除了四川、陕西等个别省份外，多数省份的文化产业发展则刚刚起步。具体来看：（1）东部地区文化产业全面发展，无论是文化产业规模还是产业产出，广东省、江苏省、浙江省、山东省、北京市和上海市等东部省份的城市都处于绝对领先地位。2004 年、2008 年和 2013 年，东部 10 省/直辖市（以下简称"省市"）的平均资产规模为 1 006.55 亿元、1 605.41 亿元和 4 502.25 亿元，是中部六省平均水平的 3.63 倍、4.01 倍和 1.89 倍，是西部 12 省/自治区/直辖市（以下简称"省区市"）平均水平的 7～8 倍。2013 年，广东省城市文化产业资产总额突破 1 万亿元，江苏省为 8 372.14 亿元、浙江省为 5 328.79 亿元。2004 年、2008 年和 2013 年，东部 10 省市的主营业务收入平均为 928.84 亿元、1 612.41 亿元和 4 567.41 亿元，是中部六省平均水平的 4.94 倍、3.93 倍和 1.93 倍，是西部 12 省区市平均水平的 11 倍。2013 年，广东省文化产业主营业务收入超过 1 万亿元，江苏省、山东省和北京市的主营业务收入超过 5 000 亿元。从增加值来看，2004 年、2008 年和 2013 年，东部十省平均增加值分别为 190.49 亿元、400.74 亿元和 1 133.61 亿元，是中部六省平均水平的 2.91 倍、2.20 倍和 0.87 倍，是西部 12 省区市平均水平的 5～8 倍。所有省份中，广东省文化产业发展的各个指标表现均佳；直辖市中，北京作为我国文化中心，文化产业发展水平遥遥领先，其次是上海市，各类文化休闲娱乐业相对更为发达。（2）东部地区虽然优势明显，但中部六省城市紧追其后，中部六省与东部 10 省市的差距在逐步缩小。2013 年，东中部地区平均资产规模的差距已从 2004 年的

3.63 倍缩小至 1.89 倍，主营业务收入相差的倍数也从 4.94 倍缩至 1.93 倍。2013 年，中部地区的湖南省、河南省和湖北省的文化服务增加值，仅次于东部广东省和山东省。同时，湖南和河南文化产业固定资产投资也仅次于山东省和河北省，固定资产投资前十的省份中，中部六省占了四席。（3）西部地区个别省份发展迅速。与中部六省相似，西部 12 省区市与东部 10 省市的发展差距也在逐步缩小，这一点在资产规模和主营业务收入两项指标上均有所体现。其中，四川省、重庆市、陕西省、云南省等西部地区文化内容生产、文化传播渠道和文化生产服务的发展水平与中部地区大致相当，且固定资产投资和文化产业增加值在全国排名靠前。

再从文化产品对外贸易的现状来看（相关数据详见表 1—4～表 1—5、图 1—5），在整体发展水平上，2005—2014 年，文化产品进出口总额大幅增加，2014 年达到 1 273.7 亿美元，是 2005 年的 6.8 倍，其中文化出口额保持了与总额几乎一致的增长态势，且文化产品出口额明显高于文化产品进口额，文化贸易呈现明显的顺差之势。从文化贸易的产品类型来看，大部分文化商品的贸易差额均为顺差。其中，贸易进出口额最高的是工艺美术品，占文化产品进出口总额的比重达到 54.89%，工艺美术品的出口额也是最高的，占文化产品总出口额的比重达到 60.34%，且出口额是进口额的近 28 倍，工艺美术品的贸易顺差额最高，排在第二位的是文化用品的贸易顺差额；而出版业产品作为文化核心产品[①]，其贸易进出口总额却为最低，占文化产品进出口总额的比重仅为 3.9%，其中，音像制品及电子出版物产品的出口额小于进口额，表现为文化贸易逆差，在国际文化市场上缺乏竞争优势。最后从贸易对象来看，美国和中国香港是我国最主要的出口市场，而日本和韩国则是我国最主要的进口市场，且近些年中国从韩国引进文化产品的势头越来越明显，2014 年，中国与韩国进口贸易额达到 22.15 亿美元，远超过排在第二位的日本。

表 1—4   2005—2014 年文化产品进出口情况

年份	进出口总额		出口		进口		贸易差额（亿美元）
	额度（亿美元）	增长率（%）	额度（亿美元）	增长率（%）	额度（亿美元）	增长率（%）	
2005	187.2	26.4	176	27.8	11.2	7.2	164.7
2006	213.6	14.1	201.7	14.6	11.9	5.8	189.8
2007	382.4	79	349.2	73.1	33.2	180.1	315.9
2008	433	13.2	390.5	11.8	42.5	28	348
2009	388.9	−10.2	346.5	−11.3	42.4	−0.2	304.1

① 依据联合国教科文组织（UNESCO）制定的文化贸易统计框架，文化产品贸易划分为核心层和相关层两个层次。核心文化产品具体范围包括：文化遗产、印刷品、声像制品、视觉艺术品、视听媒介和其他六个类别。

续前表

年份	进出口总额		出口		进口		贸易差额 (亿美元)
	额度 (亿美元)	增长率 (%)	额度 (亿美元)	增长率 (%)	额度 (亿美元)	增长率 (%)	
2010	487.1	25.2	429	23.8	58.1	37	370.8
2011	671.4	37.8	582.1	35.7	89.3	53.6	492.9
2012	887.5	32.2	766.5	31.7	121	35.6	645.5
2013	1 070.8	20.6	898.6	17.2	172.2	42.3	726.4
2014	1 273.7	19	1 118.3	24.5	155.4	−9.8	962.9

数据来源：《中国文化及相关产业统计年鉴 2015》。

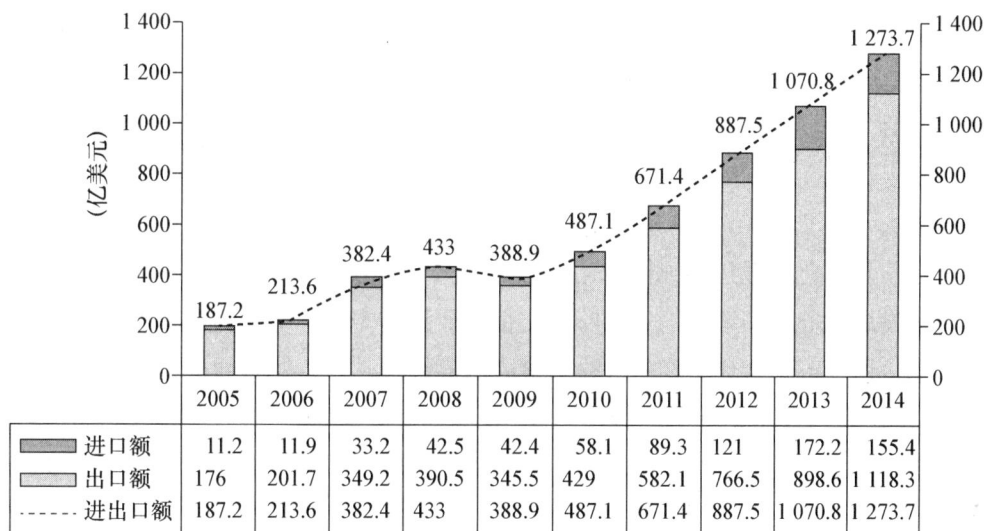

	2005	2006	2007	2008	2009	2010	2011	2012	2013	2014
进口额	11.2	11.9	33.2	42.5	42.4	58.1	89.3	121	172.2	155.4
出口额	176	201.7	349.2	390.5	345.5	429	582.1	766.5	898.6	1 118.3
进出口额	187.2	213.6	382.4	433	388.9	487.1	671.4	887.5	1 070.8	1 273.7

图 1—5　2005—2014 年我国文化产品进出口额

表 1—5　　　　　　　　　2014 年我国不同类型文化产品进出口额　　　　　　　　单位：亿美元

文化产品类型	进出口总额	出口额	进口额	贸易差额
合计	1 273.70	1 118.32	155.38	962.94
出版物	49.73	36.49	13.23	23.26
图书、报纸、期刊	24.21	19.00	5.21	13.79
音像制品及电子出版物	3.35	1.23	2.12	−0.89
其他出版物	22.18	16.27	5.91	10.36
工艺美术品及收藏品	699.10	674.83	24.26	650.57
工艺美术品	697.69	674.57	23.13	651.44
收藏品	1.40	0.26	1.14	−0.88
文化用品	303.43	288.92	14.50	274.42
文具	1.40	1.38	0.02	1.36
乐器	20.29	17.11	3.18	13.93
玩具	144.94	141.37	3.57	137.80
游艺器材及娱乐用品	136.80	129.06	7.74	121.32

续前表

文化产品类型	进出口总额	出口额	进口额	贸易差额
文化专用设备	221.45	118.07	103.38	14.69
印刷专业设备	30.28	14.53	15.75	−1.22
广播电视电影专用设备	191.17	103.55	87.63	15.92

数据来源：《中国文化及相关产业统计年鉴2015》。

最后，从文化事业的发展现状来看，相比文化产业的迅速成长，文化事业发展则较为缓慢，相关数据整理如图1—6、表1—6所示。可以看到，近十年，我国公共图书馆、文化馆（站）等文化机构数量变化不大，年均增长率仅为1%左右；博物馆数量增长幅度较大，从2005年的1581家增长到2014年的3658家，年均增长幅度接近10%；艺术表演团体个数也呈现出明显逐年增加的态势，从2005年的2805家艺术表演团体增加到2014年的8769家，十年共增加5964家，年均增长率高达14.5%；与其他文化机构不断增加的态势相反，艺术表演场馆数量在不断减少，且下降幅度较大，从2005年的1866家下降到2014年的1338家，十年间减少近500多家。进一步从文化事业区域水平来看，根据表1—6中2013年31个省级行政区、市文化事业发展状况，国家和地方政府对文化事业财政支持力度最高的地区是北京，其次是广东，而江苏是文化文物机构收入最高的省级行政区。对各地区文化事业机构数量的比较显示，四川的公共图书馆、文化馆与文化站数量最多，其次是河南；江苏、河南和陕西的博物馆数量在全国排名前三，而艺术表演团体则是安徽和浙江较多。

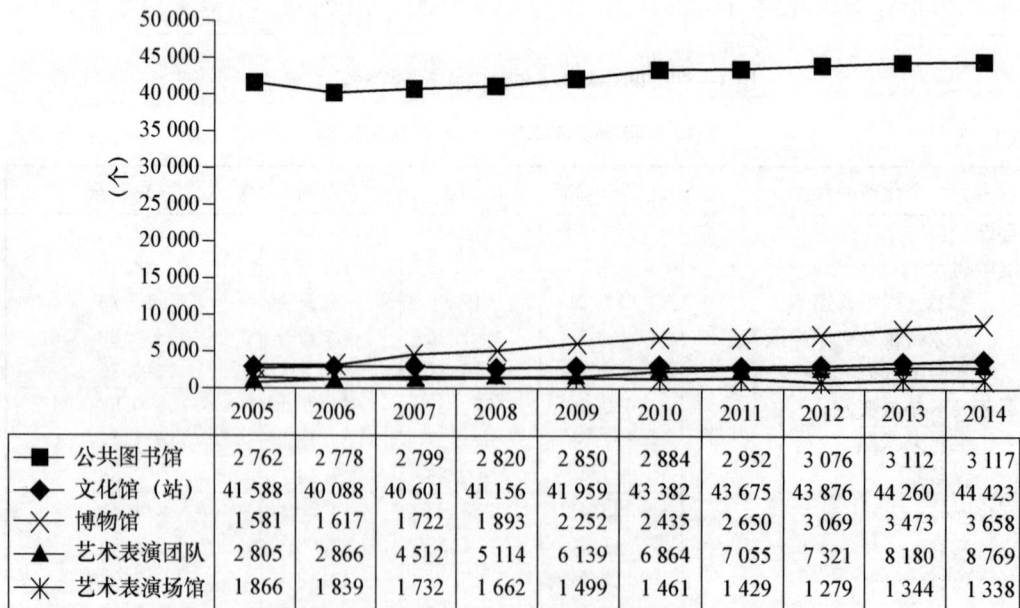

	2005	2006	2007	2008	2009	2010	2011	2012	2013	2014
公共图书馆	2762	2778	2799	2820	2850	2884	2952	3076	3112	3117
文化馆（站）	41588	40088	40601	41156	41959	43382	43675	43876	44260	44423
博物馆	1581	1617	1722	1893	2252	2435	2650	3069	3473	3658
艺术表演团队	2805	2866	4512	5114	6139	6864	7055	7321	8180	8769
艺术表演场馆	1866	1839	1732	1662	1499	1461	1429	1279	1344	1338

图1—6 2005—2014年我国文化机构数量

表 1—6　　　　　　　　　2013 年中国 31 个省级行政区文化事业发展状况

地区		文化事业费（亿元）	各地区主要文化机构数						文化文物机构总收入（亿元）
			公共图书馆（个）	文化馆（个）	文化站（个）	博物馆（个）	艺术表演团体（个）	艺术表演场馆（个）	
东部地区	北京	530.5	24	20	326	41	292	17	66.7
	天津	26.9	31	19	272	20	58	26	18.9
	上海	24.5	25	26	213	100	148	27	54.0
	河北	12.8	173	182	2 217	103	500	77	33.4
	辽宁	13.9	129	124	1 419	63	212	33	27.7
	吉林	11.2	66	78	897	73	54	26	20.0
	黑龙江	9.6	107	148	1 492	156	35	35	17.4
	江苏	36.9	113	116	1 278	292	291	110	188.1
	浙江	36.0	98	102	1 330	183	733	61	81.6
	福建	14.5	91	98	1 139	98	506	57	36.4
	山东	24.6	153	159	1 807	194	414	93	52.6
	广东	42.0	137	147	1 599	175	405	45	85.7
	海南	6.2	21	21	212	18	67	7	12.5
中部地区	山西	14.1	127	131	1 407	97	226	100	48.1
	安徽	11.1	107	120	1 437	154	991	48	26.4
	江西	9.0	114	118	1 759	137	229	51	21.0
	河南	16.1	157	205	2 322	222	429	139	39.0
	湖北	15.4	112	120	1 262	170	307	53	33.8
	湖南	14.5	136	142	2 530	103	227	58	33.7
西部地区	重庆	9.6	43	41	997	71	443	15	2.5
	内蒙古	17.4	116	118	1 038	72	144	18	28.2
	广西	13.2	112	123	1 167	104	59	19	31.9
	四川	30.5	197	207	4 595	188	510	42	69.1
	贵州	9.7	94	98	1 589	75	106	6	37.8
	云南	14.4	152	148	1 398	84	259	18	30.7
	西藏	3.2	78	82	533	2	79	14	11.5
	陕西	19.2	114	122	1 650	221	119	86	54.4
	甘肃	9.9	103	103	1 331	143	124	22	28.6
	青海	5.1	49	55	358	22	37	16	9.6
	宁夏	3.8	26	26	227	11	33	3	8.8
	新疆	13.9	106	116	1 144	76	123	15	3.1

（二）文化产业融合发展的必然趋势

产业融合是在经济全球化背景下，产业演化和发展进程中的必然现象。产业融合作为产业创新的一种方式，在形成新产业、催生新市场、满足新需求的过程中，通过资源配置优化、知识技术共享，平等借势、优势互补，实现产品创新、产业结构优化升级。产业融合为我国城市文化产业的发展注入了新的生机和活力，通过促使新业态的形成，有效促进我国城市文化产业的发展壮大，随着经济的发展和社会的进步，文化产业融合的程度逐步加深，产业融合呈现多层面、多角度的发展态势，城市中文化企业跨行业兼并重组时有发生。

从学术界对文化产业融合现象的研究来看，大多数学者的研究视角都集中在两个方面：一是文化产业与科技的融合；二是文化产业与其他产业之间的融合。本书论述所提及的文化融合主要是指后者——文化产业与其他产业之间的融合，而文化产业与科技的结合仅仅是产业融合的技术基础，或是文化产业融合的一个方面——文化与信息产业的融合。在农业领域，文化产业融合的主要形式是通过创意农业挖掘本地的特色农业资源潜力，两者高度融合，创新生活，塑造品牌，开拓消费市场。在轻工业领域，文化产业融合的本质在于通过文化创意提升品牌内涵等。纵观国民经济各个行业，由于文化产业本身具有综合性强、关联性高的产业特征，因而与国民经济诸多行业均有较强的关联融合性，本书在这一部分仅选取与文化产业融合性相对更强的旅游产业和信息产业两个行业，分别对文化产业与上述两个行业的融合发展机理进行分析。

1. 文化产业与旅游产业的融合发展

旅游业与文化产业的产业特性，决定了二者之间具有较高的产业关联性。首先，旅游业与文化产业本身都是关联性极强的产业。其次，旅游业与文化产业之间具有天然的耦合性。旅游说到底是一种文化现象，旅游产业中那些利用文化资源为旅游服务的经营企业，其本质属于文化产业，而文化产业中那些主要生产供旅游者参观、游览、鉴赏和购买产品的企业又发挥着旅游的作用。最后，旅游业与文化产业具有优势上的互补性。文化的优势在内涵，旅游的优势在市场。旅游产业能为文化产业提供平台和载体，文化产业能使旅游产业具有更高的文化附加值与更大的利润空间，即文化是旅游的灵魂，旅游是文化的载体。

旅游业与文化产业融合发展形成文化旅游新业态。文化旅游新业态的出现是旅游业与文化产业融合发展的外在表现。旅游业与文化产业之间天然的耦合性和共同的现实需求，增强了二者相互融合的动力。不断增强的产业关联性，促进了融合深度的不断增加及融合广度的不断拓展，最终突破产业的界限，形成文化旅游新业态。因而，旅游业与文化产业融合发展是传统旅游业突破增长瓶颈的必然选择，是产生新价值的增长点和动力源。

2. 文化产业与信息产业的融合发展

信息产业的发展从根本上改变了众多文化产品的生产、传播和消费方式，深刻影响着文化产业的发展趋势；与此同时，信息产业对文化内涵的需求也在不断加大，文化因素同样已经深深渗透到科技领域，成为社会经济发展的重要产业。两个产业相互融合，关联程度日渐加深。

当前文化与信息产业的融合，是以计算机网络为主要载体。以计算机网络承载的文化因素拓宽了文化的传播手段，促进了文化传播方式、文化生产和文化消费形态的变化和发展。传统文化产业通过与数字化、新媒体等新一代网络信息媒介相融合，借助高科技手段使文化产品更形象、更生动、更快捷地传播，进而创造出附加值与受众更为广泛的动漫、网络、手机游戏产品，形成互联网或无线端娱乐等以多媒体产品为主要形态的新兴文化产业。信息技术促使各种文化资源相互结合、融合、重铸，并且以产业化运作来实现，建立起了新的文化生产和文化消费方式，产生了新的产业群，培育出新的消费群，使文化产业更具有生命力。信息技术不断渗透到文化产业的生产、传播和消费等环节，为文化产业的发展创新、产业结构改造升级提供推动力和支持，而文化产业为信息产业提供内容输出，使得信息技术与文化资源结合重铸，能够提升信息产业的层次，形成新的需求拉动力，从而决定了文化产业与信息产业关联融合的必要性和必然性。

四、城市文化消费水平稳步提升

文化消费是文化产业链的终端环节，是城市文化发展的现实基础，同时也是城市文化发展的最终目的。从定义上来看，文化消费是指人们根据自己的收入水平、价值观念、消费习惯，用文化产品或服务来满足人们精神需求的一种消费，主要包括教育、文化娱乐、体育健身、旅游观光等方面。在知识经济条件下，文化消费被赋予了新的内涵，呈现出主流化、高科技化、大众化、全球化的特征。投资、出口、消费是拉动经济增长的"三驾马车"，对于文化产业发展亦是如此。当前，由于西方文化在全球的强势地位，促进文化出口大量增加在短时期难以奏效；投资是当前文化产业发展最主要的驱动力，但文化产业的健康持续发展不仅需要数量规模的扩张，更需要质量效益的提升，以满足市场日益多元的消费需求；而文化消费是拉动文化产业发展的内在动力，文化消费需求的释放不仅能够刺激文化生产的增加，文化消费内容和载体的变化还可以推动文化产业发展升级。从全国文化消费的整体现状来看，近年来我国文化消费市场呈现文化消费规模不断扩大、消费意愿逐步提升和消费环境日趋优化的良好态势。

（一）文化消费规模不断扩大

改革开放以来，经过 30 多年的快速发展，我国的经济建设取得了巨大的成就。根据马斯洛的需求层次理论，当人的物质需求得到基本满足时，精神文化需求就会成为人的主导价值需求。从发达国家的历史经验来看，经济发展到一定程度之后，人们将会更加注重生活品质的提升和自身价值的实现，对于文化消费的需求日益旺盛，尤其对于休闲娱乐、生态文化、游戏体验等一系列新兴文化需求将会急剧增长。因此，随着我国经济社会的进一步发展，文化消费将逐渐成为居民日常生活消费的重要组成部分，文化消费总规模将不断扩大。

从全国城市文化消费的数据来看，《中国文化消费需求景气评价报告 2014》的统计显示，全国城乡消费需求持续保持高增长。从文化消费总额来看，2012 年全国城乡文化消费总额达到 11 405.97 亿元，同比增长 12.64%。其中城市文化消费总额达到 8 513 亿元，比上年同期增长了 13.58%；乡村文化消费总额达到 2 893.97 亿元，同比增长 9.95%。1991 年至 2012 年，全国城乡文化消费总额由 668.21 亿元增至 11 405.97 亿元，年均增长率达到 14.47%。同期全国城镇文化消费总额由 257.96 亿元增至 8 513 亿元，21 年增长了 8 255.04 亿元，年均增长率达到 18.12%；全国乡村文化消费总额由 410.25 亿元增至 2 892.97 亿元，21 年增长了 2 482.72 亿元，年均增长率达到 9.75%。从人均文化消费水平来看，1991 年—2012 年，全国城乡人均文化消费额由 58.07 元增长至 844.45 元，年均增长 13.6%，同期全国城镇人均文化消费额由 84.03 元增长至 213.88 元，年均增长 13.56%；全国乡村人均文化消费额由 48.62 元增长至 445.49 元，年均增长 11.12%。通过以上数据可以看到，过去 21 年，我国城乡文化消费水平呈现高速增长态势，其中城市文化消费增长尤为明显，且无论是从文化消费总额来看，还是从人均文化消费额来看，全国文化消费年增长速度都在 10% 以上。

（二）文化消费意愿逐步提升

随着我国经济的快速发展，城乡居民收入一直呈逐年增长的态势，居民的消费范围也在不断扩大（相关数据详见表 1—7）。一方面，城乡居民的消费结构已经从以物质产品消费为主体向物质消费和文化消费并举转变，城乡居民越来越重视文化生活，城乡居民人均文化消费额逐年增长，文化消费不再是少数人的"奢侈品"，文化消费逐渐趋于大众化和多样化；另一方面，城乡文化市场日益活跃，文化产品和文化服务越来越丰富，各类文化活动花样繁多，城乡居民的文化娱乐消费大幅增长，多样化的文化产品和文化服务让大众拥有更多的选择权，极大地刺激了文化消费需求，文化消费意愿大幅提升。

表 1—7　　　　　　　　　　　城乡居民文化消费相关数据　　　　　　　　单位：元/人

年份	城镇居民			农村居民		
	可支配收入	消费支出	文化消费	纯收入	消费支出	文化消费
2002	7 703	6 030	407	2 476	1 834	47
2003	8 472	6 511	420	2 622	1 943	53
2004	9 422	7 182	474	2 936	2 185	59
2005	10 493	7 943	526	3 255	2 555	68
2006	11 759	8 697	591	3 587	2 829	74
2007	13 786	9 997	691	4 140	3 224	84
2008	15 781	11 243	736	4 761	3 661	93
2009	17 175	12 265	827	5 153	3 993	108
2010	19 109	13 471	966	5 919	4 382	126
2011	21 810	15 161	1 102	6 977	5 221	165

(三) 文化消费环境日趋优化

近年来，国家为改善文化消费环境、促进文化消费，出台了一系列相关政策。如通过政府购买服务、提供消费补贴等途径，降低文化消费成本；引导和支持文化企业提供更多文化产品和服务，重点扶持一批能够提供综合性、多样化文化产品和服务的优质文化企业，通过打造原创文化精品，增加文化产品和文化服务供给，为消费者提供更多的文化消费选择；加强各类公共文化服务设施的建设，为文化消费提供便利；搭建各类文化消费平台，如国际音乐节、国际电影节、国际图书节、国际设计周、图书博览会等，打造一批主题鲜明的文化消费活动品牌，进一步优化文化消费环境。

第二章　城市文化发展指数理论框架

本章对文化发展指数的相关研究成果进行系统梳理，在借鉴已有研究成果的基础上，结合对城市文化内涵的理解和诠释，提出并构建城市文化发展指数理论模型，据此进一步构建较为全面、系统的城市文化发展指数评价指标体系，为本书测算我国城市文化发展指数奠定理论基础，并对本书测算城市文化发展指数的数量方法进行简要说明。

一、文献回顾

国内外对于文化的研究由来已久，不同学者基于不同学科、不同视角对文化本身及文化相关内容进行了理论探讨和研究，得出了颇有价值的研究成果，为我们研究和测算城市文化发展指数提供了很好的借鉴和参考。下面结合本研究的需要，对文化发展相关研究成果进行梳理。

(一) 文化发展与经济增长关系研究

文化发展与经济发展之间的关系一直是很多学者关注的焦点问题。早在1750年，涂尔格（Turgot）就提出智力资本的积累是推动经济发展和政治进步的关键性因素。日本学者堺屋太一在《知识价值革命》一书中曾指出：出现文化信仰的失落和危机是一个政权垮台的两大诱因之一，苏联、东欧社会主义国家的崩溃，不是因为经济的恶化，而是因为人们不再相信社会主义的观念、理想和领导层的决策人。在文化变革的过程中，德国历史学派经济学家马克斯·韦伯（Webber）于1904年发表的题为"新教伦理与资本主义精神"一文中，指出不同的文化观念对经济发展有不同的影响，从而开辟了广义文化经济学的新领域。美国学者塞缪尔·亨廷顿作为韦伯观点的支持者，进一步提出不同社会区域的宗教、价值、习俗、体制、语言和历史等因素，形成了区域间文化的差别。其在《文明的冲突和世界秩序的重建》一书中曾预言："文化的不同将成为世界冲突的根源，文化成为决定政治和经济的关键因素。"在他的预测里强调了文化在未来世界的新秩序和经济生活中的重要性。亨廷顿提出了理论的观点，罗纳德·英格尔哈特和韦恩·贝克（Ronald Inglehart and Wayne Baker，2000）则通过实证分析给予了佐证，他们基于"世界价值观的调查数据"绘制了一张"全球文化地图"，发现宗教传统对社会的当代价值观体系有持久的影响，并通过将价值观地图与经济发展地图相重叠进行比较，发现文化观念与经济发展水平有着密切的相关性。巴罗和麦克拉瑞（Barro and McCleary，2002）利用跨国数据研究了宗教参与率和信念对经济增长的影响，结果发现经济增长与宗教信念成正相关，但与宗教参与率成负相关，即若一种宗教能对人们产生积极的心理影响，促进人们努力工作，那么将有助于劳动生产率的提高，促进经济增长。但如果在宗教事务上投入太多的时间、精力和资源等，而信仰的虔诚度并未发生改变，则将对经济投入产生挤出效应，从而阻碍经济增长。Esa Mangeloja（2005）将分析范围扩展到单个国家层面，利用 8 个 OECD 国家的时间序列数据得到了相似的结论。在这一方面比较有影响力的学者还有 Hal Tison、Lawrence E. 及 Greif（1994，2006）等。道格拉斯·C·诺思（1990）从制度的角度分析了文化与经济增长的关系，他认为惯例、习俗、传统和文化等是一种非正式的规则制度，文化既有助于正式规则的塑造，又对非正式规则具有支撑作用，因而制度和意识形态共同决定了经济绩效，文化是经济增长的重要解释因素之一。迈克尔·波特（1999）则基于竞争力视角，提出人们对繁荣所持有的信念和价值观是提升竞争力的重要基础，并由此提出了"经济文化"的概念，即：经济文化是指在经济生活中，对企业单位及生产服务组织和个人活动有显著影响的人们的信念、态度和价值观。

由于文化的范畴非常广泛，文化指标的维度缺乏统一的界定，且难以得到具有可比性的官方数据，因而文化对经济增长的影响机制、作用途径等方面的研究现仍以理论层面的探讨和分析为主，缺乏实际的证据予以佐证，实证研究一直面临着很大的困难。一些学者不断努力和尝试解决这一难题。Olson（2000）从个人主义和集体主义、实用主义与形式主义、诚信程度、紧张水平四个方面界定了文化的维度。Tabellini（2005）将文化细化为信任、个人努力程度、基本道德、服从四个方面，并以世界价值调研机构（World Values Survey）欧洲 69 个地区的调研数据为基础，对文化影响地区经济发展的作用机制进行计量分析和检验，结果表明文化水平与经济发展具有密切的关系，不同的文化特征导致不同的经济发展绩效。致力于文化与经济发展问题的探讨和实证检验研究的学者还有很多，如 Bertrand 和 Schoar、Guiso 和 Sapienza、Landes、McCleary 和 Barro 等，他们的研究为推进文化经济学研究的进程做出了不小的贡献。

从国内学者的研究来看，张维迎、柯荣住（2002）指出，"信任"被普遍认为是除物质资本和人力资本之外决定一个国家经济增长和社会进步的主要社会资本。为了检验这一论断，张维迎等基于中国跨省的信任调查数据，揭示信任对一个地区的经济绩效，结果表明一个地区能否被人们所信任与地域文化并不紧密相关，更重要的是跟人们之间的交易被重复的可能性、交易的发达程度、教育水平等因素有关。这些证据也支持了经济学理论中关于重复博弈导致信任的基本假说。郭蕾（2007）以岭南文化对广东省经济发展的影响为例，辩证地探讨了文化因素对区域发展的影响作用，并辅以数据描述分析进行佐证。韩恒（2008）对影响经济发展的各种"软因素"进行了梳理，具体分析了人力资本、制度、文化等"无形因素"对经济发展的影响。叶皓（2010）认为文化与经济是相辅相成、相互促进的关系，文化是经济发展的前提条件、内在动力，是经济发展的主要内容和目标，只有"经济搭台、文化唱戏"，才能实现文化繁荣、经济发展。韩庆华、卢希悦、王传荣（2010）指出，人类经济发展的文明史是一部文化与经济相互交融的历史。文化与经济日益突出的互动作用，孕育出了文化经济这一崭新的社会经济形态。张佑林、王成菊（2010）提出文化是影响经济发展差异的一个重要因素，区域文化主要通过影响区域产业结构、技术创新、人力资本和对外贸易四个方面来影响区域经济发展，并通过鲁、浙两省的数据对文化差异影响经济发展的作用机制进行实证检验。由以上学者的研究结论可见，文化对我国经济发展的重要作用和促进效应已经得到了国内众多学者的广泛认同。

（二）文化发展水平的不同概念表述

随着经济社会的不断进步，文化发展问题的研究越来越受到国内外学者的关注，用以反映或测度文化发展水平的"文化力""文化生产力""文化软实力"等概念也随之见诸于世，不同的概念表述常常反映的是文化不同层面的发展水平。对相关概念内涵的探讨，以及文化发展水平与经济发展的作用关系、对提升综合国力的重要意义等问题的研究，多年来一直是学术界的热点，至今已形成了一些颇有价值的研究成果。最早是马克思于19世纪中叶提出的"精神生产力"的概念，他在生产力的考察中，把人的智力、科学、生产管理、劳动组织等列入了生产力的范畴，强调文化、脑力劳动在生产力中的特殊重要作用，把劳动者的文化科学素质看成生产力的最重要因素，并在后来的《1844 年经济学哲学手稿》中提出了认识和改造世界的两种力量——物质生产力和精神生产力。随后，20 世纪上半叶，西方马克思主义者提出了"文化生产"（文化工业、文化产业）的概念。法兰克福学派的代表对"文化工业"理论的诠释为，文化工业的最终产品是满足大众精神消费需求的各类产品，即所谓的大众文化，认为文化产品是可以批量生产的，文化是可以产业化的生产力。著名经济学家罗默（P. Romer）曾于 1986 年撰文指出，新创意会衍生出无穷的新产品、新市场和财富创造的机会，所以新创意才是推动一国经济成长的原动力。美国哈佛大学教授小约瑟夫·奈在 1990 年首次提出"软实力"的概念，他指出：同经济、科技、军事力量等"硬实力"在一国发展中的重要地位一样，文化、价值观念、生活方式和意识形态等"软实力"也是一国综合国力的重要体现，并指出，美国的软实力包括美国文化、民主政体、自由市场的吸引力和信息优势等。在其后续的研究中也指出，"软实力就是具有象征意义的流行文化资源""国家的软实力主要来自三种资源：文化、政治价值观及外交政策"。所谓"文化软实力"，就是以文化为基础的国家软实力。后期也有学者对国家"软""硬"实力的界定表示不同的看法，新加坡学者李明江（Mingjiang Li，2009）提出了为什么某些权力来源在性质上被界定为"软"或"硬"的疑问，他认为文化、意识形态和价值观也可以是强迫性的，而军事和经济力量也可能具有吸引力。任何实力来源都不具有软实力或者硬实力的内在属性，其之所以变成一种或者另外一种实力，仅仅取决于一国（或者其他行为主体）如何发挥和运用它。文化生产力的形成、文化生产力对经济发展的促进作用都离不开文化产业的发展，Pratt（1997）指出，在现代经济体系中，文化产业具有重要的作用。Lawrence 和 Phillips（2002）的研究也指出，文化产业的发展渗透到原来的工业体系中，有效提高了工业产品的竞争优势，对产业结构的转化有积极的促进作用。戴维·思罗斯比在西班牙巴塞罗那举行的第十次文化经济会议上首次提出了"文化资本"的概念，即文化资本是指以财富的形式具体表现出来的文化价值的积累。而文化产业的发展则是将积累的文化资本以产业化和规模化的方式快速地实现价值的增值。

用以表述和反映文化发展水平的另一概念为"文化力"。贾春峰在使用文化力这一概念对文化发展进行研究时指出，文化力是综合国力竞争的重要部分，增强综合国力，不仅要大力发展经济和科技实力，发展国防事业，而且也必须发挥精神文明这个优势，发展"文化力"。王恒峰（1998）较早使用了"文化生产力"这一概念，并将其理解为"文化与生产力的相互渗透、相互包含的关系"，认为"在大文化观和大生产力观看来，文化与生产力已不再是互不相干的两码事，它们之间你中有我，我中有你，正在经历一场一体化运动"。金元浦（2002）对马克思的文化生产力思想进行了重新认识和解读，指出物质生产力和文化生产力是密切相关、不可分割的。文化生产力具有明显的物质性，文化生产同其他生产一样，也具有一般实践活动的特征，即由实践主体通过劳动，将一定的材料加工改造为新的存在物，因此文化生产的过程也表现为一个物化的过程。它也要改变物质的现实形态，获得物质的新的存在形式，并明确指出，文化的创造性是人类进步的源泉，文化多样性是人类文化繁荣的前提，文化政策是整个发展政策的基本组成部分，未来世界的竞争将是文化生产力的竞争。李春华（2005）基于对已有研究的理解，对"文化生产力"的内涵进行了初步探讨，认为"文化生产力"既不是指马克思的"精神生产力"，也不是指文化作为渗透性因素对（物质）生产力实体因素所产生的革命性变革作用，而是指文化本身就是一种生产力形式，"文化生产力"可以理解为当代社会以社会化生产和市场经济为依托，以现代科学技术为手段，以文化产业的兴起为标志和典型形态，生产满足人们精神需求的文化产品的水平和力量。侯宗华（2006）认为，"文化生产力"是指具有一定智能和知识的劳动者运用和掌握文化资源创造社会财富、生产文化产品、提供文化服务的能力。在"文化的经济化"与"经济的文化化"相融合的时代图景中，文化生产力已成为社会经济发展的深层驱动力。田丰（2006）将文化生产力界定为"人类在现实的文化实践中进行文化生产和文化服务的能力"，并指出，作为现实的生产力，文化生产力是一种对象性的、社会化的和产业化的力量。文化生产是主体作用于客体引起精神、信息、物质变换的过程，因而文化生产力包含着主体性要素（即人）、客体性要素（即文化资源）和中介性要素（即思维方式）。他认为现代文化生产力的特点在于：文化生产力以文化人的生产为前提，发展文化生产力要体现人发展的全面性和自由性；文化生产力与文化消费力具有同一性，发展文化生产力要以扩大文化消费为前提；文化的生命力在于交往，发展文化生产力以增强文化的传播力为基础；创新是人类文化进步的灵魂，文化创造力是文化生产力的核心，为文化生产提供不竭的动力源泉。李青岭（2007）认为，文化生产力的提出，文化产业的兴起，突出体现了经济文化一体化的趋势，这一趋势表现为相对的两个方面，即经济文化化和文化经济化。所谓经济文化化，即在经济发展中的文化因素，包括观念、知识、信息、科技乃至心理因素越来越具有重要的主导性作用。文化经济化是指在文化发展中不断融入经济因素，而且经济因素在文化发展中的决定作用日益增强。这不仅体现在文化的发展以经济发展为基础，而且还体现在文化建设要用经济手段来推动。

文化软实力这一概念是从约瑟夫·奈的软实力概念引申而来的，黄严中、丁盛

（2006）在研究中国软实力时指出，中国拥有丰富的文化资源，因而与其他国家相比，具有发展软实力的得天独厚的优势。但也明确提出，"尽管中国影响他国的世界观和政治议程的能力正在逐渐增强，但软实力仍然是中国的一个软肋，中国发展软实力仍然任重而道远"。约瑟夫·奈认为中国的传统文化，特别是儒家文化，在世界上一直具有相当的影响，中国不缺乏文化软实力资源，但却难在文化软实力的推广上。美国战略与国际问题研究中心中国问题研究室名誉主席贝茨·吉尔也指出："就文化吸引力来说，中国资源丰富，但中国不善于推销文化产品。"贝茨·吉尔对中国在文化、政治观念和外交策略三个领域的软实力资源的调查显示，虽然中国的软实力资源正在逐渐增强，但它在将这些资源转化为预期的外交政策时受到了严重的约束。周振华（2008）在研究全球城市时指出，以创新力和文化力为核心的城市软实力是城市应对激烈竞争和解决发展危机，并成长为全球城市的灵魂。杨新洪（2008）构建了文化软实力的硬指标体系及其统计评价模型，并以深圳经济特区为例进行了实证分析。谭志云（2009）在梳理国内外"软实力"理论体系的基础上，立足我国城市发展的实际，构建了城市文化软实力的理论框架，并指出文化软实力是一个复杂的体系，文化软实力的提升，本质上就是依靠特定的方式，对文化的各种要素进行配置，从而实现文化的内外部效益最大化的过程。其将城市文化软实力看作城市经济实力与其他要素之间的函数，具体表述为：城市文化软实力＝经济实力×（文化凝聚力＋文化创新力＋文化辐射力＋文化传承力＋文化保障力）。周国富、吴丹丹（2010）从文化软实力的内涵出发，选取文化传统、文化活动、文化素质、文化吸引、文化体制及政策五个方面的25个评价指标，构建了适合中国国情的区域文化软实力评价指标体系，并以我国31个省区市的数据为基础进行了实证研究，分析了各省区文化软实力的优势与劣势及其与区域经济发展之间的关系。罗能生、郭更臣、谢里（2010）从文化生产力、文化传播力、文化影响力、文化保障力、文化创新力和文化核心力6个方面构建指标体系，并运用AHP层次分析法，采用我国31个省区市2006—2008年的数据对我国的区域文化软实力进行了系统评价。结果表明，我国的文化软实力整体较弱，尤其是文化生产力和文化影响力偏低，同时，文化软实力呈现明显的地域发展不平衡性。胡建（2011）在梳理国内学者对文化软实力的理解的基础上提出，文化软实力是以文化资源为基础的一种软实力，这种软实力不是强制施加的影响，而是受动者主动接受或者说是主动分享而产生的一种影响力、吸引力。文化软实力应该是一种完全意义上的柔性力量，而不是像约瑟夫·奈那样，倡导软实力也是为了用现实主义的方式强行推行美国的价值观。同时他还指出，中国传统文化特别是传统人文精神，是中国文化软实力的资源要素。

(三) 文化发展与竞争力指数研究

竞争力是一种反映相对水平的测度指标，测度的是参与双方或多方通过比较而体现出的能力大小。文化竞争力即是对文化发展相对水平的一种测度或反映，反映的是当文化发展到一定水平后所表现出来的强于或弱于对方的能力水平。现有研究中，一些基于指数法思想对文化产业竞争力、文化竞争力进行研究的成果，对于本研究和构建城市文化发展指数模型具有一定的借鉴意义。这里主要对文化产业竞争力指数和文化竞争力指数的相关研究成果进行梳理。

1. 文化产业竞争力指数及相关研究

在现有文化领域的研究成果中，文化产业一直是各界学者研究的焦点，文化产业的发展水平及所形成的产业竞争能力常被视为文化研究的重要切入点和重要方面。Porter（1990）认为，产业竞争力就是在一定贸易条件下，产业所具有的开拓市场、占据市场并以此获得比竞争对手更多利润的能力。市场赢利能力是产业竞争力的核心。随着文化产业竞争力在国际竞争中的地位日益提升，它对提升一国综合国力、创新经济增长点的贡献越来越大，文化产业竞争力的研究也得到越来越多学者的重视和关注。安蒂·卡斯维奥（Antti Kasvio）在《传媒和文化产业》一文中指出，现代信息社会的发展过程从科技创新开始，其重心从信息收集与科技的传送，逐渐转向这些科技所传播的内容。在这一阶段，最大的增长期望是从信息技术产业转向传媒和文化产业。澳大利亚研究者约翰·辛克莱（John Sinclair）认为文化产业的社会作用在于，文化产业生产商品和服务是一种通过声音、精神想象、文字和图像给社会生活以形式的工业；文化产业所提供的概念和符号，使我们得以思考和交流存在于社会模式、社会价值及社会变革之间的种种差异。胡惠林（2000）针对 WTO 与文化产业发展问题，探讨了中国文化产业在面临西方强势文化和文化霸权主义冲击下如何构筑有效的文化安全体系问题。潘嘉玮（2006）则从政策与法律角度，探讨了加入世界贸易组织后，中国文化产业发展的政策、法律体系构建问题。林拓（2004）在分析世界文化产业发展和世界性城市竞争力演变的基础上，阐释了文化产业与城市发展双向推动的良性循环。花建（2005）在对文化产业竞争力的内涵进行界定的基础上，将整体创新能力、市场拓展能力、成本控制能力和可持续发展能力作为文化产业的核心能力进行分析，从管理要素、资源要素、政策要素和关联要素四个方面论述了文化产业要素的优化，并提出通过文化的主体提升、业态提升、品牌提升、人才提升和市场提升来实现文化产业实力的提升，最后提出文化产业的发展战略。祁述裕（2004）通过构建文化产业竞争力理论模型，从文化产业基本构成要素、制约因素等方面，对中国文化产业竞争力问题进行了理论和实证研究，并通过与主要国家进行比较，分析了中国文化产业竞争力的现状，提出了提升文化产业竞争力的战略。也有很多学者从定量研究的角度对文化产业竞争力进行实证研究，其相关研究成果也为本研究提供了借鉴。如赵彦云（2006）指出文化产业竞争力是基于文化产业需求与供给活动的内在发展能力，包括文化内容的竞争力和文化产业活动的竞争力。他还基于文化产业竞争力基本理论，构建了包含文化实力竞争力、市场收益竞争力、文化产出竞争力、公共文化消费竞争力、人才和研创竞争力、政府文化竞争力、文化资源和基础设施竞争力7个要素，共106个具体指标的文化竞争力评价指标体系，并以36个省市为样本进行实证研究。李卫强（2012）从文化实力、公共文化消费、市场收益、文化产出、文化资源与设施、人才与文化创新构建文化竞争力指标体系，并采用因子分析方法对北京市文化产业竞争力进行评价研究。梁君、黄慧芳（2012）从文化产业竞争绩效和文化产业竞争动力两个方面构建文化产业竞争力综合评价指标体系，利用因子分析法对我国省域文化产业竞争力进行实证分析。

2. 文化竞争力指数及相关研究

文化竞争力是文化发展到一定阶段的产物，是文化通过不断发展所形成的相对优势。我国对文化竞争力的研究起步较晚，现有研究成果多停留在理论探讨、定性描述阶段，实证分析较少。大多数研究多局限于某一具体的区域或城市，上升到全国统筹范畴的研究还比较少。从理论研究视角来看，城市文化竞争力的内涵尚无比较清晰的界定，研究内容除内涵探讨外，多为文化竞争力的影响要素和理论评价、提升文化竞争力的战略意义和对策，以及未来的研究方向等。在内涵界定上，如陈乃举（2003）界定文化竞争力就是各种文化因素在推进经济社会和人的全面发展中所产生的凝聚力、导向力、鼓舞力和推动力，主要表现为文化创新能力、文化产业的科技含量、高素质的人才。郭晓君、吴亚芳（2006）所在课题组的研究指出，城市文化竞争力是指以城市自主学习创新能力为核心，以文化产业发展为重点，以城市生态、物质、精神、制度文化为基础的综合竞争力。城市文化竞争力是城市竞争力的基础、核心和关键。赵德兴等（2006）认为，所谓城市文化竞争力，是指一座城市在经济全球化和区域一体化背景下，与其他城市比较，在文化资源要素流动过程中，所具有的抗衡甚至超越现实的和潜在的竞争对手，以获取持久的竞争优势，最终实现城市文化价值的能力。黄活虎（2009）界定文化竞争力为文化构成要素之间的协调能力与配置合理程度的高低，以及在与其他城市比较中突出的发展能力与影响能力。在影响要素和理论评价上，倪鹏飞的城市竞争力理论认为，影响城市核心竞争力的文化要素层面主要是指城市文化与文化产业力。范玉刚（2006）指出，文化产业的强弱将直接影响一个国家和民族的文化竞争力。赵德兴等（2006）基于理论层面，从经济实力、对外交往能力、文化资源力、文化产业力、文化事业力、区位竞争力、城市环境质量、居民生活质量八个维度构建了中国城市文化竞争力评价指标体系。徐桂菊、王丽梅（2008）基于对城市文化竞争力内涵的理解，从文化资源系统、文化管理体制系统、文化市场系统、文化创新力系统、文化输出力系统五个子系统出发，构建了包含 26 个具体指标的城市文化竞争力评价指标体系。赵秀玲、张保林（2008）对文化核心竞争力的内涵及特征进行了界定与分析，并较为详细地阐述了文化核心竞争力评价指标体系设计的原则及构建思路。在发展战略意义、对策建议及研究展望上，陈乃举（2003）从理论层面论述了东北老工业基地提升文化竞争力的必要性和必然性，分析了影响和制约老工业基地文化竞争力提升的原因，最后提出了提升东北等老工业基地文化竞争力的相应对策。李怀亮（2005）从国家贸易的视角，研究了当代国际文化贸易与文化竞争问题，并基于研究成果提出在全球化时代下中国的国际文化竞争战略。田丰（2006）认为，文化竞争已成为当今时代国际竞争的新态势，其中，知识竞争是文化竞争的关键，文化产业竞争是当前文化竞争的热点，文化竞争的核心是文化价值的竞争。郭晓君、吴亚芳（2006）提出要从广义文化的角度提升城市文化竞争力，包括生态文化、物质文化、制度文化、政治文化、精神文化和人的全面发展、社会和谐等，它们彼此衔接，共同构成文化的统一体。要从人学的视野和维度、从文化贫困的现状入手来分析我国城市文化竞争力问题，提出新的战略与对策。向前（2011）详细阐述和分析了四种典型的文化竞争力理论研究视角，分别为宗教文明视角、国际政治视角、组织建设视角以及区域文化和区域竞争视角。他还指出，文化竞争力研究的重要拓展方向在于区域和城市文化竞争力研究。在研究方法上，需要更多采用定量的研究方法，对文化竞争力的各个方面进行测量。

从定量研究成果方面来看，倪鹏飞（2002）利用主成分分析和模糊曲线分析方法，从狭义的视角构造城市竞争力和文化竞争力指数，其中文化竞争力指标体系包含道德价值观念和社会精神风貌两个方面，共设立了 6 个主观指标，具体包括：价值取向指数、劳动观念指数、交往操守指数、创新精神指数、竞争意识指数、兼容心理指数。李凡、黄耀丽、叶敏思（2008）从传统文化、都市文化、文化产业、文化交流、文化环境、文化素质和文化消费五个方面构建了城市文化竞争力评价指标体系，并以珠江三角洲城市群为例，采用层次分析法确定指标权重进行综合评价研究，并应用 GIS 方法绘制城市文化竞争力地图，分析城市文化竞争力的空间结构和差异。叶皓（2008）以基础竞争力、公共文化服务竞争力、传媒竞争力、文化资源与文化产业竞争力、人力资源与文化创新竞争力、文化消费与生活质量为主要指标，构建了城市文化竞争力评价指标体系，并将南京置于"全国副省级城市"和"江苏省内城市"两个参照系内，对南京的文化竞争力进行了实证比较分析。谭志云（2009）基于因子分析与聚类分析法，对西部地区 12 省区市文化竞争力进行比较研究。陈明三（2013）从文化企业战略、文化生产要素、文化相关产业、文化市场需求和政府相关政策等几个方面，对福建 9 个地级市及平潭综合实验区的文化竞争力进行量化比较分析。雷鸣等（2009）通过对城市文化、城市文化测评体系和方法的研究，建立了城市文化竞争力指数的计算方程，并运用计算方程对广东省江门市的城市文化竞争力指数进行了实证研究。

综上所述，国内外关于文化竞争力的研究还比较少，尤其是我国对文化产业竞争力、文化竞争力的研究起步较晚，以城市为视角的世界范围内的文化竞争力比较研究更不多见。在已有的研究中，不同的学者基于不同的研究范式，对文化竞争力相关问题进行了多视角的研究，也有一些学者取得了颇有价值的研究成果，为本课题研究城市文化竞争力奠定了一定的理论基础。在研究方法上，现有研究成果多停留在理论探讨、定性描述阶段，缺乏相应的实证分析。基于此，本研究在分析、借鉴已有研究成果的基础上，以立足城市的研究视角，通过确定文化竞争力的核心要素，构建城市文化竞争力指标体系，借助一定的统计和计量方法，对世界城市文化竞争力核心要素进行理论探讨和数量研究，从而为我国建设世界文化中心城市提供一定的数量参考。

（四）文化发展指数相关研究

目前已有一些学者基于综合指数思想和方法对文化发展现状进行研究，但研究成果不多且不成熟。胡攀、张凤琦（2014）基于国际视角，通过对现有的欧洲创意指数、香港创意指数、中国文化现代化指数和中国省市文化产业发展指数进行比较研究，从理论层面探讨了中国文化发展指数体系的构建问题，研究指出，文化发展指数是衡量文化发展状况的定量描述和分析比较工具，构建中国文化发展指数应有坚实的理论基础，保证指标体系的科学性，注意关键性指标的识别和选取，同时考虑指标数据的权威性和可获得性，选取适用于研究对象的、科学的研究方法对文化发展指数进行测度。湖南省文化发展指数研究课题组（2010）基于湖南文化发展特色，构建了由人文存量聚集度、思想伦理建构、公共文化服务、文化产业发展和文化品牌影响 5 个分类指数构成的文化发展指数评价指标体系，共包含 45 个具体指标，并应用动态综合法对湖南省及其 14 个市（州）的文化发展指数进行了测算，以此揭示湖南省文化发展的特征和状况。浙江省文化发展指数（CDI）评价体系包含了文化资源支撑力、文化价值引领力、公共文化服务力、文化产业竞争力、区域文化创新力、社会公众评价等 6 大领域、36 项评价指标。

也有一些学者更倾向于研究文化产业发展指数，研究成果相对丰富，其中对发展指数的界定及评价指标的选取、测算方法的运用等，对本研究具有一定借鉴意义。如唐守廉、朱虹（2014）从资源投入、成果产出和环境支持三个维度出发，构建了包括文化资本、人力资本、创意资本、政府投入、政府政策、文化创意成果、文化创意产品贸易和文化创意产业规模等 8 个二级指标、22 个具体指标的文化创意产业评价体系，并选取定权累加法计算了我国"文化创意产业发展指数"。中国人民大学发布的文化产业发展指数，以钻石模型为理论基础，结合中国国情选取测度变量，构建了包含产业生产力、产业影响力、产业驱动力三个一级要素、48 个具体指标的"文化产业发展指数体系"，从投入、产出、发展环境三个层面测度各省区市文化产业发展水平。张协嵩、庄能红（2014）通过总结与评价国内文化产业发展指数构建经验，从指数构建的前提、核心内容和测算方法三个方面，提出构建文化产业发展指数应注意科学把握导向、设置合理指标体系、运用简便测算方法。武星、郭宏、索贵彬（2016）从文化投入、文化产出和外界驱动三个要素层面出发，构建了包含文化资源、文化资本、人力资本、经济产出、社会成果、市场环境、创新环境等 7 个二级指标、22 个具体数量指标的评价体系，并选用因子分析法对河北省文化产业发展指数进行数量测度及综合评价分析。

结合上述研究成果可以看到，目前，文化发展指数研究并不多，而针对文化产业发展指数的研究成果相对多些，已有研究多以理论阐释和探讨为主，实证研究较为缺乏，尤其是在城市层面的文化发展指数研究更为少见，城市文化发展指数研究成果十分不成熟，研究体系仍待完善。

二、城市文化发展指数理论模型及评价体系

（一）城市文化的内涵

城市的产生伴随着人类文明的发展，城市是人化的结果。人类在一定思想意识下的实践创造活动，决定了文化的实质也就是"人化"，因而城市生命的源泉就是

文化，城市的本质也必然是文化。文化的差异，决定了城市间的差异，城市文化为培育城市特色、推动城市发展提供了根本来源和动力。

城市文化是一个十分广泛的概念，具有模糊性和多义性。就"文化"本身来说，古今中外的"文化"一词用法极广，歧义甚多，学术文献对文化所下的定义不下百种。从静态结构的角度对文化的定义进行归纳，大致可以分为以下两类：一类是基于广义的层面，认为文化的内涵包含物质和精神两个层面的要素，既包括社会成员在实践活动中所创造的一切物质财富，又包括社会成员在实践中所形成的思想、信仰、价值观、知识技能等精神财富。持有这种观点的代表如德国学者普芬多夫、英国人类学家马林诺夫斯基等，他们对文化的定义兼取了文化的精神与物质形态。另一类则是基于狭义的层面，强调文化的精神要素，认为文化是指人们在社会化过程中通过学习、模仿所最终获得的知识、技能等，也即精神财富。这类观点比较有代表性的，是英国著名人类学家爱德华·泰勒在1871年对"文化"所下的定义："从广义的人种志学的观点来看，文化或文明，是一个复杂的总体，它包括全部的知识、信仰、艺术、道德、法律、风俗以及社会成员通过学习所掌握和接受的任何能力与习惯。"其对文化的定义强调的是文化的精神因素，对文化的物质方面则未提及。后来国内外学者对文化的定义描述大多是基于或类似前述两类。也有学者基于动态的角度，从文化的形成过程来阐述文化，如英国学者布朗将文化定义为"是一定群体或阶级的社会成员在相互交往、接触的过程中，通过学习、共享而获得劳动技能、生活方式、价值观念、知识、情操等的过程"。从不同学科的角度来看，文化定义的侧重点也有所差异，在社会学领域中，城市文化指的是人们在社会交往中，为了满足生存的需要，集体创造、共同享有、后天习得的生产方式、生活方式的总和。而从管理学的角度，则将文化定义为是一种手段和行为尺度，即强调城市文化的功能是在物质、精神和制度层面对城市管理和城市活动行为的规范。

基于以上梳理，本研究认为城市文化是人类在城市建设的过程中，基于生存和发展的需要所创造的一切物质产品和精神财富，是人类在社会交往中通过创造、学习、分享而形成的生产方式、生活方式的总和，包括语言、符号、物质产品、规范体系、行为方式、知识技能、价值观念等。可以说，城市文化反映了一个城市特有的内在价值，各城市内资源禀赋、产业结构、政府服务，以及城市居民的衣、食、住、行、文化素养、思维方式、价值观念、休闲娱乐等共同形成了城市文化的具体形态。

(二) 城市文化发展指数理论模型

只有对城市文化发展的数量分析建立科学的测量工具，才能尽可能客观地揭示城市文化发展的现状水平。城市文化的内涵十分广泛，尚无统一的标准定义，文化系统内的构成要素间也存在复杂的影响关系，若仅用单一指标对城市文化发展水平进行度量，未免有失科学性。鉴于此，本研究认为，从城市文化的广义内涵和多重影响要素出发，通过建立科学、系统且逻辑结构清晰的评价指标体系，构建城市文化发展指数，是实现对城市文化发展水平进行测算与量化研究的科学方法和有效途径。基于本研究对城市文化内涵的理解和阐释，界定城市文化发展的构成要素包括城市文化发展环境、城市文化资源设施、城市文化创造、城市文化消费、城市文化传播和城市文化管控，城市文化的发展水平也即反映为城市在上述多重文化要素维度下的综合发展水平，六个要素维度也即本研究所定义的城市文化分要素。这六个城市文化分要素构成了本研究城市文化发展指数评价指标体系的设计框架及逻辑结构，是本研究构建城市文化发展指数理论模型的核心基础，每一要素维度所包含的主要内容以及具体评价指标的设计都是基于城市文化发展理论模型。下面对这一理论模型中各构成要素所代表的内容进行具体的阐述。

1. 城市文化发展环境

城市文化发展环境是城市文化发展的基础要素，其现状水平是通过对城市整体发展水平的测度来综合反映的。本研究所界定的城市文化发展环境主要包括城市经济环境、城市科技环境、城市社会环境和城市生态环境等几个方面。第一，城市经济环境反映了城市经济水平的高低，经济实力是物质财富积累的根本来源，是文化发展的基本前提和重要保障，只有在一定的物质财富基础之上，文化的需求才会逐步显现，文化的发展才会逐渐被重视。具体的，城市经济水平和发达程度可以从经济增长速度、产业结构、就业水平、市民收入、城市化水平、基础设施建设等方面进行综合反映。第二，城市科技环境反映了城市科技水平的高低，科学技术作为第一生产力，是城市发展的重要引擎。信息网络技术等高新科技的出现和发展是提升文化创造力和推动文化传播的加速剂，文化的高速发展离不开与现代科技的深入融合。城市科技环境可以从科技人员数量、专利授权数量、研发的投入和产出、高新技术企业效益等方面来反映。第三，城市社会环境主要反映了城市教育、医疗、社会保障、公共服务体系以及社会治安的稳定性等方面的情况。良好的城市社会环境是城市文化发展的重要保障，城市社会环境的不断优化为城市文化拓宽了发展的空间，进而推动城市文化力的形成。第四，城市生态环境反映的是社会人员最基本的生存环境。人作为实践活动、文化创造的主体，只有处于适宜的生存空间和健康的生活空间，人类的文化创造才能得以实现和践行。由此可见，城市文化发展环境作为支撑城市文化系统的重要分支，是促进城市文化发展的基础要素。

2. 城市文化资源设施

城市文化资源设施是城市文化发展的核心基础,城市文化资源设施的实力水平主要通过城市文化资源的存量规模和质量水平,以及城市文化基础设施建设的发达程度、先进性和便利程度来综合反映。本研究所涉及的文化资源要素主要包括景区资源、自然保护区、物质和非物质文化遗产等。而文化基础设施则主要包括影剧院、博物馆、图书馆、群众艺术馆、文化馆(站)等。文化资源是城市文化发展的内在核心基础,文化资源的特色决定了城市文化的独特性,文化资源的多少反映了城市文化底蕴的丰富与否,拥有丰富、独特文化资源的城市相对其他城市会更具有吸引力,文化传播力更强。文化资源同时也是文化生产、文化创作的物质基础和重要来源,文化资源的质量以及文化资本水平的高低在一定程度上决定了城市文化生产力的高低。文化基础设施的建设则可以丰富居民生活,提高居民人文素养,增强文化渗透力、感召力、传承力。因此,根据本土文化特色,充分挖掘当地文化资源的潜在价值,并通过创新性的开发利用,培育特色文化产品,形成城市文化品牌力,是提升城市文化力的根本途径。城市文化资源设施作为城市文化系统的核心基础要素,城市文化资源设施要素水平越高,城市文化发展实力也就越强。

3. 城市文化创造

城市文化创造能力是城市文化发展的核心动力。文化的本质是创造,只有不断提高文化创造的能力,才有实现先进文化的可能,才能保障和推动文化的持续发展。城市文化创造要素如同城市文化系统的"心脏",是协调各子系统相互作用的核心。本研究所界定的城市文化创造要素包含文化生产、文化创新和文化持续三个组成部分。其中,文化生产力是支撑城市文化发展的中坚力,文化创新力是推动城市文化发展的不竭动力,文化持续力是实现城市文化可持续发展的保障。

文化生产力是支撑城市文化发展的中坚力量,是推进文化发展的根本动力。根据已有的关于文化生产力的研究成果,文化生产力在广义上是指人们进行精神生产的能力,而在狭义上则是指人们进行文化产品的开发和生产、提供文化服务的能力。文化生产的过程即人在一定思维模式的引导、支配下,通过有效配置文化要素而作用于文化资源,进而生产文化产品和提供文化服务的过程。文化资源的配置效率和开发利用的程度,决定了文化物质产品和精神产品的品质以及文化服务的质量,进而决定了文化生产能力的高低。因此,提升城市文化生产力应以文化产业为依托,以文化航母企业为引领,借助现代化设施和信息化技术,提高文化资源的配置效率,增强文化产品品质,提高文化服务能力。

文化创新力体现的是人类自由、能动的本质特征，其独特性在于：文化创新是新物质产生和发展的过程，是文化本性的自觉张扬，是个体性的求异过程，是原有文化的否定性环节。文化创新是文化发展的灵魂和动力，渗透于文化发展的各个环节。只有文化创新力不断提升，才有先进文化的不断丰富和拓展，因此，文化创新是提高城市文化创造能力，进而提升城市文化发展水平的根本所在。实践是文化创新的源泉，人类的创造活动只有满足实践的需求，才能激发创造的热情，迸发创新的灵感。正如恩格斯所说：相比学校的教育，实际的需求更能推动科学的进步。实践更有助于人们打破思想的桎梏，提高思维的能力。人作为文化创造的主体，积极培育和引进文化人才，充分发挥人类思维的主观能动性，对增强城市文化创新力至关重要。

文化持续力是实现城市文化长久可持续发展的内在保障力。人类在不断进步，社会在不断发展，人类思想观念、实践能力的不断提升，也推动着文化的进步和发展。每一代人在守护自己文化的同时，也在不断创造着新的文化，即新文化的创造源自历史传统文化的积淀，未来的文化创新发展也同样依赖于今天新文化的形成。因此，文化发展不仅要有传统文化的传承，也要有新文化的创造，如此才能稳固城市文化发展的影响力量，推动城市文化的长久可持续发展。传统文化的传承、新文化的持续都与文化创造主体的思维方式、活动目的息息相关，因而居民的文化素质、高素质人才的储备、政府的扶持力度等既是影响城市文化持续发展的重要因素，同时也是文化持续发展能力的外在表现。

4. 城市文化消费

城市文化消费是度量城市文化发展水平的重要维度之一，文化消费更是拉动城市文化发展的重要引擎。城市文化消费反映的是政府对文化发展事业以及居民对文化消费品在货币、时间、精力等方面的支出或投入水平。文化消费与文化生产是密切相关的，可以说是同一个问题的两个方面。与传统物质消费不同的是，文化消费具有与生产过程同一性、效用多样性和发展空间无限性三个特点。与生产过程同一性是指消费与增值是同时发生的，即人们对文化产品进行消费的同时，也在丰富其内在的文化内涵，提升个人审美能力；效用多样性是指消费者对文化产品的消费感受与个人的思维观念密切有关，价值观念上的差别会导致不同消费者对同一文化产品产生不同的感受和评价；发展空间无限性是指文化消费品往往具有文化积累的价值，会随着人们交往范围的拓展、自由支配时间的增加而无限扩大。在早已进入消费时代的西方现代化国家，文化消费已成为维系和发展资本主义生产方式的引擎，文化消费能力的强弱被视为衡量一个国家、地区发展水平和国民富裕程度的重要指标。从我国城市整体文化消费现状和特征来看，文化消费主要集中于教育消费、图书消费、信息消费、文化娱乐用品和服务消费、影剧院消费、旅游消费等领域。

5. 城市文化传播

城市文化传播能力是城市文化在不断的发展过程中借助一定的载体向外传播、扩散、辐射的一种能力。文化起源于交流和传播，因而城市文化传播的能力和对城市文化发展的作用是不容忽视的。城市文化传播的范围越广、效应越强，城市文化教化功能的发挥就越充分、辐射力就越强、影响力就越大。同时，城市文化传播能力的强弱也在一定程度上决定了城市文化的价值主导力和话语主导权。一个城市的文化在全世界范围内的广为传播与盛行，将会给一个城市带来文化力量的整体提升。因此，城市文化传播也是度量城市文化发展的又一重要推动力。

本研究对城市文化传播能力的度量主要是从传播工具、传播载体以及传播形式等影响文化传播能力的因素层面出发设计评价指标。先进的传播工具、有效的传播载体、新颖的传播形式，有助于形成强大的传播能力。从印刷技术、印刷工具的产生，到信息技术革命和互联网的产生，再到互联网向手机"微"时代的迈进，文化传播工具在传播媒介的变革中不断得到优化升级。同时，随着时代的发展和社会的进步，人与人之间通信、交流、传播的形式和内容都已经发生了根本性改变，文化信息的交流和内容的传播已不再仅仅依靠人与人之间面对面的口口相传，交流的形式已更加多元化、现代化、高效化，旅游、体育、商务活动、教育事业等都已成为文化传播的重要效载体。另外，文化产品对外贸易也是城市间、乃至世界范围内文化传播的重要渠道，而互联网传播在改变人类思维方式、生产和生活方式的同时，也成为当今时代最具影响力、传播范围最为广泛的文化传播形式。

6. 城市文化管控

城市文化管控能力是城市文化发展的外在作用力，反映的是政府通过行政、执法、政策扶持等手段对城市文化进行管理、管制和监督，以及政府通过引导正确的文化价值观念，并辅以法律法规的约束，进而引导城市文化在正确轨道上发展的能力水平。由于我国城市整体文化发展起步较晚，发展尚不成熟，政府的正确引导和适当的宏观调控将有助于我国城市文化发展水平的整体提升。政府对城市文化发展的管理和监控能力具体表现为对文化事业部门的人力投入、财政扶持力度，公共文化服务体系的完善程度，文化体制改革的力度和成效，民间协调管理的情况，政府肃清文化市场的能力和执法监督的力度等。借助政府的力量，寻求财政资助、政策扶持、法律保护等作为保障，对城市文化的全面发展和城市文化发展水平的整体提升具有重要的作用。

（三）城市文化发展指数评价指标设定原则

城市文化是一个由相互联系、相互作用的若干要素构成的有机整体，是一个复杂的系统。对于这样一个复杂的系统，有必要建立一套科学、系统、逻辑清晰合理、结构完整严谨的指标体系对其进行研究。构建这样一套指标体系应遵循以下几个原则。

1. 科学性原则

科学性原则是评价工作得以进行的前提和基础。城市文化内涵广泛，城市文化发展受社会多方面因素的影响，在设计城市文化发展指数评价指标的过程中，应注重对众多因素进行抽象、概括，抓住其中最重要、最本质、最具有代表性的维度，即评价指标的选取要围绕城市文化发展的本质，力求全面、公正、客观地反映和描述城市文化发展水平。

2. 系统性原则

城市文化是一个包含多重要素的复杂系统，其发展水平受公共文化服务、文化产业、文化产品、文化传播、对外文化交流与合作、文化人才队伍培养等多方面要素的影响，且多要素之间或多或少都存在一定的相互影响的作用关系。因此，构建城市文化发展指数评价指标体系是一项复杂的系统工程，在指标的选取上，应注意并确保评价体系中各要素指标之间正确的逻辑结构关系。

3. 层次性原则

衡量城市文化发展的指标体系是一个多层次、多要素的复合体，它由若干子系统组成，每个子系统又由一系列指标组成，具有一定的层次性。作为一个多层次多要素的复合体，文化发展指数评价指标体系要形成阶层性的功能群，层次之间要相互适应并具有一致性，按层次的高低和作用的大小不断细分，每项上层指标都要有相应的下层指标与其相适应，如此既可以使得分析评价更加简明，还可以反映出城市文化各层次的发展状况和差距。

4. 代表性原则

文化是一个复杂的系统，涉及社会发展要素的方方面面。如果不予以辨别，不分主次地将文化发展各方面的影响因素都包括进来，就难以抓住文化发展最主要的方面。因此，在设计城市文化发展指数评价指标体系时，要注意加以辨识，选择有代表性的重要指标，提炼最能表现文化内涵的因素。如果选取的指标过多过杂，这样的指标体系看似全面，但有可能会由于没有突出文化发展的主要方面而降低测评结果的准确性、客观性和科学性。

5. 可比性原则

对不同城市文化发展指数进行比较分析，应注意评价指标体系的可比性。在设计指标体系时，应考虑到不同城市各项评价指标的内涵和外延、统计口径、计量范围、计算方法等是否保持一致，指标取值宜采用相对值，以便于对不同城市间文化发展水平进行比较。

6. 动态性原则

整体性的相互联系是在动态中表现出来的，文化系统受人的主观意愿和行为影响，也在不断发生着变化，因此城市文化是一个动态发展的变量，城市文化发展指数评价指标体系应具有动态性特征，对城市文化发展水平的评价不应仅仅局限于对现有能力的评价，还应充分体现出对其发展潜力的评价。为了解城市文化在不同历史时期的发展状况和未来发展趋势，指标体系的设计要统筹兼顾，使得该指标体系具有较好的包容性和可比性，以利于实际的分析应用。

综上所述，城市文化发展指数评价指标体系既要体现时代的特征，又要反映发展的要求。只有这样，才能更加全面地了解所研究城市文化发展水平的状况，了解其是否形成了文化发展竞争优势、城市间文化发展水平的差异性以及文化发展的未来方向。

（四）城市文化发展指数理论评价指标体系

基于本研究所构建的城市文化发展指数理论评价模型及构成要素的具体分析，进一步对各要素的具体评价指标进行设计。在这里，本研究暂不考虑指标数据的可得性，仅从理论层面出发，基于科学性、系统性等评价指标体系的构建原则，建立了较为全面、系统的城市文化发展指数理论评价指标体系。本书后面章节中对中国城市文化发展指数的计算及文化发展水平的量化比较研究，正是基于这一理论评价指标体系，通过从中选取目前可以获得数据的，并在样本城市间具有可比性的评价指标，作为我们实证研究的基础。本研究设计理论评价体系，除为满足量化研究的需要外，也为了便于其他学者基于不同研究目的、不同研究时期以及不同研究样本对不同评价指标的选取，或是为其提供指标选取的参考依据。同时，随着文化统计工作的逐步完善与发展，一些目前尚不能获得数据的指标在未来可能会实现数据的获取。因此，本研究设计城市文化发展理论评价体系的又一目的，是为未来的后续研究工作打下基础，并期望能够为完善文化统计系统、开展城市文化统计工作起到一点推动的作用和参考的价值。本研究所设计的城市文化发展指数理论评价指标体系如表2—1所示。

表 2—1　　　　　　　　　　城市文化发展指数理论评价指标体系

一级指标	二级指标	三级指标（指标层）
文化发展环境	经济环境	GDP 年增长率
		人均 GDP
		第三产业占 GDP 比重
		第三产业从业人数比重
		城镇失业率
		城市化水平
		公路网密度
		电力、管道燃气、自来水、供热覆盖
		城市地铁密度
		城市人口密度
		航空、铁路、公路、水运客运总量
	科技环境	科学家与工程师占科技活动人员比重
		每万人拥有的科技活动人员数
		R&D 活动人员数占总就业人数比重
		R&D 经费支出总额
		R&D 经费支出占 GDP 比重
		政府科学技术财政支出占总支出比重
		专利授权数
		每亿元 GDP 专利数
		国家高新技术产业开发区企业数
		国家高新技术产业开发区企业从业人员数
		开发区高新技术企业总产值
		每亿元 GDP 技术合同数
		单位技术合同成交额
	生态环境	空气质量达到二级以上的天数
		PM2.5 指数
		生活垃圾无害化处理率
		生活污水处理率
		一般工业固体废物综合利用率
		城市建成区绿化覆盖率
		林木绿化率
		人均公共绿地面积
	社会环境	政府一般公共服务财政支出比重
		政府社会保障和就业财政支出比重

续前表

一级指标	二级指标	三级指标（指标层）		
文化发展环境	社会环境	人均医生数		
		人均医院、卫生院床位数		
		普通高等学校数		
		普通高等学校专任教师数		
		普通高中师生比		
		每万人刑事案件发案数		
		每万人火灾事故情况		
		全球宜居城市排名		
文化资源设施	文化资源	景区资源	世界地质公园	
			国家级自然保护区个数	
			国家级重点风景名胜区	
			国家级水利风景区	
			国家森林公园	
			5A 景区数	
			4A 景区数	
			3A 景区数	
		遗产资源	世界级自然、文化遗产	
			国家级自然、文化遗产	
			全国重点文物保护单位	
			国家级非物质文化遗产	
			世界物质文化遗产数量	
			宗教建筑数量	
			文物藏品数	
			民间艺术	
	文化设施	公共图书馆机构数		
		每百人公共图书馆阅览室坐席数		
		每百人公共图书馆计算机台数		
		每万人公共图书馆建筑面积		
		公共图书馆总藏量		
		每百人公共图书馆藏书量		
		公共图书馆当年新购藏量		
		文物馆机构数		
		文物馆文物藏品数量		
		群众艺术馆、文化馆（站）机构数		
		体育场场馆数量		
		书店数量		
		剧场、影剧院数		
		每百万人占有影剧院屏幕数		
		艺术表演场馆机构数		
		艺术表演场馆坐席数		

续前表

一级指标	二级指标	三级指标（指标层）	
文化资源设施	文化设施	广播节目综合人口覆盖率	
		电视节目综合人口覆盖率	
		一级公共图书馆个数	
		一级文化馆个数	
文化创造	文化生产力	文化产业力	文化产业从业人员总量
			文化产业从业人员比例
			文化产业固定资产投资占全社会比重
			文化产业增加值
			文化产业增加值占GDP的比重
			人均文化产业增加值
			文化产业总产出
			人均文化产业总产出
			文化产业总产出增长率
			文化产业总资产增长率
			文化产业对外投资额
			规模以上文化创意产业增加值
			规模以上文化创意产业收入
			规模以上文化创意产业利润
			规模以上文化创意产业收入利润率
			文化娱乐机构数
			文化产业园区的数量
			文化产业园区总产出规模
		文化产出力	图书、杂志、报纸总印数
			人均图书、杂志、报纸总印数
			电子出版物数量
			人均电子出版物数量
			录像、录音制品出版数量
			人均录像、录音制品出版数量
			艺术表演团体演出场次
			艺术表演场所演出场次
			人均艺术表演团体演出场次
			人均艺术表演场所演出场次
			公共广播节目套数
			公共电视节目套数
			城市电视频道、电台频道自办节目总时长
			电影放映场次
		文化企业力	文化企业机构数
			文化企业机构数量占社会总企业数比重
			文化企业营业总收入
			文化企业上市公司数
			国家文化出口重点企业数

续前表

一级指标	二级指标	三级指标（指标层）	
文化创造	文化创新力	文化创新投入力	文体娱中专以上学历技术人员
			文化艺术科技科研机构专业技术人员
			文化艺术科技科研机构数
			文化科研经费
			文化产业研发投入（R&D）占文化产业 GDP 的比重
			文化事业专业技术人员占从业人员比重
			艺术表演团体专业技术人员
			动漫企业通过动漫人才专业认证的从业人员数
			文化创意产业就业人数
			动漫产品研究开发经费
		文化创新产出力	剧团原创首演剧目
			原创动漫、动画部数
			文化艺术科技科研机构完成科研项目（国家级、省级）
			文化艺术科技科研机构申请专利数
			文化艺术科技科研机构本年度科研项目获奖情况
			文化产业园区获得国家级文华奖项数量
			文化产业园区获得著作权、发明专利总数
			文化体制改革先进单位数
			文化产业年获得专利数量
			文化产品专利授权数
			文化产品专利申请数
	文化持续力	人才支援力	居民平均受教育年限
			高等院校在校大学生人数
			全球排名前 100 位的著名大学的数量
			大学数量
			中小学数量
			中小学在校生数
			每万名学生中小学数量
			中小学师生比
			大专以上人口比例
			人才经济贡献率
			人才科技产出率
			每万人口艺术家、科学家和工程师数
			文化部门中等专业学校在校生数
		政府扶持力	文物保护单位维修项目数
			文物保护单位累计拨入项目经费
			文化体育与传媒财政支出
			文化事业费
			文化事业费占财政总支出的比例
			人均教育财政支出
			政府教育财政支出比重
			该区是否有文化或文化创意产业发展规划（是：1；否：0）

续前表

一级指标	二级指标	三级指标（指标层）	
文化传播	文化活动力	公共文化活动	公共图书馆为读者举办各种活动次数
			公共图书馆举办各种活动参加人次
			文物机构举办展览次数
			博物馆参观人次
			群众艺术馆、文化馆举办各类活动、培训班等次数
			文化站举办各类活动、培训班等次数
			群众文艺活动参加人次
			群众文化机构公益性讲座参加人次
			艺术表演团体机构数
			专业艺术剧团数
			各类节庆活动数
		文化对外交流	对国外文化交流项目数（个）
			国家文化出口重点项目数
			对港澳台文化交流项目数（个）
			对外、港澳台文化出访活动项目数
	文化国际影响力		举行国际体育赛事活动次数
			举行国际展览次数
			举行国际电影节次数
			规模在百万元以上的艺术品拍卖会次数
			举办国际会议的次数
			举办国际性论坛的次数
			文化产品对外出口总额
			主要文化产品的国际市场占有率
			文化团体对外演出数量
			境外文艺团体演出场次
			境外电影票房收入
			获得国际重大文艺奖项次数
	文化吸引力		公共图书馆总流通人次
			公共图书馆书刊文献外借册次
			本年利用档案、资料人次
			人均艺术表演团体观众人次
			人均艺术表演场所观众人次
			国内旅游人数
			国内旅游收入
			入境游客数
			旅游外汇收入
			留学生人数
			国外驻扎本地文化机构数
			国际总部数量
			外资企业数

续前表

一级指标	二级指标	三级指标（指标层）
文化传播	文化国际影响力	中国文化旅游示范基地
		中国优秀旅游城市（1：是；0：否）
		国家历史文化名城（1：是；0：否）
		文化艺术之乡（个）
		第一批中国传统村落
	文化吸引力	国际旅行社数
		国内旅行社数
		全国百强旅行社数
		旅游外汇收入
		国内旅游收入
		互联网宽带接入用户
		人均移动电话用户
文化消费	文化消费支出	人均文化消费支出
		人均文化消费支出比重
		人均文化娱乐用品支出
		人均文化娱乐用品支出占总支出比重
		人均文化娱乐服务支出
		人均文化娱乐服务支出占总支出比重
		人均教育支出
		人均教育支出比重
		每万人图书消费额
		旅游消费支出
		文教、科学、卫生事业费用占财政支出的比重
		人均文化事业基建投资额
		人均文化事业财政投资额
	文化消费活动	每万人报刊、杂志订阅率
		每万人艺术表演场馆观众人次
		每万人电影观众人数
		人均图书销售收入
		人均音像制品销售收入
		人均艺术表演团体演出收入
		人均艺术表演场所业务收入
		人均电影院收入
	文化消费时间	每周用于文化消费的时间占工作外时间比重
		每天上网时间中用于娱乐休闲的时间比重
文化管控	文化管理	文化行政主管部门机构数
		文化行政主管部门从业人数
		文化行政主管部门财政拨款额
		文物行政主管部门机构数
		文物行政主管部门从业人数

续前表

一级指标	二级指标	三级指标（指标层）
文化管控	文化管理	文物行政主管部门财政拨款额
		民间文化管理协会机构数
		国家公共文化服务体系示范区
		国家公共文化服务体系示范项目数
		是否是全国文化体制改革先进地区
	文化执法	文化市场执法机构数
		文化市场执法机构从业人数
		文化市场执法机构处理文化市场案件数
		获评全国"扫黄打非"先进集体数

三、城市文化发展指数计算方法

在前述理论分析中，本研究基于对城市文化内涵的界定，构建了测度城市文化发展水平的理论模型，并从城市文化发展环境、文化资源设施、文化创造、文化传播、文化消费以及文化管控六个要素维度出发，构建了城市文化发展指数理论评价指标体系，为本研究测算城市文化发展指数，对城市文化发展现状进行数量分析，奠定了必要的理论基础。基于此，本研究将进一步采用综合评价方法对我国城市文化发展现状进行数量测度和比较分析。

（一）综合评价方法简述

综合评价方法又称多变量综合评价方法、多指标综合评估技术，是对一个复杂系统的多个指标信息应用定量方法（包括数理统计方法）对数据进行加工和提炼，以求得其优劣等级的一种评价方法。综合评价法在实际应用中主要用于解决以下三个问题：对研究对象的全部个体进行分类；直接对全部评价单位进行排序，或在分类基础上对各小类按优劣排序；考察某一综合目标的整体实现程度，即对某一事物进行整体评价。常见的综合评价方法有计分法、综合指数法、Topsis法、秩和比（RSR）法、层次分析（AHP）法、模糊评价法、多元统计分析法以及灰色系统评价法等。

综合评价法的核心步骤主要包括三个部分：确定评价指标和评价指标体系；确定各个评价指标的权重；求单个指标的评价值及综合评价值。首先，在前述理论分析中，本研究已经构建了城市文化发展指数理论评价指标体系作为综合评价的基础。其次，对评价体系中指标权重的设定是多指标综合评价过程中的重要环节。目前国内外关于指标权重的设定方法有十余种，各种方法均有其优缺点，不同的指标权重设定方法也往往决定了综合评价方法的差异，本节中将对常用指标权重的设定方法进行简要介绍，并结合本研究的实际需要选取适当的指标权重设定方法。最后，建立综合评价模型，基于单项指标评价值对综合评价值进行计算，本研究中对城市文化发展指数进行了测算，常见的综合评价值的计算方法有线性加权综合法、非线性加权综合法、逼近理想点法等。

（二）指标权重设定方法与选择

指标权重是指标在评价过程中重要程度的反映，权重系数是评价过程中指标相对重要程度的一种主观评价和客观反映的综合度量。指标权重的设定结果对综合评价值的计算结果及评价具有重要影响，指标权重设定方法的不同往往也是不同综合评价法的差异所在。计算权重系数的方法大致可以分为两大类：一类是主观赋权法；另一类是客观赋权法。也有学者将主、客观赋权法加以结合。从具体权重设定方法来看，主观赋权法包括德尔菲法（专家法）、层次分析法、模糊分析法、相邻指标比较法、序关系分析法等，其中德尔菲法、层次分析法是实际中应用较多的一种赋权方法；客观赋权法是由客观数据决定权重系数，包括熵权法、主成分分析法、多目标规划法、秩和比法、相关系数法等。其中，熵权法在实际中应用最为广泛。下面对几种常见的权重设定方法进行简要介绍。

1. 层次分析法（AHP）

在现实工作中，往往会遇到决策的问题，当影响决策的因素相互制约或相互影响时，决策系统中各因素之间往往无法用定量方式描述。而层次分析法可以将半定性、半定量的问题转化为定量问题。它通过将复杂的决策情景切分为数个细小的部分，再将这些部分组织成树状的层次结构，在此基础上赋予每一部分重要性权重，计算出各部分的优先权，供决策者选择。由于对复杂问题按照一定逻辑进行了重新梳理，并且量化出了每一种决策的优劣程度，更便于决策者进行比较。但是层次分析法在针对多因素综合进行评估时要利用人们的主观判断，因此对于不确定性或模糊性数据以及结果的模糊性评估就受到一定限制。

层次分析法的实施步骤为：

（1）根据具体情况建立评价系统的层次结构图。

（2）把处于同一节点下的不同指标采用专家调查的方法，通过对指标间重要性的两两比较，构造出判断矩阵，借助一定的算法得出判断矩阵的排序向量。需要注意的是标度问题。标度是表示两两要素之间相对重要性的数量尺度。标度的确定在层次分析法中占有重要的地位。它的选择是否恰当直接决定了最终权数的正确性和有效性。T. L. Saaty 在发展层次分析法的同时，给出了 1～9 的标度方法。不少学者对 1～9 的标度方法做了不同程度的改进，提出了各种标度的方法。归纳起来大概有两种：一种是互反性标度，如 1～9 标度、指数标度、9/9～9/1 标度、10/10～18/2 标度、$1～1.5^6$ 等；另一种是互补性标度，如 0.1～0.9 标度、0～2 标度、－2～2 标度等。由于互反性 1～9 标度简便易行，在实践中得到了广泛的应用，并且得到了学界的公认。互反型 1～9 标度的具体内涵如表 2—2 所示。

表 2—2　　　　　　　　　　　　互反型 1～9 标度的具体内涵

标度	含义
1	表示两个因素相比，具有同等的重要性
3	表示两个因素相比，一个因素比一个因素稍微重要
5	表示两个因素相比，一个因素比另一个因素明显重要
7	表示两个因素相比，一个因素比另一个因素强烈重要
9	表示一个因素比另一个因素极端重要
2、4、6、8	上述两相邻判断的中值

设有 n 个指标，其权重值分别为 $w_1, w\cdots w_n$，对其指标进行两两比较，则形成 n_i 阶的方阵为：

$$A=\begin{pmatrix} w_1/w_2 & \cdots & w_1/w_n \\ \cdots & \cdots & \cdots \\ w_n/w_1 & \cdots & w_n/w_n \end{pmatrix}=\begin{pmatrix} a_{11} & \cdots & a_{1n} \\ \cdots & \cdots & \cdots \\ a_{n1} & \cdots & a_{nn} \end{pmatrix}$$

（3）确定相对权重及进行一致性检验。针对每一个准则给出各个候选方案的评价值，构成一个候选方案对应每个准则的判断矩阵，并求出其相应权值。

（4）在分层获得了同层各要素之间的相对重要程度后，就可以自上而下地计算各级要素对于总体的综合重要度。

2. 网络层次分析法（ANP）

网络层次分析法是在层次分析法的基础上发展并形成的一种新的决策方法，它允许可以量化和难以量化的多个指标共存，并考虑了不同层次的元素组以及元素组内部的元素之间具有关联和反馈关系的情况。网络分析法分为两个部分：一个是控制层，包括问题目标以及决策准则，其中所有的决策均被认为是彼此独立的，一个典型的 AHP 递阶层次结构，每个准则的权重都可由传统的 AHP 方法来获得；另一个是网络层，由所有受控制层支配的元素组成，元素之间相互作用、相互影响，形成网络结构。ANP 方法解决问题的关键是利用超矩阵对各种相互作用的因素进行综合分析，得出各个元素的混合权重，从而做出最终的决策，这是一个非常复杂的计算过程，利用软件来进行求解是最有效的办法。AHP 和 ANP 都是用来解决无结构和半结构化的决策问题，都是社会经济系统用数学模型无法进行精确描述的复杂问题。AHP 是将复杂的问题分解成各个组成因素，按支配关系聚类形成有序的递阶层次结构，然后按比例标度经专家判断、两两比较，确定各元素相对上一层次各个准则的相对重要性，再综合判断确定相对总目标的各决策要素的重要性排序，但 ANP 还要考虑内部循环相互支配的层次关系，显得比较复杂。

3. 模糊层次分析法（FAHP）

针对层次分析法的一些不足，比如在某些情况下不能很好地给出指标权重、各指标难以量化或者一致性约束难以达到，荷兰学者 Van Laarhoven 于 1983 年提出了用三角模糊数表示模糊比较判断的方法，并运用三角模糊数的运算和对数最小二乘法求得元素的排序，从而把 AHP 拓展为能够在模糊环境下使用的 FAHP。FAHP 能够科学、客观地确定指标体系中各指标的权重，它既避免了权重确定中的随意性，又考虑了人类思维判断的模糊性，是一种思路清晰、可操作性强的权重计算法。

4. 熵权法

"熵"实质上就是对系统状态不确定性的一种度量，因此可利用熵来衡量某一评价指标对评价对象的影响程度，即权数。熵权法是一种客观的赋权方法，它是利用各指标的熵值所提供的信息量的大小来决定指标权重的方法。使用熵权法给指标赋权可以避免各评价指标权重的人为因素干扰，使评价结果更符合实际，克服了现阶段的评价方法存在指标的赋权过程受人为因素影响较大的问题。在数据处理上，我们采用 MATLAB 软件进行编程计算，大大减轻了计算的工作量。

熵权法针对具体问题的操作步骤如下：

对一个具体的评价问题，设有 m 个被评价对象，n 个评价指标，用熵权法确定指标权重的步骤如下：

第一步：指标的无量纲化处理。

设第 i 个被评价对象的第 j 项指标值为 x_{ij}（$i=1, 2, \cdots, m$；$j=1, 2, \cdots, n$），则原始数据就形成一个 m 行 n 列的决策矩阵 $\boldsymbol{A}=(x_{ij})_{m \times n}$。

考虑到被评价对象的不同指标往往具有不同的量纲单位，因此，为了消除由此产生的指标的不可公度性，需要对评价指标值进行无量纲化处理。具体做法如下：

对于正向指标，令：

$$Y_{ij} = (x_{ij} - x_{\min(j)})/(x_{\max(j)} - x_{\min(j)}) \tag{1}$$

对于逆向指标，令：

$$Y_{ij} = (x_{\max(j)} - x_{ij})/(x_{\max(j)} - x_{\min(j)}) \tag{2}$$

式中：$x_{\max(j)} = \max\{x_{ij}\}$，$x_{\min(j)} = \min\{x_{ij}\}$

经上述变换得到的 Y_{ij} 是原始数据 x_{ij} 的无量纲化，它们被压缩在 [0，1] 区间内。经上述处理后，评价指标还实现了同向化，即无论 x_{ij} 是正向指标值还是逆向指标值，Y_{ij} 总是越大越好。

第二步：对经过无量纲化处理的各指标数据计算比重。

$$P_{ij} = Y_{ij}/\sum_{i=1}^{m} Y_{ij} \quad (i=1,2,\cdots,m;j=1,2,\cdots,n) \tag{3}$$

第三步：计算第 j 个评价指标的熵值。

$$e_j = -K\sum_{i=1}^{m} P_{ij}\ln P_{ij} \quad (\text{其中 } K = \frac{1}{\ln(m)}, j=1,2,\cdots,n) \tag{4}$$

式（4）中加一项常数 K，是为了保证第 j 个指标的各比重 P_{ij} 都相等时，满足 $e_j = 1$，这时该项指标不能提供任何信息，对评价不起任何作用。式（4）中还假定，当 $P_{ij} = 0$ 时，$P_{ij}\ln P_{ij} = 0$，从而保证 $e_j \in$ [0，1]。

第四步：计算第 j 个指标的熵权。

$$W_j = \frac{1-e_i}{\sum_{i=1}^{m}(1-e_i)} \quad (j=1,2,\cdots,n) \tag{5}$$

其中，$W_j \in [0,1]$，且 $\sum_{j=1}^{n} W_j = 1$

5. 几种权重设定方法的比较

本研究对前述几种权重设定方法的优缺点进行了比较，比较结果整理如表2—3所示。

表2—3　　　　　几种常见权重设定方法的比较

方法名称	主要特点	存在的缺陷
层次分析法（AHP）	该方法是针对多因素综合评估的主观判断方法，使用方便，用途广泛	不能解决现实中的不确定性与模糊性数据以及评估结果的模糊性
模糊层次分析法（FAHP）	该方法将 AHP 拓展到了模糊环境中，避免了权重确定中的随意性，又考虑了人类思维判断的模糊性	存在一致性检验问题，并且操作比较复杂

续前表

方法名称	主要特点	存在的缺陷
网络层次分析法（ANP）	在 AHP 法的基础之上考虑内部循环相互支配的层次关系	操作使用较为复杂
熵权法	属于数学方法的应用，评价过程减少了主观因素的影响	数据处理复杂

综合评价的方法很多，由于存在指标选择、权重设定、数据处理等方面的差异，导致不同方法得出的结果不可能完全相同，评价结果具有相对性而不具有唯一性。鉴于各种方法在适用条件、数据处理、操作方法、结果检验等方面都有其自身的优缺点，在实际应用中，应综合考量多方面的因素，基于研究需要选取相对适宜的综合评价方法。本研究在中国城市文化发展指数的研究中，在综合评价方法的选择上，基于不同的研究层面、研究对象，选取了等权综合平均法、熵权法以及层次分析法，分别对中国 236 个样本城市、北京与世界中心城市以及北京 16 个区县的文化发展现状进行评价分析和比较研究，具体方法应用及评价结果详见后文。

第三章　中国城市文化发展指数及综合分析

在第二章的理论分析中，本研究构建了由文化发展环境、文化资源设施、文化创造、文化传播、文化消费和文化管控六个文化要素组成的城市文化发展指数理论模型和评价指标体系。以此为基础，本研究结合中国城市文化发展实际，以2014年中国236个地级及以上城市文化相关数据为基础，计算我国城市文化发展指数，并据此对中国城市文化发展水平进行综合评价和比较研究，通过定量分析，掌握我国城市文化发展的现状和比较优势，探寻各城市文化系统中的相对薄弱环节，以期为制定文化发展战略、提高城市文化发展水平提供更为细致科学的客观参考。

一、中国城市文化发展指数的计算

(一) 中国城市文化发展指数评价指标选取及数据说明

本研究基于城市文化发展指数理论模型，从文化发展环境、文化资源设施、文化创造、文化传播、文化消费和文化管控六个要素维度出发，构建了较为全面、系统的城市文化发展指数理论评价指标体系。而受我国城市文化统计数据所限，对理论评价体系中所有指标的数量测度尚存在一定的困难。基于此，本研究结合我国城市文化发展实际以及文化指标数据的可获得性，一方面，在城市文化发展指数理论评价指标体系中选取可度量的、具有可比性的文化要素指标，即构建具有可操作性的中国城市文化发展指数评价指标体系，对我国城市文化发展指数进行计算，最终得到包含6个要素维度、12个子要素、83个具体数量指标的中国城市文化发展指数评价指标体系，具体如表3—1所示。另一方面，以我国283个地级及以上城市为分析样本，通过对数据缺失较为严重的城市进行删除、对缺失个别指标数据的城市进行数据缺失的替代或推算，最终保留了236个地级及以上城市作为本研究的实证分析样本。基于该评价指标体系，对我国2014年236个地级及以上城市文化发展指数进行计算，并根据计算结果进行综合评价及比较分析。

表 3—1　　　　　　　　　　　　中国城市文化发展指数评价指标体系

一级指标 A	二级指标 B	三级指标 C（C1～C83）
文化发展环境 A1	经济环境 B1	GDP 年增长率（%）C1；人均 GDP（元）C2；第三产业占 GDP 比重（%）C3；第三产业从业人数比重（%）C4；城镇登记失业率（%）C5；城市化水平（%）C6；公路网密度（千米/平方千米）C7；航空、铁路、公路、水运客运总量（万人）C8
	科技环境 B2	专利授权数（件）C9；国家高新技术产业开发区企业数（个）C10；国家高新技术产业开发区企业从业人员数（万人）C11；开发区高新技术企业总产值（万元）C12；政府科学技术财政支出占总支出比重（%）C13
	生态环境 B3	空气质量达到二级以上的天数（天）C14；生活垃圾无害化处理率（%）C15；生活污水处理率（%）C16；城市建成区绿化覆盖率（%）C17；人均公共绿地面积（平方米）C18
	社会环境 B4	政府一般公共服务财政支出比重（%）C19；政府社会保障和就业财政支出比重（%）C20；万人医生数（人）C21；人均医院、卫生院床位数（张）C22；普通高等学校数（所）C23；普通高等学校专任教师数（人）C24；普通高中师生比（%）C25
文化资源设施 A2	文化资源 B5	世界地质公园（个）C26；国家级自然保护区（个）C27；国家级重点风景名胜区（个）C28；国家级水利风景区（个）C29；国家森林、湿地公园（个）C30；世界级自然、文化遗产（个）C31；国家级自然、文化遗产（个）C32；全国重点文物保护单位（个）C33；国家级非物质文化遗产（个）C34
	文化设施 B6	公共图书馆机构数（个）C35；公共图书馆总藏量（千册/件）C36；每百人公共图书馆藏书量（册/件）C37；群众艺术馆、文化馆（站）数（个）C38；剧场、影剧院数（个）C39；广播节目综合人口覆盖率（%）C40；电视节目综合人口覆盖率（%）C41；一级公共图书馆个数（个）C42；一级文化馆个数（个）C43
文化创造 A3	文化生产 B7	文化、体育、娱乐从业人数（万人）C44；文体娱业从业人员比重（%）C45；文化、体育、娱乐产业增加值（亿元）C46；文化、体育、娱乐产业增加值占 GDP 的比重（%）C47；人均文化产业增加值（元）C48；传播与文化产业上市公司数（个）C49；国家文化出口重点企业数（个）C50
	文化创新 B8	国家级文化和科技融合示范基地数（个）C51
	文化持续 B9	居民平均受教育年限（年）C52；每万人在校大学生数（人）C53；文化、体育与传媒财政支出（%）C54；政府教育财政支出比重（%）C55
文化传播 A4	文化活动 B10	艺术表演团体机构数（个）C56；国家文化出口重点项目数（个）C57；全国百强博物馆数（个）C58
	文化吸引 B11	文化艺术之乡（个）C59；第一批中国传统村落（个）C60；中国优秀旅游城市（1：是；0：否）C61；国家历史文化名城（1：是；0：否）C62；国内旅游人数（万人次）C63；入境旅游人数（万人次）C64

续前表

一级指标 A	二级指标 B	三级指标 C（C1～C83）
文化传播 A4	文化营销 B12	国际旅行社数（个）C65；国内旅行社数（个）C66；全国百强旅行社数（个）C67；国际旅游外汇收入（万美元）C68；国内旅游收入（亿元）C69；每万人互联网用户（万户）C70；人均移动电话用户（户）C71
文化消费 A5	文化消费水平 B13	城镇居民人均文教娱乐支出（元）C72；城镇居民人均文化娱乐用品支出（元）C73；城镇居民人均文化娱乐服务支出（元）C74；城镇居民人均教育支出（元）C75
	文化消费结构 B14	城镇居民人均文教娱乐支出占总支出比重（%）C76；城镇居民人均文化娱乐用品支出占文化消费总支出比重（%）C77；城镇居民人均文化娱乐服务支出占文化消费总支出比重（%）C78；城镇居民人均教育支出占文化消费总支出比重（%）C79
文化管控 A6	文化管理 B15	是否是全国文化体制改革先进地区（是：1；否：0）C80；国家公共文化服务体系示范区（个）C81；国家公共文化服务体系示范项目数（个）C82
	文化执法 B16	获评全国"扫黄打非"先进集体数（个）C83

　　本书所采用的城市文化指标数据是通过逐个城市、逐个指标进行收集、排查而得到的，相关数据主要来源于 2015 年 236 个城市的《统计年鉴》和统计公报、《中国城市统计年鉴 2015》、《中国文化文物统计年鉴 2014》、《中国上市公司年鉴 2014》、《中国区域经济统计年鉴 2014》以及中国文化部和各市有关官方网站等。

（二）数据处理及评价思路

　　在对中国城市文化发展指数进行计算之前，首先要对数据进行处理。由于本研究所用数据既包含相对数，也包含绝对数，且绝对数指标的单位也都不尽相同，为使各市之间的指标数据具有可比性，需要对数据原始值进行无量纲化处理，将数据转化为均值为 0、方差为 1 的标准化数据集，即基于标准化指标数据集对 236 个城市文化发展的现状和核心要素水平进行综合评价分析。标准化的方法采用均值标准差模式，具体公式为：

$$新数据＝（原数据－均值）/标准差 \qquad (3.1)$$

　　在计算得到城市文化发展指数的基础上，本研究将从整体水平、内在结构两个层面对我国城市文化发展现状进行量化评价与分析。在整体水平层面，对我国 236 个地级及以上样本城市文化发展的综合水平和文化分要素水平进行评价分析和比较；在内在结构层面，对各城市文化系统内在要素结构的均衡性进行度量与分析。对文化发展综合水平比较的量化评价过程为：首先，对各要素层面的底层指标数据进行统计正态化的处理，为了便于比较的直观性以及进一步进行计算，将标准化后的数据换算成 0 到 100 之间的数值，作为底层指标得分，用以反映城市在具体指标上的客观水平。具体计算方法为：视每一个底层指标在各市的数值为一个样本，计算样本均值和标准差，由于本研究已对数据进行了标准化处理，因而均值为 0，标准差为 1。假定样本取自服从正态分布的总体，进而计算出样本中每一个单元的下侧累积概率值，即以标准正态分布函数值作为指标得分，如公式（3.2）所示。

$$\text{标准正态分布函数值 } \Phi(y_i) = \frac{1}{\sqrt{2\pi}} \int_{-\infty}^{y} e^{\frac{t^2}{2}} dt \qquad (3.2)$$

这种方法的处理可以修匀异常值，增强数据的可比性和数据质量的稳定性，实现最佳的排序效果（王琪延、罗栋，2009；王俊、王琪延，2010）。将公式（3.2）所得到的正态分布函数值乘以 100 换算得到样本各指标当量值，如式（3.3）所示。

$$\text{指标得分 } F_i = 100 \times \Phi(y_i) \qquad (3.3)$$

这样可将单个指标数值转化为 0 至 100 的得分数据。对于逆向指标，利用式（3.4）进行处理。

$$\text{逆向指标得分 } F_i = 100 - 100 \times \Phi(y_i) \qquad (3.4)$$

在计算得到各底层指标的标准化得分后，进一步对底层指标得分值向上进行层层加权平均，所得结果即为各级文化发展要素指数的得分值，并通过相同的计算方式得到城市文化发展综合指数。具体的，在对各指标权重的处理上，由于本研究构建的城市文化发展指数评价指标体系所含指标较多，且为避免个人主观偏好的影响，在计算我国 236 个地级及以上城市的文化发展指数时，决定采取等权平均的综合评价方法，即设定各层级指标在组内具有相同权重。在每个指标标准化数值的基础上，将要素内的指标进行等权平均，作为上一级指标层要素的发展指数，再逐级汇总得到最终的文化发展综合指数。

在从整体层面对各城市文化发展综合水平进行量化计算和评价比较的基础上，本研究进一步从内在结构层面对各城市文化系统内部要素结构的均衡度进行计算及分析，分析构成文化发展指数的各个要素维度在当地文化发展系统中是否一致和均衡。不均衡的要素结构是不利于竞争系统的持续发展和提升的，要素发展的不均衡将导致竞争力进一步发展的不稳定（赵彦云等，2006）。因此，本研究在这里引入竞争系统要素结构均衡度的度量方法与思想，对各样本城市文化系统内部要素结构的均衡度进行计算与分析。变异系数是刻画样本分布离散程度的统计指标，这里通过计算各城市文化发展综合指数的变异系数，来反映各城市文化发展的均衡性和稳定性。变异系数的值越大，说明该城市文化系统内部要素结构越不均衡，文化系统越不稳定。具体计算方法是：以文化系统中六个分要素指数值为基础，计算各城市六个分要素指数的均值和标准差，标准差与均值的比值即为各城市文化发展综合指数的变异系数具体见式（3.5），其中 i 代表样本城市。

$$文化发展综合指数的变异系数\ CV_i = \frac{\sigma_i}{x_i} \quad (i=1, 2, \cdots, 236) \tag{3.5}$$

（三）中国城市文化发展指数计算结果及综合排名

根据中国城市文化发展指数评价指标体系及计算方法，本研究以 2014 年城市文化相关指标数据为基础，对我国 236 个样本城市的文化发展综合指数以及文化发展分要素指数进行计算，计算及综合排名结果如表 3—2 所示。

表 3—2　　　　　　　　　2014 年中国 236 个样本城市文化发展指数

排名	城市	文化发展综合指数	文化发展环境	文化资源设施	文化创造	文化传播	文化消费	文化管控
1	北京	84.67	80.54	78.53	92.71	88.70	70.08	97.45
2	上海	77.14	69.07	63.30	76.61	89.10	78.70	86.05
3	杭州	74.10	73.40	69.23	88.28	80.27	62.54	70.86
4	天津	72.09	69.14	61.64	78.34	76.47	49.52	97.45
5	成都	71.20	66.01	65.32	84.87	71.99	54.85	84.17
6	南京	69.40	69.94	66.65	60.98	72.16	73.60	73.06
7	西安	69.23	68.57	65.91	80.52	68.20	59.14	73.06
8	广州	69.04	74.91	52.12	66.93	72.65	64.22	83.39
9	深圳	68.99	70.11	57.03	82.72	65.87	63.19	75.01
10	长沙	68.94	70.86	57.99	88.56	68.38	52.82	75.01
11	沈阳	68.20	66.24	55.27	80.32	65.43	58.19	83.76
12	武汉	68.17	73.81	52.89	83.36	68.21	48.54	82.22
13	重庆	67.67	64.63	76.86	65.39	82.07	41.29	75.76
14	青岛	66.14	65.53	54.56	74.78	68.31	58.67	75.01
15	哈尔滨	65.56	59.25	54.68	76.80	62.55	56.34	83.76
16	苏州	62.48	69.69	59.64	55.52	66.23	70.33	53.46
17	无锡	62.02	66.06	54.64	52.00	60.58	63.86	75.01
18	常州	61.14	64.93	43.30	75.81	47.58	62.13	73.06
19	福州	59.92	59.20	57.74	62.51	71.27	54.59	54.21
20	大连	59.71	61.41	57.08	50.32	58.61	55.83	75.01
21	太原	59.63	61.42	49.36	58.42	65.81	49.70	73.06
22	济南	59.17	66.07	55.33	60.44	66.42	64.01	42.76

续前表

排名	城市	文化发展综合指数	文化发展环境	文化资源设施	文化创造	文化传播	文化消费	文化管控
23	贵阳	59.03	65.98	49.21	60.42	52.23	51.31	75.01
24	石家庄	58.77	53.49	53.52	56.67	60.31	46.39	82.22
25	合肥	57.52	67.67	38.84	80.37	53.93	61.55	42.76
26	扬州	57.51	54.36	51.19	44.77	48.19	73.06	73.47
27	厦门	57.44	63.75	47.79	57.06	58.92	63.65	53.46
28	郑州	56.67	64.23	58.08	60.50	67.27	47.82	42.10
29	东莞	56.53	57.05	39.96	62.69	57.77	68.25	53.46
30	长春	55.95	60.42	57.60	61.53	52.28	61.76	42.10
31	宁波	55.91	59.98	55.72	48.16	68.37	49.77	53.46
32	呼和浩特	55.77	53.28	49.32	61.16	55.01	62.92	52.95
33	海口	55.64	62.59	46.18	54.00	54.84	51.90	64.31
34	乌鲁木齐	54.95	58.42	43.15	53.76	45.60	57.88	70.86
35	洛阳	54.76	51.87	50.56	47.42	58.12	56.99	63.65
36	岳阳	54.17	57.15	49.14	42.45	51.73	49.54	75.01
37	镇江	53.95	56.60	49.61	54.91	53.85	65.96	42.76
38	绍兴	53.57	55.19	61.19	58.87	58.23	36.43	51.51
39	淄博	53.26	56.90	46.66	54.22	53.55	56.71	51.51
40	银川	53.17	54.27	50.25	50.07	45.48	55.31	63.65
41	兰州	52.16	56.29	41.82	75.31	46.32	53.07	40.15
42	渭南	51.68	36.63	59.25	45.75	43.10	41.60	83.76
43	南通	51.65	59.42	46.76	44.84	56.09	51.28	51.51
44	南阳	51.43	40.00	63.61	42.66	45.95	54.66	61.70
45	三亚	51.42	52.39	40.24	53.40	44.36	45.08	73.06
46	泰安	51.42	50.27	53.76	43.78	49.98	59.20	51.51
47	烟台	51.16	57.75	55.09	46.75	56.53	48.76	42.10
48	南昌	51.09	58.64	42.51	56.15	59.11	49.95	40.15
49	昆明	50.86	64.05	55.04	53.18	61.24	31.52	40.15
50	潍坊	50.45	56.32	54.57	46.09	47.71	55.22	42.76
51	宝鸡	50.44	44.31	59.96	45.52	43.44	55.94	53.46
52	秦皇岛	50.40	52.92	49.09	50.88	50.10	45.97	53.46
53	株洲	50.25	64.63	41.82	44.11	47.85	51.58	51.51
54	廊坊	50.25	44.57	37.40	41.67	42.33	51.77	83.76
55	金华	50.02	52.13	56.68	47.40	58.97	53.52	31.40
56	惠州	49.76	58.71	44.64	46.32	47.15	50.22	51.51
57	本溪	49.48	54.76	46.44	42.39	45.61	56.15	51.51
58	郴州	49.42	54.11	55.64	41.97	47.58	45.69	51.51
59	吉林	49.31	42.72	59.37	47.93	51.72	53.96	40.15
60	湘潭	49.13	57.43	43.37	52.49	50.43	59.67	31.40
61	遵义	48.85	44.80	57.05	37.93	51.13	48.75	53.46
62	九江	48.82	45.43	63.94	45.17	44.32	42.53	51.51

续前表

排名	城市	文化发展综合指数	文化发展环境	文化资源设施	文化创造	文化传播	文化消费	文化管控
63	延吉	48.74	48.24	41.67	52.90	43.95	63.59	42.10
64	包头	48.72	54.20	43.06	45.44	42.98	64.56	42.10
65	三明	48.65	48.12	58.74	44.21	45.03	53.69	42.10
66	温州	48.61	54.92	57.68	49.02	55.85	34.06	40.15
67	铜陵	48.58	57.01	43.61	43.57	41.21	54.55	51.51
68	桂林	48.56	44.58	55.86	48.53	53.85	48.41	40.15
69	衡阳	48.50	52.37	53.08	44.79	52.94	36.32	51.51
70	黄山	48.49	51.84	58.02	42.13	50.18	46.02	42.76
71	盐城	48.48	49.59	46.54	42.36	42.97	66.63	42.76
72	邯郸	48.46	45.47	53.87	43.88	56.70	39.32	51.51
73	西宁	48.30	45.22	46.22	48.50	46.26	39.96	63.65
74	安庆	48.29	47.27	57.98	42.31	51.02	37.69	53.46
75	唐山	48.28	46.42	57.70	44.25	49.80	48.74	42.76
76	龙岩	48.22	47.97	54.06	46.45	50.88	58.59	31.40
77	东营	48.14	54.08	46.13	43.14	43.16	59.54	42.76
78	运城	48.10	44.58	46.22	52.09	41.81	39.62	64.31
79	邵阳	47.89	50.69	62.33	39.54	41.84	39.99	52.95
80	吉安	47.77	44.63	54.69	41.67	46.58	47.52	51.51
81	大同	47.76	43.98	48.46	51.38	46.75	44.49	51.51
82	长治	47.76	40.70	51.12	47.55	46.60	47.11	53.46
83	徐州	47.58	53.79	46.56	42.87	51.08	48.40	42.76
84	泰州	47.56	51.16	49.32	43.04	45.72	53.35	42.76
85	马鞍山	47.51	53.74	37.74	41.34	40.51	58.25	53.46
86	舟山	47.37	54.98	44.82	44.81	49.97	58.23	31.40
87	宣城	47.33	48.24	52.09	35.66	42.04	54.42	51.51
88	济宁	47.33	54.16	48.82	43.19	48.81	48.82	40.15
89	淮安	47.25	48.78	48.28	39.47	53.38	50.85	42.76
90	滨州	47.03	51.32	43.17	36.68	40.91	57.18	52.95
91	南宁	46.88	54.38	46.19	53.13	47.45	48.74	31.40
92	芜湖	46.72	55.63	43.33	40.64	43.15	54.80	42.76
93	嘉峪关	46.69	52.73	33.49	46.58	41.51	63.09	42.76
94	连云港	46.63	46.97	44.76	41.05	40.54	54.94	51.51
95	张家界	46.33	50.76	48.80	43.08	48.57	43.98	42.76
96	安阳	46.30	42.39	47.62	43.67	46.07	45.09	52.95
97	保定	46.25	42.58	53.29	41.41	58.85	38.62	42.76
98	台州	46.11	53.68	55.96	42.53	47.72	45.33	31.40
99	襄樊	46.09	50.00	41.64	38.87	43.86	48.73	53.46
100	焦作	46.02	44.40	58.24	47.79	43.14	51.14	31.40
101	汉中	45.92	42.99	58.26	41.22	47.44	42.87	42.76
102	漳州	45.91	48.66	60.34	44.45	47.68	42.95	31.40

续前表

排名	城市	文化发展综合指数	文化发展环境	文化资源设施	文化创造	文化传播	文化消费	文化管控
103	莆田	45.90	51.29	40.64	43.35	51.56	45.79	42.76
104	大理	45.77	44.24	59.44	40.59	56.18	42.75	31.40
105	咸宁	45.75	46.14	42.98	37.32	38.10	45.67	64.31
106	南平	45.72	45.03	60.27	41.15	47.84	48.61	31.40
107	宁德	45.56	44.97	48.44	40.74	43.10	43.16	52.95
108	克拉玛依	45.47	40.97	41.15	46.55	37.28	56.04	50.85
109	临沂	45.30	53.69	45.86	39.66	44.26	45.53	42.76
110	盘锦	45.28	49.05	35.88	39.74	42.90	61.35	42.76
111	黄石	45.12	46.42	37.92	43.98	37.62	51.30	53.46
112	三门峡	45.05	47.08	46.44	44.49	44.40	56.50	31.40
113	景德镇	45.01	48.61	47.07	40.68	46.01	56.29	31.40
114	鞍山	44.98	51.86	38.45	40.38	46.18	50.27	42.76
115	肇庆	44.86	38.94	45.23	45.53	48.69	48.03	42.76
116	鄂尔多斯	44.86	51.48	45.05	43.86	42.94	43.72	42.10
117	上饶	44.85	45.50	62.08	39.99	47.28	42.84	31.40
118	聊城	44.80	49.66	47.39	39.77	44.29	56.29	31.40
119	新余	44.63	48.22	36.51	41.64	34.47	53.48	53.46
120	宿迁	44.60	43.17	35.33	41.65	42.63	62.03	42.76
121	十堰	44.50	44.86	55.09	41.45	42.88	39.98	42.76
122	承德	44.45	42.61	51.12	43.91	44.61	41.69	42.76
123	临汾	44.41	38.41	59.46	41.67	40.37	43.75	42.76
124	周口	44.39	40.54	39.17	39.22	45.04	40.68	61.70
125	滁州	44.39	44.12	44.42	33.02	34.99	45.45	64.31
126	衢州	44.38	47.73	52.54	41.19	49.16	44.26	31.40
127	沧州	44.20	40.63	43.84	45.09	39.82	53.05	42.76
128	金昌	44.15	46.22	35.75	41.98	33.79	65.05	42.10
129	日照	44.02	49.65	35.58	41.48	45.40	49.23	42.76
130	绵阳	43.93	48.04	56.73	35.90	41.58	49.91	31.40
131	保山	43.92	36.25	35.40	37.45	41.48	37.94	75.01
132	抚顺	43.91	47.98	44.75	40.98	48.89	49.48	31.40
133	池州	43.90	48.49	45.49	38.05	47.33	41.25	42.76
134	淮南	43.88	47.17	35.55	40.97	38.82	49.26	51.51
135	乌海	43.66	48.05	35.17	40.36	35.85	62.39	40.15
136	柳州	43.58	43.86	40.22	42.46	49.49	45.30	40.15
137	阜阳	43.53	41.41	35.33	34.69	42.63	42.82	64.31
138	平顶山	43.53	43.25	41.98	45.76	47.38	51.41	31.40
139	孝感	43.48	43.23	39.52	41.56	41.10	43.95	51.51
140	松原	43.43	36.93	51.65	45.01	34.26	52.57	40.15
141	枣庄	43.42	45.45	39.45	42.80	50.60	50.80	31.40
142	呼伦贝尔	43.38	41.67	52.65	43.50	45.27	45.80	31.40

续前表

排名	城市	文化发展综合指数	文化发展环境	文化资源设施	文化创造	文化传播	文化消费	文化管控
143	辽阳	43.34	51.41	34.49	42.05	43.59	45.73	42.76
144	怀化	43.27	52.19	55.84	36.56	44.78	38.83	31.40
145	新乡	43.22	44.65	42.01	45.52	42.86	52.88	31.40
146	宜宾	43.20	41.21	48.41	39.46	40.33	47.00	42.76
147	张家口	43.16	42.85	52.05	43.64	42.04	26.89	51.51
148	蚌埠	43.15	48.29	40.95	37.79	35.26	45.08	51.51
149	永州	43.15	50.96	48.97	39.44	47.81	40.30	31.40
150	丹东	43.13	44.02	43.86	38.08	49.45	43.24	40.15
151	开封	43.09	40.90	38.84	45.52	49.91	51.96	31.40
152	安康	43.00	45.48	45.14	40.36	36.84	38.64	51.51
153	阳泉	42.97	38.26	42.04	48.70	42.43	43.64	42.76
154	莱芜	42.95	50.25	34.28	43.85	38.16	48.38	42.76
155	萍乡	42.89	46.35	39.58	40.03	40.89	59.10	31.40
156	榆林	42.86	43.49	41.75	44.26	44.96	39.92	42.76
157	宜春	42.85	44.63	50.85	39.64	41.60	40.20	40.15
158	信阳	42.82	45.04	51.32	40.51	42.77	37.11	40.15
159	自贡	42.81	44.48	44.09	43.34	42.53	51.02	31.40
160	石嘴山	42.80	47.13	34.78	38.67	34.99	59.16	42.10
161	锦州	42.68	42.95	42.80	42.57	46.02	50.36	31.40
162	驻马店	42.66	45.21	49.26	39.95	38.56	51.56	31.40
163	丽江	42.56	43.67	43.42	42.27	49.20	34.03	42.76
164	许昌	42.42	44.06	42.94	44.90	38.63	52.60	31.40
165	商丘	42.35	43.05	57.41	37.94	41.56	42.75	31.40
166	湛江	42.09	46.39	42.95	43.22	44.29	44.30	31.40
167	玉林	42.07	40.75	37.08	40.44	39.47	31.04	63.65
168	遂宁	42.06	42.45	41.71	40.20	39.90	45.34	42.76
169	漯河	41.98	43.14	35.61	42.51	38.56	51.88	40.15
170	宜昌	41.95	56.13	51.54	44.74	54.65	13.25	31.40
171	巴彦淖尔	41.94	39.54	37.82	37.66	36.19	47.48	52.95
172	赤峰	41.86	40.33	51.53	44.58	38.57	44.72	31.40
173	德州	41.83	50.70	38.07	38.99	39.18	52.66	31.40
174	南充	41.79	40.54	48.32	41.70	44.93	33.17	42.10
175	吕梁	41.75	35.05	52.50	43.17	41.62	35.40	42.76
176	河池	41.75	39.26	38.73	37.65	35.33	48.02	51.51
177	鸡西	41.66	42.00	47.88	47.30	36.24	33.81	42.76
178	营口	41.46	46.81	35.00	36.89	42.77	44.49	42.76
179	北海	41.45	45.19	49.19	41.46	44.28	37.17	31.40
180	德阳	41.34	45.86	40.94	36.66	42.63	50.51	31.40
181	朝阳	41.31	41.56	43.99	34.90	45.67	39.01	42.76
182	濮阳	41.13	43.19	35.55	42.03	43.33	51.28	31.40

续前表

排名	城市	文化发展综合指数	文化发展环境	文化资源设施	文化创造	文化传播	文化消费	文化管控
183	广元	40.99	44.36	58.84	38.75	39.20	33.37	31.40
184	天水	40.91	39.42	41.39	40.61	46.96	45.67	31.40
185	鹰潭	40.12	43.70	46.90	34.24	37.91	46.59	31.40
186	菏泽	40.80	46.20	40.96	39.20	40.15	46.90	31.40
187	邢台	40.62	39.27	50.86	38.75	38.86	33.22	42.76
188	抚州	40.60	42.59	44.65	39.80	36.44	48.71	31.40
189	百色	40.60	41.43	43.71	35.53	45.98	45.52	31.40
190	淮北	40.59	47.89	33.74	36.12	33.76	49.28	42.76
191	汕头	40.59	38.70	39.00	44.94	42.89	46.59	31.40
192	伊春	40.45	39.35	50.17	41.85	37.72	42.19	31.40
193	武威	40.43	40.43	42.74	34.14	40.26	53.60	31.40
194	贵港	40.40	36.17	41.96	37.84	33.75	39.74	52.95
195	来宾	40.27	40.96	30.36	42.00	34.84	51.35	42.10
196	鹤壁	40.17	43.20	33.55	41.95	39.39	51.53	31.40
197	衡水	40.02	39.11	45.68	36.23	33.77	42.59	42.76
198	阜新	40.00	43.79	36.64	42.27	41.13	44.74	31.40
199	宿州	39.97	41.14	37.51	38.31	35.90	44.17	42.76
200	鹤岗	39.96	39.77	34.53	42.70	33.64	36.16	52.95
201	商洛	39.95	36.39	40.55	43.64	35.00	41.33	42.76
202	铁岭	39.94	45.78	33.46	35.66	40.02	41.95	42.76
203	六安	39.87	42.31	39.54	38.95	38.90	36.75	42.76
204	梅州	39.87	40.42	41.75	36.53	49.35	39.74	31.40
205	中卫	39.84	39.26	42.03	36.49	34.68	55.17	31.40
206	通辽	39.79	40.78	42.43	38.52	40.97	33.29	42.76
207	玉溪	39.77	40.80	54.39	35.59	36.37	40.06	31.40
208	辽源	39.55	35.79	35.01	40.84	36.04	58.24	31.40
209	白城	39.49	40.45	37.13	40.10	33.45	45.65	40.15
210	亳州	39.42	42.75	36.51	31.66	44.45	38.36	42.76
211	黑河	39.37	39.22	50.27	40.00	38.60	27.94	40.15
212	茂名	39.32	41.52	39.35	41.80	38.65	43.20	31.40
213	吴忠	39.26	34.74	36.32	34.17	34.78	42.58	52.95
214	葫芦岛	39.23	40.98	40.79	36.30	45.04	40.88	31.40
215	六盘水	39.16	40.41	32.82	39.80	33.46	36.96	51.51
216	通化	39.07	44.83	45.01	41.40	35.77	35.99	31.40
217	达州	39.04	35.93	35.23	38.96	37.96	34.64	51.51
218	潮州	38.91	34.05	37.68	44.22	46.69	39.44	31.40
219	拉萨	38.67	37.80	45.86	37.90	47.76	31.32	31.40
220	梧州	38.54	37.12	44.11	38.97	37.88	41.80	31.40
221	四平	38.23	38.73	40.00	44.12	34.49	40.60	31.40
222	佳木斯	38.22	43.17	38.43	40.56	35.37	40.35	31.40

续前表

排名	城市	文化发展综合指数	文化发展环境	文化资源设施	文化创造	文化传播	文化消费	文化管控
223	乌兰察布	38.08	48.79	36.11	35.60	36.10	40.48	31.40
224	定西	37.40	38.67	37.22	34.22	32.13	41.98	40.15
225	汕尾	37.38	36.51	32.35	39.95	33.83	50.25	31.40
226	双鸭山	37.27	43.48	34.28	42.06	34.36	38.06	31.40
227	白银	37.21	41.67	33.72	40.03	33.43	43.03	31.40
228	曲靖	37.21	37.65	39.62	36.38	35.29	42.92	31.40
229	固原	37.20	35.03	43.88	35.48	35.57	41.84	31.40
230	贺州	37.19	40.29	33.85	36.87	40.85	39.87	31.40
231	崇左	37.18	36.88	41.26	43.27	33.37	36.89	31.40
232	钦州	37.13	40.23	31.33	38.42	37.30	44.09	31.40
233	防城港	36.72	40.85	43.52	33.43	36.02	35.08	31.40
234	七台河	36.24	40.60	31.40	38.43	33.35	42.26	31.40
235	揭阳	36.09	33.46	33.77	42.31	36.07	39.51	31.40
236	昭通	35.34	33.53	40.63	32.94	33.85	30.92	40.15

二、中国城市文化发展指数综合评价及比较分析

根据表3—2中的计算结果，北京作为我国的政治、经济、科技、文化中心，其文化发展综合指数在236个城市中高居首位，超过排名第2位的上海7.53分，是236个样本城市综合指数平均值的近2倍。排在前10位的城市除北京外，依次为上海、杭州、天津、成都、南京、西安、广州、深圳、长沙，除重庆排在第13位以外，其余3个直辖市均位列前10位。27个省会城市中，有24个排在前50位，只有拉萨没有入围前100位。入围前100位的城市在省域分布上的数量特征为：江苏省凭借12个城市入围而高居榜首，其次是山东和浙江两省，分别有9个和8个城市入围百强，这3个省份均为沿海经济发达省份，在文化发展综合水平排名中共占据29个百强席位。百强城市的省域分布详见表3—3。

表3—3　　　　　　　　2014年我国文化综合水平百强城市的省域分布

省份	城市数	省份	城市数	省份	城市数	省份	城市数	省份	城市数	省份	城市数
江苏	12	广东	4	河南	5	湖北	2	黑龙江	1	青海	1
山东	9	辽宁	3	内蒙古	2	广西	2	四川	1	西藏	0
浙江	8	河北	6	陕西	3	海南	2	云南	1		
湖南	7	安徽	7	吉林	3	新疆	1	甘肃	2		
福建	4	山西	4	江西	3	贵州	2	宁夏	1		

根据各城市文化发展综合指数值，本研究对236个城市文化发展水平进行等级

评定，从高到低将各等级城市定义为钻石级文化城市、白金级文化城市、黄金级文化城市、白银级文化城市和铜级文化城市。具体评定标准为：文化发展综合指数在80分及以上的城市为钻石级文化城市，代表文化发展综合实力很强；60～80分的城市为白金级文化城市，代表文化发展综合实力较强；50～60分的城市为黄金级文化城市，代表文化发展综合实力处于中等水平；40～50分的城市为白银级文化城市，代表文化发展综合实力较弱；40分及以下的城市为铜级文化城市，代表文化发展综合实力很弱。依此标准，对236个城市进行等级评定，结果见表3—4。

表3—4　　　　　　　　　中国城市文化综合实力等级评定

等级	评定标准	城市
钻石级文化城市（很强）	80分及以上	北京
白金级文化城市（较强）	60～80分	上海、天津、杭州、南京、成都、西安、广州、深圳、长沙、沈阳、武汉、重庆、青岛、哈尔滨、苏州、无锡、常州
黄金级文化城市（一般）	50～60分	郑州、厦门、济南、绍兴、宁波、东莞、合肥、石家庄、扬州、福州、呼和浩特、长春、南通、昆明、镇江、海口、乌鲁木齐、银川、淄博、渭南、三亚、烟台、金华、岳阳、兰州、宝鸡、南昌、秦皇岛、南阳、大连、贵阳、廊坊、洛阳、太原、泰安、潍坊、株洲
白银级文化城市（较弱）	40～50分	淮安、洛阳、铜陵、泰州、安庆、桂林、廊坊、泰安、潍坊、台州、克拉玛依、济宁、包头、鄂尔多斯、长治、马鞍山、徐州、本溪、大同、十堰、唐山、株洲、龙岩、运城、西宁、舟山、宜昌、邯郸、九江、三明、衡阳、郴州、南宁、滨州、东营、安阳、玉林、汉中、惠州、漳州、湘潭、鞍山、新余、通辽、肇庆、延吉、盘锦、保定、嘉峪关、盐城、池州、临沂、襄樊、咸宁、芜湖、莆田、衢州、焦作、黄石、临汾、吉安、宣城、乌海、三门峡、绵阳、阜阳、承德、聊城、柳州、南平、邵阳、呼伦贝尔、锦州、孝感、大理、保山、安康、开封、景德镇、周口、平顶山、遵义、辽阳、上饶、张家界、日照、张家口、蚌埠、阳泉、丽江、松原、新乡、丹东、抚顺、营口、淮南、萍乡、南充、宜春、湛江、沧州、吕梁、榆林、宜宾、信阳、枣庄、驻马店、宁德、宿迁、金昌、汕头、赤峰、德州、滁州、梅州、自贡、北海、永州、漯河、莱芜、遂宁、商洛、拉萨、淮北、怀化、六安、通化、巴彦淖尔、连云港、朝阳、宿州、许昌、邢台、德阳、鹤壁、铁岭、潮州、衡水、伊春、葫芦岛、双鸭山、武威、菏泽、商丘、鹤岗、广元、南平、黄山、吉林、温州、百色、抚州、阜新、贵港、河池、鸡西、来宾、濮阳、石嘴山、天水
铜级文化城市（很弱）	40分及以下	鹰潭、亳州、辽源、达州、黑河、吴忠、茂名、玉溪、梧州、白城、佳木斯、四平、汕尾、固原、中卫、曲靖、六盘水、定西、揭阳、乌兰察布、贺州、钦州、崇左、防城港、七台河、昭通、白银、潮州、鹤岗、葫芦岛、拉萨、六安、梅州、商洛、双鸭山、铁岭、通化、通辽

评定结果显示：钻石级文化城市仅有北京，作为我国的政治、经济、文化中心，北京在国内 236 个城市的比较中表现出很强的、远超于国内其他城市的文化综合实力；白金级城市有上海、天津、杭州等 17 个城市，这 17 个城市中包含 3 个直辖市、9 个省会城市和 2 个非省会的副省级城市，表现出较强的文化发展水平；整体上，超过 3/4 的城市在文化发展级别上归属于白银级和铜级，文化发展水平相对较弱。按文化发展综合水平对城市进行等级划分，可以看到，我国城市文化发展表现并不理想，整体文化发展水平不高，绝大部分城市文化发展水平较低，达到白金级及以上等级的城市数量还不到 20 个，文化发展呈现两极化趋势。

三、中国城市文化发展指数要素结构均衡分析

文化发展综合水平较高的城市，不代表其在各要素层面的实力水平也都很高。文化发展综合水平与文化要素结构均衡度之间可能存在异质性。要素结构的不均衡也会对该城市文化发展产生阻碍作用。在对各城市文化发展综合水平进行评价的基础上，本研究进一步分析各城市文化系统要素结构的均衡度和稳定性，以六个文化分要素指数为基础，计算各城市文化发展综合指数的变异系数，变异系数越大，说明文化系统要素结构越不均衡，计算结果如表 3—5 所示。

表 3—5 城市文化系统要素结构均衡度计算结果

城市	变异系数	要素结构	城市	变异系数	要素结构	城市	变异系数	要素结构
北京	0.12	比较均衡	吉安	0.10	比较均衡	自贡	0.15	一般均衡
上海	0.13	比较均衡	大同	0.07	很均衡	石嘴山	0.22	不太均衡
杭州	0.12	比较均衡	长治	0.09	很均衡	锦州	0.15	一般均衡
天津	0.23	不太均衡	徐州	0.09	很均衡	驻马店	0.18	一般均衡
成都	0.16	一般均衡	泰州	0.09	很均衡	丽江	0.11	比较均衡
南京	0.07	很均衡	马鞍山	0.18	一般均衡	许昌	0.17	一般均衡
西安	0.10	比较均衡	舟山	0.20	不太均衡	商丘	0.20	不太均衡
广州	0.15	一般均衡	宣城	0.15	一般均衡	湛江	0.13	比较均衡
深圳	0.13	比较均衡	济宁	0.10	比较均衡	玉林	0.27	很不均衡
长沙	0.18	一般均衡	淮安	0.11	比较均衡	遂宁	0.05	很均衡
沈阳	0.17	一般均衡	滨州	0.17	一般均衡	漯河	0.13	比较均衡
武汉	0.22	不太均衡	南宁	0.18	一般均衡	宜昌	0.40	很不均衡
重庆	0.22	不太均衡	芜湖	0.14	比较均衡	巴彦淖尔	0.16	一般均衡
青岛	0.13	比较均衡	嘉峪关	0.22	不太均衡	赤峰	0.16	一般均衡
哈尔滨	0.18	一般均衡	连云港	0.12	比较均衡	德州	0.20	不太均衡
苏州	0.12	比较均衡	张家界	0.07	很均衡	南充	0.12	比较均衡

续前表

城市	变异系数	要素结构	城市	变异系数	要素结构	城市	变异系数	要素结构
无锡	0.13	比较均衡	安阳	0.08	很均衡	吕梁	0.15	一般均衡
常州	0.22	不太均衡	保定	0.17	一般均衡	河池	0.15	一般均衡
福州	0.11	比较均衡	台州	0.19	一般均衡	鸡西	0.14	比较均衡
大连	0.14	比较均衡	襄樊	0.12	比较均衡	营口	0.11	比较均衡
太原	0.16	一般均衡	焦作	0.20	不太均衡	北海	0.15	一般均衡
济南	0.15	一般均衡	汉中	0.14	比较均衡	德阳	0.16	一般均衡
贵阳	0.17	一般均衡	漳州	0.20	不太均衡	朝阳	0.09	很均衡
石家庄	0.21	不太均衡	莆田	0.10	比较均衡	濮阳	0.17	一般均衡
合肥	0.27	很不均衡	大理	0.23	不太均衡	广元	0.24	不太均衡
扬州	0.22	不太均衡	咸宁	0.21	不太均衡	天水	0.13	比较均衡
厦门	0.11	比较均衡	南平	0.21	很不均衡	菏泽	0.14	比较均衡
郑州	0.17	一般均衡	宁德	0.10	比较均衡	邢台	0.14	比较均衡
东莞	0.17	一般均衡	克拉玛依	0.15	一般均衡	抚州	0.15	一般均衡
长春	0.14	比较均衡	临沂	0.10	比较均衡	百色	0.15	一般均衡
宁波	0.13	比较均衡	盘锦	0.20	不太均衡	淮北	0.17	一般均衡
呼和浩特	0.09	很均衡	黄石	0.15	一般均衡	汕头	0.14	比较均衡
海口	0.12	比较均衡	三门峡	0.18	一般均衡	伊春	0.15	一般均衡
乌鲁木齐	0.18	一般均衡	景德镇	0.19	一般均衡	武威	0.19	一般均衡
洛阳	0.11	比较均衡	鞍山	0.12	比较均衡	贵港	0.17	一般均衡
岳阳	0.21	不太均衡	肇庆	0.08	很均衡	来宾	0.18	一般均衡
镇江	0.14	比较均衡	鄂尔多斯	0.08	很均衡	鹤壁	0.18	一般均衡
绍兴	0.17	一般均衡	上饶	0.23	不太均衡	鹰潭	0.16	一般均衡
淄博	0.07	很均衡	聊城	0.19	一般均衡	衡水	0.11	比较均衡
银川	0.12	比较均衡	新余	0.19	一般均衡	阜新	0.13	比较均衡
兰州	0.25	很不均衡	宿迁	0.20	不太均衡	宿州	0.08	很均衡
渭南	0.34	很不均衡	十堰	0.12	比较均衡	鹤岗	0.18	一般均衡
南通	0.11	比较均衡	承德	0.08	很均衡	商洛	0.09	很均衡
南阳	0.19	一般均衡	临汾	0.17	一般均衡	铁岭	0.12	比较均衡
三亚	0.23	不太均衡	周口	0.20	不太均衡	六安	0.06	很均衡
泰安	0.10	比较均衡	滁州	0.25	很不均衡	梅州	0.15	一般均衡
烟台	0.12	比较均衡	衢州	0.17	一般均衡	中卫	0.21	不太均衡
南昌	0.16	一般均衡	沧州	0.11	比较均衡	通辽	0.09	很均衡
昆明	0.25	很不均衡	金昌	0.25	很不均衡	玉溪	0.20	不太均衡
潍坊	0.11	比较均衡	日照	0.12	比较均衡	辽源	0.24	不太均衡
宝鸡	0.14	比较均衡	绵阳	0.21	不太均衡	白城	0.10	比较均衡
秦皇岛	0.05	很均衡	保山	0.35	很不均衡	亳州	0.12	比较均衡
株洲	0.16	一般均衡	抚顺	0.16	一般均衡	黑河	0.18	一般均衡
廊坊	0.34	很不均衡	池州	0.09	很均衡	茂名	0.11	比较均衡
金华	0.20	不太均衡	淮南	0.14	比较均衡	吴忠	0.19	一般均衡
惠州	0.10	比较均衡	乌海	0.23	不太均衡	葫芦岛	0.12	比较均衡

续前表

城市	变异系数	要素结构	城市	变异系数	要素结构	城市	变异系数	要素结构
本溪	0.11	比较均衡	柳州	0.08	很均衡	六盘水	0.17	一般均衡
郴州	0.11	比较均衡	阜阳	0.25	很不均衡	通化	0.14	比较均衡
吉林	0.15	一般均衡	平顶山	0.16	一般均衡	达州	0.16	一般均衡
湘潭	0.21	不太均衡	孝感	0.10	比较均衡	潮州	0.15	一般均衡
遵义	0.14	比较均衡	松原	0.18	一般均衡	拉萨	0.18	一般均衡
九江	0.16	一般均衡	枣庄	0.17	一般均衡	梧州	0.11	比较均衡
延吉	0.17	一般均衡	呼伦贝尔	0.16	一般均衡	四平	0.12	比较均衡
包头	0.18	一般均衡	辽阳	0.13	比较均衡	佳木斯	0.11	比较均衡
三明	0.13	比较均衡	怀化	0.22	不太均衡	乌兰察布	0.16	一般均衡
温州	0.20	不太均衡	新乡	0.16	一般均衡	定西	0.10	比较均衡
铜陵	0.14	比较均衡	宜宾	0.09	很均衡	汕尾	0.19	一般均衡
桂林	0.12	比较均衡	张家口	0.21	不太均衡	双鸭山	0.13	比较均衡
衡阳	0.14	比较均衡	蚌埠	0.15	一般均衡	白银	0.13	比较均衡
黄山	0.13	比较均衡	永州	0.17	一般均衡	曲靖	0.11	比较均衡
盐城	0.19	一般均衡	丹东	0.09	很均衡	固原	0.13	比较均衡
邯郸	0.14	比较均衡	开封	0.18	一般均衡	贺州	0.10	比较均衡
西宁	0.17	一般均衡	安康	0.13	比较均衡	崇左	0.12	比较均衡
安庆	0.15	一般均衡	阳泉	0.08	很均衡	钦州	0.14	比较均衡
唐山	0.11	比较均衡	莱芜	0.14	比较均衡	防城港	0.13	比较均衡
龙岩	0.19	一般均衡	萍乡	0.22	不太均衡	七台河	0.13	比较均衡
东营	0.15	一般均衡	榆林	0.04	很均衡	揭阳	0.11	比较均衡
运城	0.19	一般均衡	宜春	0.10	比较均衡	昭通	0.11	比较均衡
邵阳	0.19	一般均衡	信阳	0.12	比较均衡			

同样的，根据变异系数大小对要素结构的均衡度进行判定，具体评定标准为：变异系数在 0.1 以下，代表均衡度很高，要素结构很均衡，即各要素发展水平较为均衡，不存在相对严重的短板要素；变异系数区间为 0.1～0.15，代表要素结构均衡度较高，要素结构均衡，状况良好，不存在较为明显的短板要素；变异系数在 0.15～0.2，代表要素结构均衡性一般；变异系数区间为 0.2～0.25，代表均衡度较低，要素结构不太均衡，存在较为明显的短板要素；变异系数为 0.25 以上，代表要素结构均衡度很低，要素结构很不均衡，存在相对严重的短板要素。

根据表 3—5 的计算结果，对黄金级及以上文化城市的要素均衡性进行分析，可以看到，北京、上海作为我国城市文化发展综合水平最高的两座城市，其要素结构均衡度也相对较高，各要素发展较为均衡，文化发展综合水平与要素结构均衡之间具有同质性。

从白金级城市文化要素均衡状况来看，被评为白金级的 17 个城市为我国文化发展水平相对较高城市，其中，南京的要素均衡度相对最高，要素结构很均衡，六个文化构成子要素表现俱佳，文化发展综合水平与要素结构均衡之间表现出明显的同质性特征，是整体发展和内在结构表现最好的文化城市；此外，文化发展综合水平与文化要素均衡发展也均表现较好的白金级城市，除上海外，还有西安、苏州、杭州、深圳、青岛和无锡，这些城市的文化综合指数与要素均衡度之间表现出较好的一致性；相比之下，17个白金级城市中，天津、武汉、重庆和常州四个城市文化要素内在结构均衡性表现很差，变异系数均很高，在总体样本排名中均排在200位之后，分别为第219位、第210位、第211位和第213位，文化发展综合水平与要素结构之间存在十分严重的异质性，即虽然天津、武汉、重庆和常州四个城市的文化发展综合指数较高，文化发展总体现状较好，但均存在不同层面且较为严重的文化短板要素，文化发展存在较为严重的要素结构不均衡问题。对上述四个城市的文化短板要素进行识别，具体从六个文化分要素的排名来看，天津文化发展最为薄弱的要素环节为文化消费，在236个样本城市中排在第101位，而天津其他五个文化要素均排在12位之前，要素水平之间差距较大；武汉、重庆的文化要素结构表现出与天津相似的特征，即六个文化要素中，均是文化消费要素环节最为薄弱，在全样本中分别排在第113位和第182位；常州的文化短板要素有所不同，相对最弱的是文化资源设施要素，要素指数排在第142位。

从黄金级城市文化要素均衡状况来看，38个黄金级城市中，要素结构很均衡的城市有3个，较为均衡的城市有14个，一般均衡的城市有10个，不太均衡的城市有5个，很不均衡的城市有6个。其中，文化发展要素均衡度最高的3个城市分别是呼和浩特、淄博和秦皇岛，这三个城市文化分要素发展水平之间不存在较大差异性，与文化整体发展水平表现出较高的一致性，保持了全面协调的发展态势。文化要素结构均衡度较高的14个城市分别为福州、大连、厦门、长春、宁波、海口、洛阳、银川、南通、泰安、烟台、潍坊和宝鸡，城市文化发展综合水平与要素结构均衡性呈现一定的同质性特征。而要素结构不太均衡和很不均衡的11个城市分别为石家庄、扬州、三亚、金华、岳阳、合肥、兰州、渭南、南平、昆明和廊坊，这11个城市虽然文化发展综合水平较高，但仍存在不同方面、较为明显甚至严重的短板要素。针对不同城市的文化发展状况，对11个文化要素结构不均衡城市的相对最为薄弱的短板要素进行揭示，可以看到，石家庄文化发展最为薄弱的短板要素为文化消费，在全样本城市中排名第127位，而其他要素排名均在62位之前；扬州在文化资源设施、文化传播和文化创造三个要素层面表现均较差，排名均超过70位，而在文化消费层面表现突出，排在第4位，要素之间的不均衡性较为明显；三亚最为薄弱的文化要素为文化资源设施、文化传播和文化消费，分别排名第175

位、第 118 位和第 145 位；金华最为薄弱的短板要素为文化管控（排名第 166 位）；岳阳较为明显的短板要素为文化创造（排名第 118 位）和文化消费（排名第 100 位）；合肥最为明显的短板要素为文化资源设施（排名第 187 位）；兰州的短板要素为文化资源设施（排名第 159 位）和文化管控（排名第 147 位）；渭南表现较差的文化要素依次为文化发展环境、文化传播和文化消费，依次排名第 224 位、第 130 位和第 180 位；南平明显薄弱的要素为文化发展环境、文化创造和文化管控，依次排名第 129 位、第 150 位和第 165 位；昆明最为薄弱的文化要素为文化消费（排名第 230 位），其次为文化管控（排名第 149 位）；廊坊的文化资源和设施要素表现尤为薄弱，在全样本中排名第 198 位，其次为文化发展环境、文化创造和文化消费三个要素，分别排在第 139 位、第 137 位和第 148 位，而在文化管控要素层面表现尤为突出（排名第 7 位），与其他要素之间较大的发展差异使廊坊呈现出很不均衡的要素结构。

四、中国城市文化发展指数分类及特征分析

在对国内 236 个城市文化发展指数进行综合评价与比较研究的基础上，进一步基于评价指标体系，借助多元统计分析方法中的聚类分析法，以经济环境、科技环境、生态环境、社会环境、文化资源、文化设施、文化产业、文化创新、文化持续、文化活动、文化吸引、文化营销、文化消费支出、文化消费结构、文化管理和文化执法这 16 个二级要素指标数据为聚类分析的基础，利用 SPSS 软件对国内 236 个样本城市进行 Q 型聚类分析，将所有城市分为三类（见表 3—6），每一类各要素指数的类均值及所有城市在各要素指数的总平均水平如表 3—7 所示。

表 3—6　　　　　　　　　城市文化发展指数分类结果

分类	文化发展水平一级城市（15 个）	文化发展水平二级城市（20 个）	文化发展水平三级城市（201 个）
城市	北京、成都、常州、杭州、哈尔滨、合肥、青岛、上海、深圳、沈阳、天津、武汉、西安、长沙、重庆	大连、东莞、贵阳、济南、兰州、南昌、石家庄、苏州、太原、乌鲁木齐、无锡、长春、郑州、广州、海口、呼和浩特、南京、三亚、扬州、银川	安康、安庆、安阳、鞍山、巴彦淖尔、白城、白银、百色、蚌埠、包头、宝鸡、保定、保山、北海、本溪、滨州、亳州、沧州、朝阳、潮州、郴州、承德、池州、赤峰、崇左、滁州、达州、大理、大同、丹东、德阳、德州、定西、东营、鄂尔多斯、防城港、抚顺、抚州、阜新、阜阳、固原、广元、贵港、桂林、海口、邯郸、汉中、河池、菏泽、贺州、鹤壁、鹤岗、黑河、衡水、衡阳、呼和浩特、呼伦贝尔、葫芦岛、怀化、淮安、淮北、淮南、黄山、黄石、惠州、鸡西、吉安、吉林、济宁、佳木斯、嘉峪关、焦作、揭阳、金昌、金华、锦州、景德镇、九江、开封、克拉玛依、拉萨、来宾、莱芜、廊坊、丽江、连云港、辽阳、辽源、聊城、临汾、临沂、柳州

续前表

分类	文化发展水平一级城市（15个）	文化发展水平二级城市（20个）	文化发展水平三级城市（201个）
城市			六安、六盘水、龙岩、洛阳、漯河、吕梁、马鞍山、茂名、梅州、绵阳、南充、南宁、南平、南通、南阳、宁德、盘锦、平顶山、萍乡、莆田、濮阳、七台河、钦州、秦皇岛、衢州、曲靖、日照、三门峡、三明、汕头、汕尾、商洛、商丘、上饶、邵阳、十堰、石嘴山、双鸭山、四平、松原、遂宁、台州、泰安、泰州、唐山、天水、铁岭、通化、通辽、铜陵、潍坊、渭南、温州、乌海、乌兰察布、芜湖、吴忠、梧州、武威、西宁、咸宁、湘潭、襄樊、孝感、新乡、新余、信阳、邢台、宿迁、宿州、徐州、许昌、宣城、烟台、延吉、盐城、阳泉、伊春、宜宾、宜昌、宜春、鹰潭、营口、永州、榆林、玉林、玉溪、岳阳、运城、枣庄、湛江、张家界、张家口、漳州、长治、昭通、肇庆、镇江、中卫、舟山、周口、株洲、驻马店、淄博、自贡、遵义、兰州、南昌、绍兴

表 3—7　　　　　　　　　　城市文化发展各要素指数平均值

要素指数	第一类	第二类	第三类	城市平均水平
经济环境指数	68.62	65.42	46.14	60.06
科技环境指数	83.96	67.57	40.65	64.06
生态环境指数	57.13	55.17	50.90	54.40
社会环境指数	69.19	60.72	43.53	57.81
文化资源指数	58.70	48.54	44.32	50.52
文化设施指数	60.69	55.25	46.16	54.03
文化产业指数	73.68	62.25	42.97	59.63
文化创新指数	99.99	39.39	39.69	59.69
文化持续指数	64.78	65.62	43.76	58.05
文化活动指数	68.53	55.11	43.52	55.72
文化吸引指数	69.53	58.17	44.54	57.41
文化营销指数	80.84	70.14	40.77	63.92
文化消费支出指数	72.66	75.54	42.55	63.58
文化消费结构指数	48.76	48.34	49.27	48.79
文化管理指数	72.46	59.55	43.49	58.50
文化市场指数	84.25	68.03	40.74	64.34
文化要素综合指数均值	70.86	59.68	43.94	—

　　从分类结果和数据特征上看，整体上，从第一类到第三类，城市文化要素指数几乎均依次递减，呈梯度排列，即城市文化发展水平呈现由强至弱的特征，由此将236个城市按文化发展水平的高低划分为一至三级文化城市群，各级城市群文化发展要素指数类均值比较如图3—1所示。

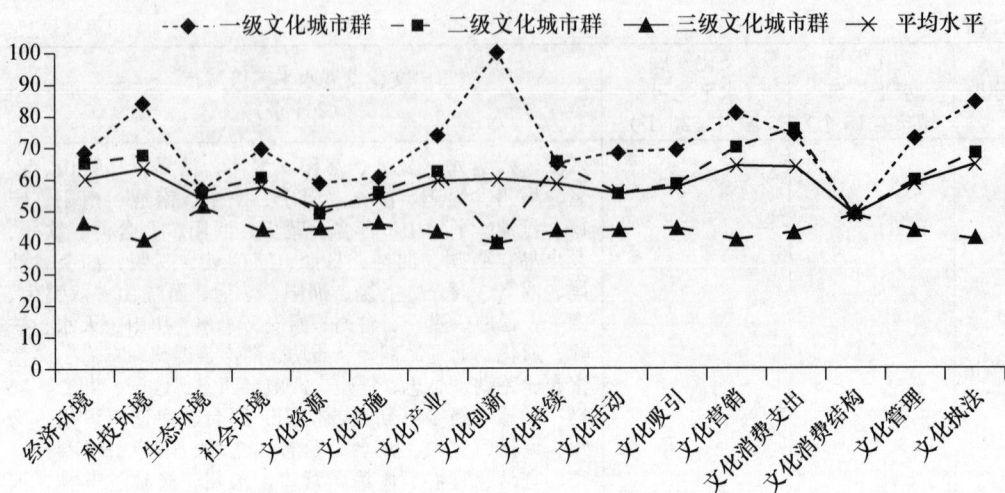

图 3—1　各等级城市文化发展分要素指数类均值

　　从各等级城市文化发展分要素指数类均值的结果比较可以看到：一级文化城市群的各分要素指数及综合指数的类均值均远高于二、三级文化城市群，各级类别之间差距明显；一级文化城市群中所包含的城市数量占总样本数的 6.36%，且均为我国经济较为发达、行政级别较高的城市，4 个直辖市均包含其中；二级文化城市群中所包含的城市数量占总样本数的 8.47%，3/4 的城市为我国省会或非省会的副省级城市，且多分布在东部沿海地区；三级文化城市群中所包含的城市数量占总样本数的 85.17%，说明我国绝大部分城市的文化发展水平都处于三级水平。

　　由此可以总结出我国城市文化发展现状的特征为："个别城市凸显，少数城市领先，多数城市落后"，城市文化发展水平区域分布极不平衡。进一步的，我们也可以得出这样的结论：物质财富是文化发展的前提基础，城市的经济实力在很大程度上决定了一个城市的文化发展水平。

　　对上述三类文化城市群的具体特征进行分析可以看出，第一类的 15 个城市中，有 4 个直辖市、8 个省会城市和 2 个非省会的副省级城市，均是我国经济发达、人口超过 300 万的特大城市，文化实力凸显。尤其是北京、上海作为国内两大最具文化发展实力的发达城市，显著提高了一级文化城市群整体的文化发展水平，使一级城市群的整体文化发展水平远超过二、三级文化城市群。从 16 个文化分要素指数值来看，这 15 个城市的文化分要素指数值及文化发展综合指数均高于平均水平，在城市文化发展指数综合排序中除合肥市外（排在第 25 位）均排在前 20 位，与二、三级文化城市群相比表现出绝对的竞争优势。从文化发展要素的结构均衡性来看，将各项分要素指数与 16 个分要素指数的平均水平进行比较，从而得到科技环境、文化产业、文化创新、文化营销、文化消费支出、文化管理、文化执法这 7 个要素指数的类均值高于综合平均指数,是一级文化城市群文化发展系统中相对优势的要素,而其余9个要素则可视为该城市群文化要素结构中的不均衡要素。

文化发展水平归属于第二类的20个城市均为人口超过400万的大型城市,其中包含12个省会城市、3个非省会的副省级城市以及历史悠久的文化名城、旅游城市,是我国文化发展综合水平领先城市。首先,从三个文化城市群的16个文化分要素指数值的比较来看,二级文化城市群各分要素指数值均小于一级文化城市群,除文化创新、文化消费结构两个要素外,其余要素指数都明显高于第三级文化城市群。其次,从各文化要素指数与第三等级文化城市群要素平均水平的比较来看,二级文化城市群在经济环境、科技环境、生态环境、社会环境、文化设施、文化产业、文化持续、文化吸引、文化营销、文化消费支出、文化管理和文化执法等文化要素指数上均高于第三类文化城市群各分要素指数的平均水平;相对的,文化资源、文化创新、文化活动、文化消费结构和文化资源这5个要素则是第二类文化城市群相对整体的短板要素和薄弱环节。最后,从文化发展要素的结构均衡性来看,将第二类文化城市群各分要素指数与群内16个分要素指数的平均水平进行比较,从而得到经济环境、科技环境、社会环境、文化产业、文化持续、文化营销、文化消费支出和文化执法要素这8个要素指标的类均值高于综合平均指数,是这一组城市群文化发展系统中相对优势的要素,而其余8个要素则可视为该城市群文化要素结构中的不均衡要素。

三级文化城市群共包含了201个城市,反映了我国绝大部分城市文化发展的现状水平和特征。这一等级群组的城市,无论是文化发展综合指数,还是单要素指数的类均值,均远低于平均水平,整体文化发展水平不高,各项文化要素均处于亟须改善和提高的状态,是我国文化发展水平的落后组。从群内城市文化发展要素的结构均衡性来看,将第三类文化城市群各项要素指数与群内16个要素指数的平均水平进行比较,从而得到经济环境、生态环境、文化资源、文化设施、文化吸引和文化消费结构这6个要素指标的类均值高于16个要素指数的综合平均值,是这一组城市群文化发展系统中相对优势的要素,而其余10个要素则可视为该城市群的文化短板。

五、中国城市文化发展指数区域分异研究

鉴于我国区域经济发展不平衡、各地经济和社会进步水平差异较大的国情特征,本研究在这一部分的研究中,将立足于区域层面来描述我国城市文化发展现状的全景,进一步分析区域间城市文化发展水平的差异以及导致差异的原因。在对本研究的样本城市进行区域划分时,由于国务院新发布的东、中、西、东北四大板块

和八大综合经济区的区域划分法比较细，不利于区域间差异的体现和分析。因此，为了更好地体现区域间城市文化发展的差异，本研究仍然沿用原国家计委对区域的传统划分法：东、中、西部的划分。这种划分方法即是从地理方位的自然配置出发，同时也反映了我国区域经济发展的客观现实。在具体划分上，东部地区包括北京、天津、上海、河北省、辽宁省、江苏省、浙江省、福建省、山东省、广东省和海南省，共11个省市区；中部地区包括山西省、吉林省、黑龙江省、安徽省、江西省、河南省、湖北省和湖南省，共8个省；西部地区包括重庆、四川省、贵州省、云南省、陕西省、甘肃省、青海省、内蒙古自治区、广西壮族自治区、西藏自治区、宁夏回族自治区和新疆维吾尔自治区，共12个省市区。

根据本研究选定的区域划分法，将236个样本城市按东、中、西三个区域进行归类，并对各区域样本城市文化发展综合指数及六大文化分要素指数的基本情况进行描述性统计分析，相关结果整理如表3—8所示。

表3—8　　　　　　　　　　东、中、西部样本数据情况一览表

文化要素	区域	样本量	均值	标准差	K-S Z	Sig.
文化发展环境	东部	87	51.98	9.75	0.89	0.41
	中部	83	47.52	7.88	1.42	0.04
	西部	66	44.71	8.20	1.42	0.04
	总体	236	48.38	9.16	1.76	0.00
文化资源设施	东部	87	48.21	8.98	0.65	0.79
	中部	83	46.54	8.30	0.76	0.60
	西部	66	45.07	9.34	1.19	0.12
	总体	236	46.74	8.90	1.07	0.20
文化创造	东部	87	48.14	12.22	2.19	0.00
	中部	83	44.87	10.06	2.26	0.00
	西部	66	43.61	10.39	1.68	0.01
	总体	236	45.72	11.11	3.56	0.00
文化传播	东部	87	50.97	11.35	1.52	0.02
	中部	83	44.10	8.27	0.98	0.29
	西部	66	42.93	9.42	1.14	0.15
	总体	236	46.30	10.42	2.02	0.00
文化消费	东部	87	51.28	9.83	0.86	0.45
	中部	83	46.85	8.20	0.55	0.92
	西部	66	45.47	8.97	0.75	0.63
	总体	236	48.10	9.35	0.90	0.40
文化管控	东部	87	48.49	16.78	2.26	0.00
	中部	83	45.19	13.11	1.60	0.01
	西部	66	44.45	14.44	1.85	0.00
	总体	236	46.20	14.96	3.35	0.00

续前表

文化要素	区域	样本量	均值	标准差	K-S Z	Sig.
文化发展综合指数	东部	87	49.84	9.63	1.53	0.02
	中部	83	45.85	6.28	1.28	0.08
	西部	66	44.37	7.46	1.57	0.01
	总体	236	46.91	8.28	2.35	0.00

根据数据结果的特征，初步来看，东部地区在文化发展综合水平及各项文化分要素水平上都高于中部和西部地区，区域间差异较大，整体上呈现出较为明显的城市文化发展水平东高西低的态势。在此基础上，本研究进一步利用方差分析的统计方法，对区域文化发展水平进行比较分析，对区域间在文化分要素发展水平上是否存在显著性差异进行统计检验，以提高分析结果的可信度和稳健性。

在进行单因素方差分析之前，首先核验数据是否满足方差分析的三个应用条件：独立性、正态性和方差齐性。鉴于此，本研究分别采用单样本 K-S 法（One-Sample Kolmogorov-Smirnov Test）和方差同质性检验方法（Homogeneity of Variance Text）对样本数据的正态性和方差齐性进行统计检验，正态检验结果如表 3—8 所示，K-S 法检验结果中，各组别大部分指标数据的正态性假设在 5% 的显著性水平下没有被拒绝，可以认为基本符合正态分布，同时也存在个别文化要素指标数据的正态性并不是很理想，如文化创造要素和文化管控要素，这两个要素指数非正态性的表现相对较为明显。而有研究曾指出，当数据的正态性得不到满足时，方差分析的结论并不会受到太大的影响。即方差分析对于正态性的要求是稳健的。另外，基于 Levene 检验法对本研究样本数据的方差齐性（方差同质性）进行检验，Levene 检验法主要用于检验两个或两个以上样本间的方差是否齐性，即适用于正态分布的资料，也可用于非正态分布或分布不明的资料。Levene 方差齐性的检验结果如表 3—9 所示。

表 3—9　　　　方差齐性检验及方差分析（ANOVA）结果

	原数据		数据对数变换		方差分析	
	Levene Statistic	显著性	Levene Statistic	显著性	F 值	显著性
文化发展环境	2.170	0.116	1.141	0.321	14.243	0.000
文化资源设施	0.039	0.962	0.007	0.993	2.736	0.067
文化创造	2.404	0.093	1.821	0.164	4.355	0.014
文化传播	2.802	0.063	0.66	0.518	17.841	0.000
文化消费	1.183	0.308	0.216	0.806	7.919	0.000
文化管控	1.467	0.233	0.468	0.627	1.575	0.209
文化发展综合指数	5.589	0.004	3.771	0.024	10.949	0.000

可以看到，原始数据中，文化发展环境、文化资源设施、文化消费和文化管控要素指数在 10% 的显著性水平下均不能拒绝原假设，即可以认为四个分要素指数均

通过方差齐性检验；文化创造和文化传播要素指数虽然在5%的显著性水平下不能拒绝原假设，但在10%的显著性水平下可以拒绝原假设，方差齐性有待进一步检验；文化发展综合指数在1%的显著性水平下拒绝原假设，不满足方差齐性的要求。采用取对数的方式对原样本变量数据进行Box-CoX变换，对变换后的数据再次进行方差齐性的检验，根据新的Levene Statistic的计算结果（见表3—9），在10%的显著性水平下，城市文化发展各分要素指数均不能拒绝方差齐性的原假设，可以认为本研究城市文化各分要素指数均已满足方差齐性的要求。另外，文化发展综合指数在5%的显著性水平下没有通过方差齐性的统计检验，拒绝原假设，但在1%的显著性水平下可以通过方差齐性检验，即经过Box-CoX的数据变换后，拒绝方差齐性的显著性有所减弱。因此，综合考虑分析细节，可以在此基础上对我国东、中、西部城市文化发展分要素指数进行方差分析，分析结果具有一定的科学性和可参考性。

根据表3—9中的方差分析结果，除文化管控指数在区域间没有表现出显著的差异外，我国东、中、西部地区城市在文化发展环境、文化资源设施、文化创造、文化传播和文化消费水平上均存在显著的差异，区域间发展极不平衡。另外，文化发展综合要素指数虽然没有在5%的显著性水平下通过方差齐性的检验，但方差分析中F值的计算结果以及在1%的显著性水平下通过检验的结果，依然可以在一定程度上揭示出我国城市文化发展区域不均衡的现象。东中西三大区域城市文化分要素平均指数的对比趋势图如图3—2～图3—7所示，趋势图形象地显示出了东中西三大区域在文化各项发展要素水平上的差异性及大体的高低走势。

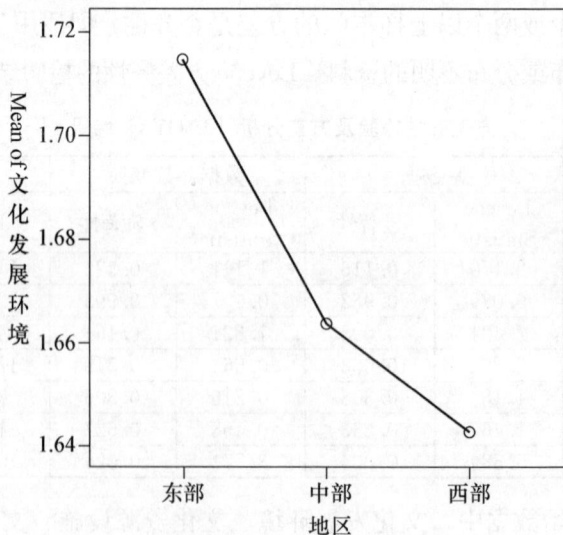

图3—2 东中西部文化发展环境指数折线图

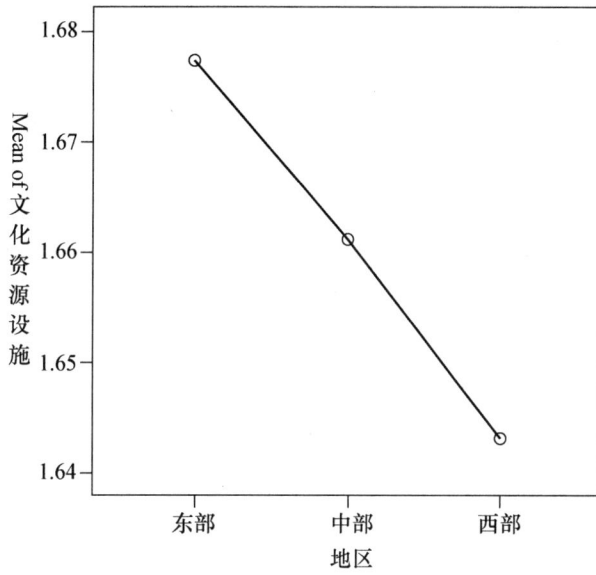

图 3—3　东中西部文化资源设施指数折线图

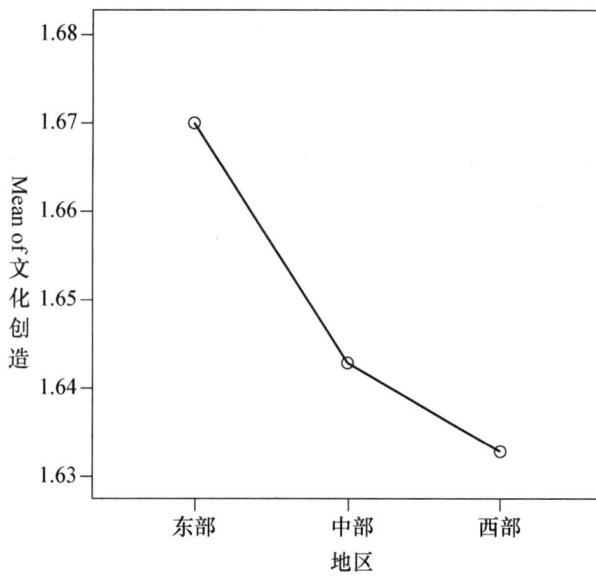

图 3—4　东中西部文化创造指数折线图

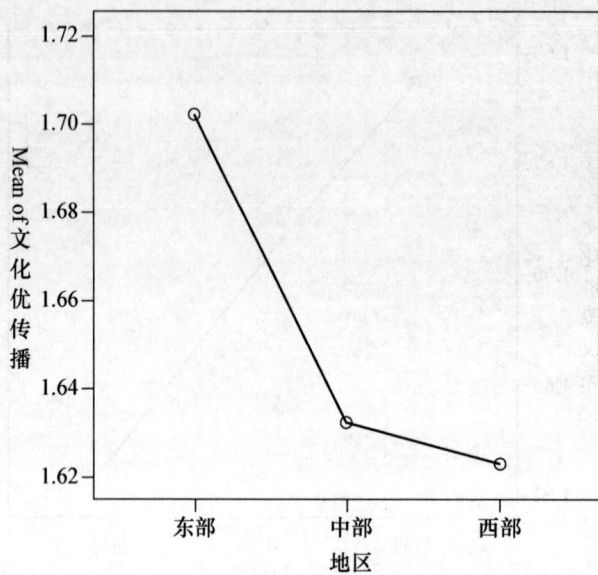

图3—5 东中西部文化传播指数折线图

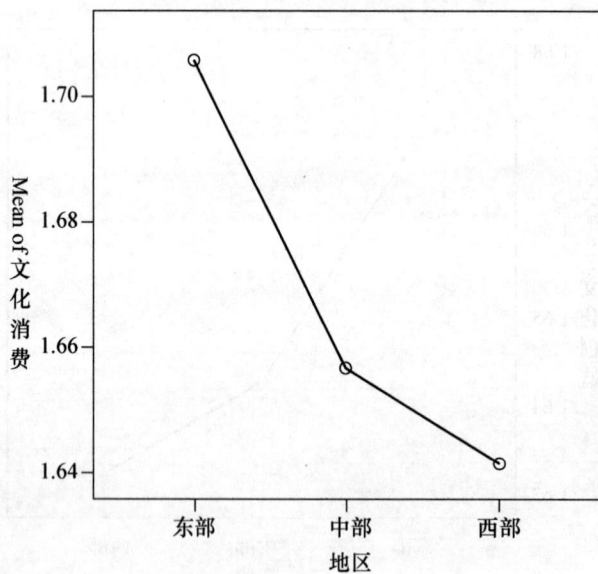

图3—6 东中西部文化消费指数折线图

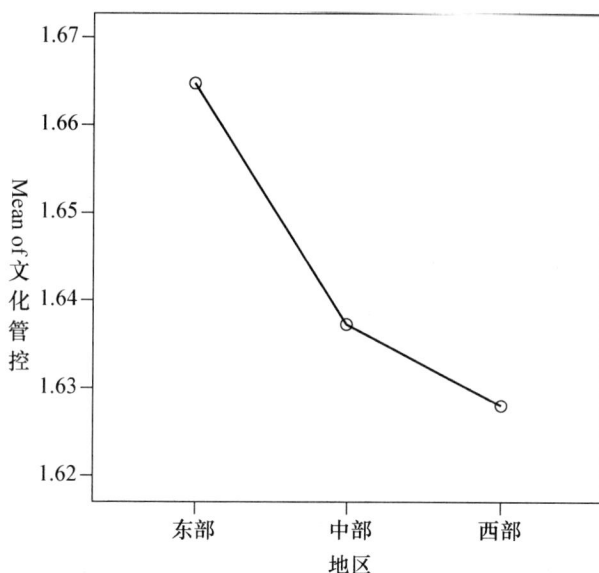

图 3—7 东中西部文化管控指数折线图

为了进一步探究东、中、西三大区域城市在文化分要素指数更为细致的差异特征，即探究是各个区域均有差异，还是仅有某一个区域与其他两个区域有差异，以及这种差异是否显著等，本研究对东、中、西部城市六大文化要素指数的均值进行两两比较，并对比较结果辅以统计检验的支撑，从而提高分析结论的科学性和稳健性。由于各区域的样本数量不等，因而选用 Scheffe 法进行多重比较，并设定区域间比较的显著性水平为 5%，比较结果如表 3—10 所示。

表 3—10 东中西三大区域城市文化分要素指数均值两两比较结果

文化要素	东部—中部		东部—西部		中部—西部	
	均值差	Sig.	均值差	Sig.	均值差	Sig.
文化发展环境	0.037***	0.006	0.064***	0.000	0.027*	0.093
文化资源设施	0.015	0.478	0.031*	0.068	0.016	0.501
文化创造	0.028	0.118	0.040**	0.020	0.012	0.693
文化传播	0.060***	0.000	0.074***	0.000	0.014	0.611
文化消费	0.039**	0.014	0.053***	0.001	0.014	0.637
文化管控	0.025	0.449	0.035	0.244	0.010	0.887
文化发展综合指数	0.033***	0.006	0.049***	0.000	0.016	0.349

注："***"表示均值差异在 1% 的显著性水平下显著，"**"表示均值差异在 5% 的显著性水平下显著，"*"表示均值差异在 10% 的显著性水平下显著。

从表 3—10 中两两比较的统计检验结果可以看到，首先，从东部与中、西部的比较结果来看，东部地区城市文化发展综合水平要显著高于中部和西部地区，尤其在文化发展环境、文化传播和文化消费三个要素层面领先优势明显，均超过了文化发展综合水平的领先幅度；在文化资源设施和文化创造层面，东部地区城市与中部地区城市差异不显著，但较为显著地领先于西部地区城市；在文化管控要素层面，东、中、西部三大区域之间的差距并不明显，没有通过显著性水平为 5％ 的显著性检验，由此也反映出文化管控是我国各区域城市文化系统中普遍存在的薄弱环节，在未来的发展中应作为重中之重予以改善，着力加强政府对当地文化发展的引导、管理和监督。其次，从中部与西部地区的比较结果来看，无论是文化综合水平还是六大文化构成要素，中部和西部之间的差距并不是十分明显，地区间的差异程度均没有通过统计显著性检验，说明中部和西部地区的绝大部分城市都同为文化发展较低的城市。但即便是中、西部区域整体差距不是十分显著，但西部地区仍是我国城市文化发展最为薄弱的区域，这个不争的事实必须得到国家及各地政府有关部门的重视，针对薄弱环节积极制定文化发展战略，提高西部地区城市整体文化发展水平，在缩小东西部差距的同时，也避免中西部差距的扩大，从而逐步实现东、中、西部文化均衡发展。

第四章 中国城市文化发展分要素指数及比较分析

在上一章中，我们计算了中国城市文化发展指数，并借助综合评价分析法，对中国城市文化发展水平的总体现状进行了分析和比较研究。在此基础上，为更全面系统地揭示我国城市文化发展的客观水平，探寻城市文化发展中存在的具体薄弱环节，本研究进一步从文化发展指数的六大构成要素出发，基于计算所得到的城市文化发展环境指数、文化资源设施指数、文化创造指数、文化传播指数、文化消费指数和文化管控指数，来客观反映我国城市文化在各要素层面的发展现状，更为深入细致地探寻和比较城市文化发展的优劣势特征。

一、中国城市文化发展环境指数

城市是文化发展的载体，城市的综合发展水平对城市文化的发展具有重要的影响，优越的城市环境有助于当地文化的快速发展及向外传播。本研究在前述章节中所界定的城市文化发展环境，包括经济环境、社会环境、科技环境和生态环境，基于这四个层面指标数据所计算得到的城市文化发展环境指数，即反映了城市发展的综合水平，同时也是城市发展水平对城市文化发展推动能力的数量测度。本研究在前述章节中已对我国236个样本城市的文化发展环境指数进行了测算，根据计算结果对样本城市的文化发展环境水平由高到低进行了排序，并辅以相应的构成文化发展环境的分要素指数及排名结果，以更为深入细致地探寻城市文化发展的具体薄弱环节。文化发展环境指数的排名结果如表4—1所示，构成城市文化发展环境的城市经济环境指数、社会环境指数、科技环境指数及生态环境指数的计算结果同样详见表4—1。

表 4—1　　　　　　　　　　中国城市文化发展环境指数及排名

城市	文化发展环境		经济环境		科技环境		生态环境		社会环境	
	指数	排名	指数	排名	指数	排名	指数	排名	指数	排名
北京	80.54	1	86.53	1	99.99	1	64.82	31	70.81	8
广州	74.91	2	71.67	10	96.44	6	65.34	27	66.20	19
武汉	73.81	3	69.25	14	97.23	4	54.13	98	74.62	3
杭州	73.40	4	74.36	6	91.75	9	58.69	62	68.82	15
长沙	70.86	5	68.96	16	79.15	15	56.38	78	78.96	1
深圳	70.11	6	71.41	11	94.18	8	77.69	1	37.14	197
南京	69.94	7	81.51	2	83.83	13	47.89	154	66.54	16
苏州	69.69	8	74.11	7	97.10	5	50.82	129	56.75	42
天津	69.14	9	67.93	19	97.43	3	53.77	101	57.44	40
上海	69.07	10	67.49	21	99.90	2	50.08	137	58.80	35
西安	68.57	11	71.01	12	86.86	11	52.78	113	63.63	29
合肥	67.67	12	66.40	25	79.34	14	63.42	41	61.51	32
沈阳	66.24	13	61.19	38	68.66	25	61.40	50	73.70	6
济南	66.07	14	71.89	9	70.69	20	49.60	141	72.09	7
无锡	66.06	15	67.34	22	94.96	7	53.65	105	48.28	93
成都	66.01	16	77.92	3	86.60	12	33.08	224	66.44	17
贵阳	65.98	17	75.67	5	69.46	22	54.53	95	64.28	23
青岛	65.53	18	68.03	18	67.98	27	63.60	38	62.52	30
常州	64.93	19	67.17	24	87.87	10	53.17	109	51.50	62
重庆	64.63	20	64.38	30	70.52	21	59.97	55	63.67	28
株洲	64.63	21	53.84	79	51.78	58	73.94	6	78.95	2
郑州	64.23	22	70.79	13	72.79	18	49.45	145	63.88	24
昆明	64.05	23	62.19	36	54.69	49	69.76	9	69.57	12
厦门	63.75	24	67.22	23	69.07	23	71.99	7	46.71	114
海口	62.59	25	76.05	4	37.66	132	67.49	18	69.17	14
太原	61.42	26	49.08	106	66.90	31	59.22	58	70.49	9
大连	61.41	27	54.19	76	73.90	17	53.85	100	63.70	27
长春	60.42	28	48.44	111	68.07	26	55.40	89	69.74	10
宁波	59.98	29	65.11	27	77.17	16	45.98	166	51.67	59
南通	59.42	30	67.70	20	66.94	30	52.13	118	50.89	66
哈尔滨	59.25	31	59.96	41	60.62	37	42.44	190	73.98	5
福州	59.20	32	63.88	31	50.08	65	65.80	23	57.02	41
惠州	58.71	33	55.59	68	72.66	19	62.56	46	44.03	143
南昌	58.64	34	56.29	62	54.80	48	63.36	42	60.11	33
乌鲁木齐	58.42	35	63.13	33	52.02	57	59.91	56	58.63	37
烟台	57.75	36	57.99	47	54.04	52	60.29	53	58.69	36
湘潭	57.43	37	54.59	73	47.53	73	58.13	67	69.46	13
岳阳	57.15	38	53.39	80	36.88	147	68.61	15	69.71	11
东莞	57.05	39	68.19	17	67.92	28	56.10	81	35.98	206

续前表

城市	文化发展环境		经济环境		科技环境		生态环境		社会环境	
	指数	排名	指数	排名	指数	排名	指数	排名	指数	排名
铜陵	57.01	40	55.37	70	50.13	64	71.44	8	51.10	65
淄博	56.90	41	58.19	45	61.73	35	56.18	79	51.51	61
镇江	56.60	42	68.97	15	57.41	40	51.41	125	48.62	85
潍坊	56.32	43	56.28	63	67.30	29	46.86	160	54.87	44
兰州	56.29	44	66.14	26	50.45	61	42.58	189	66.00	20
宜昌	56.13	45	57.76	50	54.97	47	57.23	71	54.56	47
芜湖	55.63	46	57.93	48	63.01	33	58.94	60	42.63	154
绍兴	55.19	47	56.70	57	64.65	32	52.86	111	46.56	118
舟山	54.98	48	72.31	8	44.60	85	56.63	74	46.39	120
温州	54.92	49	62.90	34	62.69	34	45.82	169	48.28	91
本溪	54.76	50	47.58	117	41.46	103	66.25	22	63.76	25
南宁	54.38	51	55.04	71	56.32	42	54.62	94	51.54	60
扬州	54.36	52	62.28	35	55.04	46	51.84	119	48.28	90
银川	54.27	53	61.24	37	39.60	116	68.75	14	47.49	107
包头	54.20	54	55.48	69	51.07	60	63.29	43	46.96	111
济宁	54.16	55	51.71	89	61.39	36	55.83	85	47.71	105
郴州	54.11	56	48.28	113	37.60	133	65.19	30	65.38	21
东营	54.08	57	53.92	77	44.42	87	75.25	4	42.74	152
徐州	53.79	58	64.39	29	55.55	43	45.63	172	49.60	76
马鞍山	53.74	59	56.80	56	53.15	55	61.43	49	43.60	147
临沂	53.69	60	58.35	43	46.64	76	64.09	34	45.70	123
台州	53.68	61	57.46	52	55.52	44	57.94	69	43.82	145
石家庄	53.49	62	56.08	64	54.05	51	45.22	178	58.61	38
呼和浩特	53.28	63	63.36	32	41.97	99	56.54	76	51.26	64
秦皇岛	52.92	64	50.04	99	35.85	161	76.02	3	49.75	74
嘉峪关	52.73	65	53.19	82	34.99	175	68.22	16	54.51	48
三亚	52.39	66	60.53	40	45.96	81	64.05	35	39.02	175
衡阳	52.37	67	49.63	102	38.74	120	55.87	84	65.22	22
怀化	52.19	68	37.36	200	33.15	218	63.89	36	74.35	4
金华	52.13	69	58.49	42	58.63	39	44.14	183	47.27	109
洛阳	51.87	70	49.09	105	59.54	38	50.93	128	47.91	98
鞍山	51.86	71	54.26	75	53.15	56	49.70	139	50.33	69
黄山	51.84	72	46.38	131	43.70	90	69.55	11	47.74	104
鄂尔多斯	51.48	73	54.36	74	33.13	219	69.17	13	49.26	79
辽阳	51.41	74	40.18	181	41.83	102	69.51	12	54.11	50
滨州	51.32	75	55.77	66	42.78	95	61.64	47	45.07	132
莆田	51.29	76	53.88	78	48.11	72	66.75	19	36.42	204
泰州	51.16	77	64.81	28	54.49	50	36.55	214	48.78	83
永州	50.96	78	45.42	143	33.42	209	58.62	63	66.39	18
张家界	50.76	79	50.43	97	32.48	233	58.07	68	62.05	31

续前表

城市	文化发展环境		经济环境		科技环境		生态环境		社会环境	
	指数	排名	指数	排名	指数	排名	指数	排名	指数	排名
德州	50.70	80	56.94	55	40.16	113	63.73	37	41.97	159
邵阳	50.69	81	46.90	124	33.24	216	58.93	61	63.70	26
泰安	50.27	82	58.01	46	46.06	79	50.24	132	46.76	113
莱芜	50.25	83	51.88	88	46.19	78	61.53	48	41.40	162
襄樊	50.00	84	51.52	90	68.80	24	38.42	208	41.27	165
聊城	49.66	85	52.11	87	38.27	125	65.32	28	42.94	150
日照	49.65	86	57.18	53	37.58	134	63.43	40	40.41	173
盐城	49.59	87	57.13	54	51.60	59	41.24	195	48.39	89
盘锦	49.05	88	46.71	127	35.79	163	65.28	29	48.41	88
乌兰察布	48.79	89	38.67	189	33.03	222	75.18	5	48.28	92
淮安	48.78	90	56.46	61	48.74	68	40.59	197	49.34	78
漳州	48.66	91	48.47	110	48.50	71	55.70	87	41.96	160
景德镇	48.61	92	37.66	197	40.85	109	65.52	25	50.43	68
池州	48.49	93	48.43	112	37.47	137	65.73	24	42.34	156
蚌埠	48.29	94	49.65	101	56.65	41	46.11	164	40.76	169
延吉	48.24	95	49.05	107	38.87	118	66.33	20	38.74	180
宣城	48.24	96	46.23	135	49.15	67	53.20	108	44.37	138
新余	48.22	97	35.43	216	43.49	92	76.23	2	37.71	191
三明	48.12	98	52.15	86	42.12	98	57.56	70	40.65	170
乌海	48.05	99	43.98	153	38.61	121	60.67	51	48.92	82
绵阳	48.04	100	41.87	166	55.21	45	43.68	187	51.41	63
抚顺	47.98	101	46.18	137	36.96	143	55.63	88	53.17	53
龙岩	47.97	102	50.67	93	44.21	88	58.96	59	38.05	189
淮北	47.89	103	41.05	174	38.84	119	67.94	17	43.75	146
衢州	47.73	104	40.48	179	53.62	53	50.13	135	46.68	115
安庆	47.27	105	47.03	122	43.26	93	53.99	99	44.80	134
淮南	47.17	106	40.85	177	40.30	111	59.66	57	47.86	100
石嘴山	47.13	107	42.73	163	36.69	149	63.51	39	45.60	126
三门峡	47.08	108	43.57	156	39.83	115	57.17	72	47.76	103
连云港	46.97	109	57.79	49	49.46	66	38.64	205	41.98	158
营口	46.81	110	46.60	128	38.90	117	53.06	110	48.69	84
黄石	46.42	111	40.91	175	37.01	142	53.28	106	54.50	49
唐山	46.42	112	43.50	158	42.68	96	49.33	146	50.17	71
湛江	46.39	113	55.99	65	34.12	192	45.91	167	49.54	77
萍乡	46.35	114	39.77	183	40.59	110	56.47	77	48.56	87
金昌	46.22	115	36.56	209	33.96	195	64.67	32	49.69	75
菏泽	46.20	116	53.38	81	37.72	129	47.06	158	46.64	117
咸宁	46.14	117	53.09	83	37.82	127	55.19	90	38.47	182
德阳	45.86	118	43.00	161	41.39	105	52.43	117	46.64	116
铁岭	45.78	119	25.21	236	37.70	131	65.38	26	54.83	45

续前表

城市	文化发展环境		经济环境		科技环境		生态环境		社会环境	
	指数	排名	指数	排名	指数	排名	指数	排名	指数	排名
上饶	45.50	120	45.34	146	36.42	152	62.84	45	37.42	193
安康	45.48	121	47.80	114	32.47	234	56.60	75	45.07	133
邯郸	45.47	122	44.29	150	40.25	112	52.72	114	44.62	137
枣庄	45.45	123	52.71	85	36.03	158	50.15	134	42.93	151
九江	45.43	124	50.44	96	37.52	136	48.52	148	45.25	131
西宁	45.22	125	56.47	60	35.97	160	40.51	198	47.92	97
驻马店	45.21	126	49.32	103	35.99	159	50.76	130	44.75	136
北海	45.19	127	50.83	92	43.98	89	56.15	80	29.78	219
信阳	45.04	128	50.30	98	33.95	196	50.17	133	45.74	122
南平	45.03	129	51.22	91	36.34	153	55.94	82	36.61	202
宁德	44.97	130	50.01	100	34.66	181	53.76	102	41.44	161
十堰	44.86	131	40.76	178	38.41	123	53.24	107	47.03	110
通化	44.83	132	35.49	215	48.63	69	44.90	179	50.32	70
遵义	44.80	133	61.11	39	34.88	179	39.03	203	44.17	141
新乡	44.65	134	38.52	192	44.72	84	46.20	163	49.14	80
宜春	44.63	135	34.29	219	40.06	114	63.02	44	41.16	167
吉安	44.63	136	37.32	201	42.51	97	58.24	66	40.46	171
桂林	44.58	137	40.90	176	47.32	74	52.79	112	37.33	195
运城	44.58	138	48.90	108	34.89	177	39.50	200	55.02	43
廊坊	44.57	139	57.73	51	41.19	107	33.04	225	46.31	121
自贡	44.48	140	41.23	172	46.49	77	48.19	152	42.00	157
焦作	44.40	141	41.89	165	42.79	94	44.65	180	48.25	94
广元	44.36	142	43.51	157	33.94	197	54.36	96	45.65	125
宝鸡	44.31	143	38.55	191	50.35	62	51.22	127	37.11	198
大理	44.24	144	35.51	214	35.70	164	64.37	33	41.39	163
滁州	44.12	145	46.97	123	41.88	101	49.19	147	38.43	183
许昌	44.06	146	38.45	193	41.94	100	48.20	151	47.66	106
丹东	44.02	147	47.60	116	34.54	183	45.68	171	48.24	95
大同	43.98	148	45.44	142	33.73	201	49.47	144	47.28	108
柳州	43.86	149	35.13	217	50.34	63	53.71	104	36.26	205
阜新	43.79	150	28.42	232	35.24	170	58.38	65	53.13	54
鹰潭	43.70	151	33.32	222	44.50	86	60.49	52	36.47	203
丽江	43.67	152	42.04	164	33.58	203	60.26	54	38.81	178
榆林	43.49	153	49.13	104	38.60	122	42.30	191	43.93	144
双鸭山	43.48	154	37.49	198	33.81	200	48.03	153	54.60	46
平顶山	43.25	155	45.41	144	37.17	140	41.84	192	48.56	86
孝感	43.23	156	47.16	120	47.20	75	38.54	207	40.02	174
鹤壁	43.20	157	45.48	140	36.13	157	49.99	138	41.22	166
濮阳	43.19	158	39.14	186	37.46	138	53.72	103	42.44	155
佳木斯	43.17	159	41.34	171	32.45	235	48.28	150	50.62	67

续前表

城市	文化发展环境		经济环境		科技环境		生态环境		社会环境	
	指数	排名	指数	排名	指数	排名	指数	排名	指数	排名
宿迁	43.17	160	50.46	95	48.51	70	35.51	217	38.20	187
漯河	43.14	161	43.48	159	34.89	178	51.51	122	42.68	153
商丘	43.05	162	46.34	132	34.29	190	46.79	161	44.78	135
汉中	42.99	163	45.36	145	34.29	189	57.08	73	35.22	207
锦州	42.95	164	37.20	203	36.60	151	44.15	182	53.84	51
张家口	42.85	165	39.29	185	33.31	212	54.71	92	44.09	142
亳州	42.75	166	47.50	119	34.30	188	51.56	121	37.65	192
吉林	42.72	167	37.31	202	53.37	54	41.64	194	38.56	181
承德	42.61	168	40.17	182	35.15	172	49.70	140	45.42	128
抚州	42.59	169	29.96	228	37.25	139	66.31	21	36.86	201
保定	42.58	170	36.92	205	45.10	83	34.56	220	53.73	52
遂宁	42.45	171	41.43	170	33.54	205	47.06	159	47.78	102
安阳	42.39	172	37.70	196	46.01	80	37.89	210	47.97	96
六安	42.31	173	46.87	125	36.92	146	47.13	157	38.34	184
鸡西	42.00	174	30.89	225	33.83	198	45.45	174	57.80	39
白银	41.67	175	40.28	180	41.38	106	38.61	206	46.40	119
呼伦贝尔	41.67	176	46.29	133	35.55	166	47.60	155	37.22	196
朝阳	41.56	177	33.80	221	34.42	185	45.39	176	52.62	56
茂名	41.52	178	54.89	72	32.99	225	52.49	115	25.70	228
百色	41.43	179	46.60	129	36.87	148	51.45	123	30.81	214
阜阳	41.41	180	55.74	67	33.98	194	37.11	212	38.80	179
宜宾	41.21	181	39.34	184	36.63	150	48.46	149	40.42	172
宿州	41.14	182	46.54	130	35.69	165	45.23	177	37.09	199
葫芦岛	40.98	183	28.99	230	37.70	130	47.27	156	49.96	72
克拉玛依	40.97	184	29.96	227	38.39	124	69.72	10	25.79	227
来宾	40.96	185	38.19	195	36.94	144	58.56	64	30.15	218
开封	40.90	186	43.21	160	36.33	154	24.97	235	59.11	34
防城港	40.85	187	56.70	58	37.99	126	37.52	211	31.21	212
玉溪	40.80	188	41.72	168	40.91	108	46.11	165	34.47	209
通辽	40.78	189	36.68	207	33.27	214	50.12	136	43.06	149
玉林	40.75	190	44.20	151	35.54	167	55.88	83	27.37	225
长治	40.70	191	36.09	210	34.06	193	45.76	170	46.91	112
沧州	40.63	192	48.63	109	36.15	156	38.74	204	39.02	176
七台河	40.60	193	29.53	229	32.52	232	52.46	116	47.89	99
南充	40.54	194	41.17	173	33.08	220	43.71	186	44.18	140
周口	40.54	195	38.78	188	34.41	186	45.45	173	43.50	148
白城	40.45	196	45.60	139	33.01	224	35.36	218	47.83	101
武威	40.43	197	36.58	208	32.69	229	51.43	124	41.03	168
梅州	40.42	198	43.82	155	32.74	228	54.68	93	30.45	216
六盘水	40.41	199	47.05	121	33.67	202	36.67	213	44.27	139

续前表

城市	文化发展环境		经济环境		科技环境		生态环境		社会环境	
	指数	排名	指数	排名	指数	排名	指数	排名	指数	排名
赤峰	40.33	200	38.21	194	33.30	213	51.69	120	38.14	188
贺州	40.29	201	46.27	134	37.05	141	49.55	143	28.27	223
钦州	40.23	202	46.78	126	36.25	155	40.89	196	37.00	200
南阳	40.00	203	45.18	149	43.53	91	25.97	234	45.32	129
鹤岗	39.77	204	28.56	231	35.02	174	43.64	188	51.85	58
巴彦淖尔	39.54	205	38.95	187	33.38	211	54.78	91	31.04	213
天水	39.42	206	46.23	136	34.19	191	31.65	228	45.60	127
伊春	39.35	207	27.71	233	32.85	227	43.97	185	52.88	55
邢台	39.27	208	41.77	167	34.69	180	39.31	202	41.29	164
河池	39.26	209	52.95	84	34.90	176	40.24	199	28.96	222
中卫	39.26	210	33.83	220	36.92	145	54.22	97	32.06	211
黑河	39.22	211	25.86	235	34.59	182	44.00	184	52.44	57
衡水	39.11	212	45.84	138	33.25	215	38.40	209	38.96	177
肇庆	38.94	213	44.14	152	45.86	82	39.33	201	26.42	226
四平	38.73	214	35.97	211	33.21	217	51.34	126	34.39	210
汕头	38.70	215	58.23	44	41.43	104	31.41	229	23.71	234
定西	38.67	216	45.21	148	33.56	204	26.03	233	49.87	73
临汾	38.41	217	43.97	154	33.40	210	30.60	231	45.68	124
阳泉	38.26	218	35.91	212	35.36	168	36.49	216	45.30	130
拉萨	37.80	219	56.63	59	32.95	226	24.28	236	37.33	194
曲靖	37.65	220	31.98	223	33.83	199	55.82	86	28.96	221
梧州	37.12	221	37.47	199	37.54	135	45.88	168	27.57	224
松原	36.93	222	29.96	226	31.87	236	50.68	131	35.21	208
崇左	36.88	223	47.57	118	35.80	162	33.39	222	30.75	215
渭南	36.63	224	47.77	115	37.74	128	31.93	227	29.06	220
汕尾	36.51	225	36.99	204	35.24	171	49.58	142	24.23	232
商洛	36.39	226	41.50	169	33.06	221	46.32	162	24.68	231
保山	36.25	227	42.78	162	33.02	223	45.44	175	23.75	233
贵港	36.17	228	50.57	94	34.31	187	34.69	219	25.13	230
达州	35.93	229	38.67	190	33.51	206	33.28	223	38.26	186
辽源	35.79	230	27.47	234	34.49	184	32.13	226	49.08	81
吕梁	35.05	231	34.54	218	33.51	207	33.90	221	38.27	185
固原	35.03	232	45.33	147	32.55	230	36.54	215	25.68	229
吴忠	34.74	233	30.95	224	33.47	208	44.31	181	30.24	217
潮州	34.05	234	35.79	213	35.35	169	41.71	193	23.37	235
昭通	33.53	235	36.90	206	32.53	231	26.80	232	37.88	190
揭阳	33.46	236	45.48	141	35.09	173	30.89	230	22.39	236

根据表4—1中城市文化发展环境指数及排名结果，可以看到：

（1）文化发展环境指数排名前十位的城市分别为北京、广州、武汉、深圳、杭州、长沙、南京、上海、苏州和天津，除苏州外均为直辖市、省会城市或副省级城市，重庆虽未列于前十，但排名也较为靠前，在236个样本城市中排第20位。可见，城市文化发展环境指数较高的城市具有经济发达、行政级别较高的特征。

（2）北京在整体排名中占据首位，城市文化发展环境指数明显高于其他样本城市，四个构成要素中，相对较低的为生态环境指数，在全体样本中排在第31位，而其余三个环境构成要素指数两个排在第1位、一个排在第9位，即生态环境改善是北京文化发展过程中需要重点关注和加强的要素环节；城市文化发展综合指数排在第二位的上海，在城市文化发展环境指数排名中则排在第10位，从构成要素的排名结果来看，上海的经济环境指数排名第21位，科技环境指数排名第2位，生态环境指数排名第137位，社会环境指数排名第35位，可以看到，生态环境要素也是上海文化发展中最亟须改善的相对薄弱环节；同时我们也发现，文化发展环境指数排名前30位的城市中，与北京、上海具有相同环境短板要素，即生态环境的城市达到一半以上，分别为广州、武汉、杭州、成都、苏州、南京、天津、长沙、西安、无锡、济南、常州、贵阳、郑州、大连、宁波和南通，即生态环境要素同样是这17个城市在文化发展环境建设和优化中最亟须改善和加强的薄弱环节，由此也表明，经济发展水平越好的城市，面对的城市生态问题往往也越为严峻；另外，文化发展环境指数排名较为靠前（前50位）的城市中，深圳、厦门、东莞、惠州、芜湖、绍兴和舟山，其文化发展环境的短板均为社会环境要素，而这7个城市分布较为集中，除芜湖外，分别归属于广东、江苏和浙江三个沿海发达省份。

（3）对文化发展环境较弱的城市进行分析，可以看到，排在后10位的城市分别为保山、贵港、达州、吕梁、固原、吴忠、潮州、昭通和揭阳，均为西部较为落后的地级市，且构成要素的指数排名也都较为靠后，几乎都排在第150位以后。

（4）本研究计算了236个样本城市文化发展环境指数的平均值48.42和标准差9.2。可见，我国城市文化发展环境整体水平并不高，平均水平以上城市数不到100个，城市文化发展环境指数在60以上的城市仅有28个，城市间文化发展环境水平差异较大。

在对中国城市文化发展环境水平进行综合分析的基础上，进一步对文化发展环境构成要素的指数计算结果进行比较，并分别对样本城市的经济环境指数、科技环境指数、生态环境指数以及社会环境指数进行排序，结果详见表4—1。可以看到，经济环境指数排名前10位的城市分别为北京、南京、成都、海口、贵阳、杭州、苏州、舟山、济南、广州，排在后10位的城市分别为克拉玛依、抚州、七台河、葫芦岛、鹤岗、阜新、伊春、辽源、黑河、铁岭；科技环境指数排名前10位的城市分别为北京、上海、天津、武汉、苏州、广州、无锡、深圳、杭州和常州，排在后10位的城市分别为伊春、梅州、武威、固原、昭通、七台河、张家界、安康、佳木斯和松原；社会环境指数排名前10位的城市分别为长沙、株洲、武汉、怀化、哈尔滨、沈阳、济南、北京、太原和长春，排在后10位的城市分别为克拉玛依、茂名、固原、贵港、商洛、汕尾、保山、汕头、潮州、揭阳；生态环境指数排名前10位的城市分别为新余、深圳、秦皇岛、东营、乌兰察布、株洲、厦门、铜陵、昆明和克拉玛依，排在后10位的城市分别为渭南、天水、汕头、揭阳、临汾、昭通、定西、南阳、开封和拉萨。

二、中国城市文化资源设施指数

文化资源与文化设施是城市文化发展的核心基础要素，本研究所界定的文化资源设施包括文化资源与文化设施两个方面，计算得到的文化资源设施指数即用来反映一个城市在文化资源丰度和文化设施建设方面的综合水平。文化资源与文化设施的综合水平越高，越有助于城市文化的快速发展和城市文化发展综合实力的增强。本研究在前述章节中已对236个样本城市的文化资源设施指数进行了测算，根据计算结果对样本城市的文化资源设施水平由高到低进行了排序，同时相应列出各城市的文化资源和文化设施分要素指数及排名，相关结果如表4—2所示。

表4—2　　　　　　　　　　中国城市文化资源设施指数及排名

城市	文化资源设施		文化资源		文化设施	
	指数	排名	指数	排名	指数	排名
北京	78.53	1	92.75	2	64.31	11
重庆	76.86	2	92.98	1	60.74	23
杭州	69.23	3	69.24	9	69.21	5
南京	66.65	4	60.89	31	72.41	3
西安	65.91	5	78.64	3	53.17	62
成都	65.32	6	68.22	13	62.42	16
九江	63.94	7	77.72	4	50.16	88
南阳	63.61	8	64.67	14	62.56	15
上海	63.30	9	56.49	50	70.11	4
邵阳	62.33	10	68.96	10	55.71	49
上饶	62.08	11	72.95	7	51.22	75
天津	61.64	12	62.36	23	60.92	22
绍兴	61.19	13	58.37	40	64.00	13
漳州	60.34	14	61.00	30	59.68	26
南平	60.27	15	63.00	20	57.54	42
宝鸡	59.96	16	61.80	25	58.12	36

续前表

城市	文化资源设施		文化资源		文化设施	
	指数	排名	指数	排名	指数	排名
苏州	59.64	17	59.72	33	59.56	28
临汾	59.46	18	63.19	19	55.73	48
大理	59.44	19	62.93	21	55.95	46
吉林	59.37	20	53.91	60	64.83	10
渭南	59.25	21	63.57	17	54.93	51
广元	58.84	22	52.64	67	65.05	9
三明	58.74	23	70.69	8	46.80	117
汉中	58.26	24	52.87	65	63.65	14
焦作	58.24	25	73.89	5	42.59	156
郑州	58.08	26	68.70	12	47.47	110
黄山	58.02	27	73.22	6	42.82	154
长沙	57.99	28	53.59	61	62.39	17
安庆	57.98	29	68.90	11	47.06	116
福州	57.74	30	64.61	15	50.87	79
唐山	57.70	31	42.05	132	73.35	2
温州	57.68	32	62.43	22	52.93	65
长春	57.60	33	47.53	95	67.67	8
商丘	57.41	34	46.15	104	68.67	6
大连	57.08	35	55.59	53	58.57	32
遵义	57.05	36	53.94	59	60.16	24
深圳	57.03	37	37.54	163	76.51	1
绵阳	56.73	38	61.35	27	52.11	69
金华	56.68	39	61.01	29	52.35	68
台州	55.96	40	50.19	82	61.73	20
桂林	55.86	41	43.82	123	67.90	7
怀化	55.84	42	61.12	28	50.55	83
宁波	55.72	43	53.28	64	58.16	35
郴州	55.64	44	49.65	84	61.64	21
济南	55.33	45	46.46	103	64.21	12
沈阳	55.27	46	48.41	89	62.13	18
烟台	55.09	47	55.33	54	54.85	53
十堰	55.09	48	59.14	35	51.03	77
昆明	55.04	49	60.80	32	49.27	95
吉安	54.69	50	56.33	51	53.04	64
哈尔滨	54.68	51	54.47	58	54.89	52
无锡	54.64	52	49.29	85	59.99	25
潍坊	54.57	53	55.22	56	53.91	57
青岛	54.56	54	51.14	77	57.99	38
玉溪	54.39	55	52.42	70	56.36	44
龙岩	54.06	56	61.69	26	46.42	123

续前表

城市	文化资源设施		文化资源		文化设施	
	指数	排名	指数	排名	指数	排名
邯郸	53.87	57	57.08	46	50.66	82
泰安	53.76	58	57.65	43	49.88	89
石家庄	53.52	59	56.74	49	50.30	86
保定	53.29	60	57.33	44	49.24	96
衡阳	53.08	61	55.31	55	50.84	80
武汉	52.89	62	47.75	92	58.03	37
呼伦贝尔	52.65	63	58.77	36	46.53	119
衢州	52.54	64	58.29	41	46.78	118
吕梁	52.50	65	58.73	38	46.26	125
广州	52.12	66	45.48	109	58.77	31
宣城	52.09	67	50.14	83	54.04	56
张家口	52.05	68	52.67	66	51.43	72
松原	51.65	69	45.48	108	57.82	40
宜昌	51.54	70	51.82	74	51.26	74
赤峰	51.53	71	62.13	24	40.93	177
信阳	51.32	72	52.14	72	50.50	84
扬州	51.19	73	57.79	42	44.58	137
长治	51.12	74	54.87	57	47.37	112
承德	51.12	75	64.10	16	38.14	206
邢台	50.86	76	50.97	78	50.74	81
宜春	50.85	77	52.55	68	49.16	98
洛阳	50.56	78	57.17	45	43.95	142
黑河	50.27	79	63.37	18	37.17	213
银川	50.25	80	57.04	47	43.45	145
伊春	50.17	81	52.29	71	48.05	104
镇江	49.61	82	39.63	144	59.59	27
太原	49.36	83	46.07	106	52.64	67
泰州	49.32	84	39.21	147	59.44	30
呼和浩特	49.32	85	46.71	99	51.92	70
驻马店	49.26	86	48.67	87	49.86	91
贵阳	49.21	87	40.09	141	58.33	33
北海	49.19	88	36.29	169	62.09	19
岳阳	49.14	89	45.12	113	53.16	63
秦皇岛	49.09	90	44.63	115	53.54	60
永州	48.97	91	55.77	52	42.18	161
济宁	48.82	92	50.52	79	47.13	114
张家界	48.80	93	58.63	39	38.98	198
大同	48.46	94	53.35	62	43.58	143
宁德	48.44	95	58.74	37	38.14	205
宜宾	48.41	96	47.25	96	49.56	94

续前表

城市	文化资源设施		文化资源		文化设施	
	指数	排名	指数	排名	指数	排名
南充	48.32	97	38.74	150	57.91	39
淮安	48.28	98	52.50	69	44.06	139
鸡西	47.88	99	51.71	75	44.04	141
厦门	47.79	100	40.58	139	55.00	50
安阳	47.62	101	51.19	76	44.06	140
聊城	47.39	102	43.69	124	51.09	76
景德镇	47.07	103	45.98	107	48.17	102
鹰潭	46.90	104	56.78	48	37.01	216
南通	46.76	105	34.01	188	59.52	29
淄博	46.66	106	48.42	88	44.89	135
徐州	46.56	107	44.07	121	49.04	99
盐城	46.54	108	37.05	167	56.04	45
本溪	46.44	109	50.23	81	42.66	155
三门峡	46.44	110	38.06	158	54.81	54
运城	46.22	111	52.03	73	40.40	187
西宁	46.22	112	53.30	63	39.13	194
南宁	46.19	113	35.94	172	56.44	43
海口	46.18	114	46.71	100	45.64	128
东营	46.13	115	38.61	154	53.65	59
拉萨	45.86	116	59.23	34	32.50	234
临沂	45.86	117	41.26	134	50.46	85
衡水	45.68	118	43.03	128	48.33	101
池州	45.49	119	50.25	80	40.73	180
肇庆	45.23	120	37.07	166	53.38	61
安康	45.14	121	44.51	117	45.78	127
鄂尔多斯	45.05	122	46.90	97	43.20	150
通化	45.01	123	48.25	90	41.76	166
舟山	44.82	124	38.71	151	50.92	78
连云港	44.76	125	41.01	137	48.50	100
抚顺	44.75	126	44.51	116	44.99	134
抚州	44.65	127	46.11	105	43.19	151
惠州	44.64	128	47.60	94	41.68	167
滁州	44.42	129	47.73	93	41.12	172
梧州	44.11	130	30.00	220	58.22	34
自贡	44.09	131	40.03	142	48.14	103
朝阳	43.99	132	47.90	91	40.07	189
固原	43.88	133	46.64	101	41.11	173
丹东	43.86	134	43.10	127	44.61	136
沧州	43.84	135	35.79	175	51.89	71
百色	43.71	136	46.73	98	40.69	182

续前表

城市	文化资源设施		文化资源		文化设施	
	指数	排名	指数	排名	指数	排名
铜陵	43.61	137	33.36	191	53.87	58
防城港	43.52	138	39.58	145	47.46	111
丽江	43.42	139	44.35	119	42.48	159
湘潭	43.37	140	39.25	146	47.49	109
芜湖	43.33	141	41.08	136	45.59	129
常州	43.30	142	37.03	168	49.58	93
滨州	43.17	143	45.44	110	40.89	178
乌鲁木齐	43.15	144	28.67	226	57.63	41
包头	43.06	145	31.50	206	54.62	55
咸宁	42.98	146	44.29	120	41.68	168
湛江	42.95	147	48.78	86	37.12	214
许昌	42.94	148	45.34	111	40.55	184
锦州	42.80	149	44.50	118	41.10	174
武威	42.74	150	37.46	164	48.02	105
南昌	42.51	151	38.54	155	46.48	121
通辽	42.43	152	43.51	125	41.35	169
阳泉	42.04	153	37.58	162	46.50	120
中卫	42.03	154	34.21	186	49.86	90
新乡	42.01	155	40.73	138	43.30	147
平顶山	41.98	156	42.19	130	41.78	164
贵港	41.96	157	38.76	149	45.17	133
株洲	41.82	158	37.82	160	45.83	126
兰州	41.82	159	37.20	165	46.44	122
榆林	41.75	160	41.26	135	42.25	160
梅州	41.75	161	33.27	193	50.23	87
遂宁	41.71	162	32.04	198	51.38	73
延吉	41.67	163	34.15	187	49.19	97
襄樊	41.64	164	38.86	148	44.42	138
天水	41.39	165	45.26	112	37.52	209
崇左	41.26	166	44.00	122	38.52	200
克拉玛依	41.15	167	26.57	234	55.74	47
菏泽	40.96	168	45.05	114	36.86	220
蚌埠	40.95	169	34.32	183	47.58	108
德阳	40.94	170	29.22	223	52.67	66
葫芦岛	40.79	171	38.37	157	43.22	149
莆田	40.64	172	42.84	129	38.44	203
昭通	40.63	173	36.05	170	45.22	132
商洛	40.55	174	40.15	140	40.95	176
三亚	40.24	175	33.30	192	47.18	113
柳州	40.22	176	41.35	133	39.09	197

续前表

城市	文化资源设施		文化资源		文化设施	
	指数	排名	指数	排名	指数	排名
四平	40.00	177	43.25	126	36.74	222
东莞	39.96	178	30.14	217	49.78	92
曲靖	39.62	179	35.94	173	43.29	148
萍乡	39.58	180	42.17	131	36.98	218
六安	39.54	181	46.59	102	32.49	235
孝感	39.52	182	33.48	190	45.57	130
枣庄	39.45	183	38.65	152	40.25	188
茂名	39.35	184	35.20	179	43.51	144
周口	39.17	185	31.23	209	47.10	115
汕头	39.00	186	38.53	156	39.47	191
合肥	38.84	187	29.84	222	47.85	107
开封	38.84	188	35.17	180	42.51	157
河池	38.73	189	35.69	176	41.77	165
鞍山	38.45	190	34.80	182	42.11	162
佳木斯	38.43	191	39.69	143	37.18	212
德州	38.07	192	28.15	229	47.99	106
黄石	37.92	193	32.83	195	43.00	153
巴彦淖尔	37.82	194	38.65	153	36.99	217
马鞍山	37.74	195	34.80	181	40.68	183
潮州	37.68	196	37.78	161	37.57	208
宿州	37.51	197	34.32	184	40.69	181
廊坊	37.40	198	35.56	177	39.24	192
定西	37.22	199	31.94	201	42.50	158
白城	37.13	200	38.04	159	36.22	226
玉林	37.08	201	27.83	230	46.32	124
阜新	36.64	202	35.81	174	37.46	210
新余	36.51	203	31.19	210	41.83	163
亳州	36.51	204	29.95	221	43.07	152
吴忠	36.32	205	35.54	178	37.10	215
乌兰察布	36.11	206	28.87	225	43.35	146
盘锦	35.88	207	31.91	203	39.85	190
金昌	35.75	208	26.07	235	45.44	131
漯河	35.61	209	30.06	219	41.16	171
日照	35.58	210	30.12	218	41.05	175
濮阳	35.55	211	30.33	215	40.77	179
淮南	35.55	212	30.65	212	40.45	185
保山	35.40	213	36.00	171	34.79	230
阜阳	35.33	214	32.18	196	38.47	202
宿迁	35.33	215	33.91	189	36.74	221
达州	35.23	216	31.33	207	39.12	195

续前表

城市	文化资源设施		文化资源		文化设施	
	指数	排名	指数	排名	指数	排名
乌海	35.17	217	31.72	204	38.63	199
辽源	35.01	218	31.65	205	38.37	204
营口	35.00	219	28.66	227	41.34	170
石嘴山	34.78	220	31.04	211	38.52	201
鹤岗	34.53	221	34.32	185	34.74	231
辽阳	34.49	222	32.03	199	36.95	219
莱芜	34.28	223	31.91	202	36.66	223
双鸭山	34.28	224	31.95	200	36.61	224
贺州	33.85	225	33.05	194	34.65	232
揭阳	33.77	226	32.04	197	35.50	227
淮北	33.74	227	31.25	208	36.23	225
白银	33.72	228	28.23	228	39.22	193
鹤壁	33.55	229	29.14	224	37.96	207
嘉峪关	33.49	230	26.58	233	40.41	186
铁岭	33.46	231	27.81	231	39.10	196
六盘水	32.82	232	30.38	214	35.26	229
汕尾	32.35	233	30.19	216	34.52	233
七台河	31.40	234	25.55	236	37.25	211
钦州	31.33	235	27.30	232	35.37	228
来宾	30.36	236	30.47	213	30.26	236

基于表4—2的计算结果，对我国236个样本城市的文化资源设施水平进行比较分析，可以看到：

（1）文化资源设施指数排名前10位的城市分别为北京、重庆、杭州、南京、西安、成都、南阳、九江、上海和邵阳，包含3个直辖市、4个省会城市。其中，北京、重庆以绝对优势排在第1位和第2位，表现出较高的文化资源设施水平。具体来看，北京的文化资源指数排在第2位，文化设施指数排在第11位，重庆的文化资源指数排在首位，文化设施指数排在第23位，可见，丰富的文化资源是北京和重庆的绝对优势要素，在文化设施建设方面也都有很好的表现。文化发展综合指数排在第2位的上海，其在文化资源设施指数排名中位居第9位，从构成要素的水平来看，上海的文化设施指数排在第4位，而文化资源指数则排在第50位，可见，文化资源有限是上海文化发展的劣势之一。另外，文化资源设施指数排在前10位的城市中，西安和九江在文化资源丰度上均有很好的表现，文化资源指数排名十分靠前，分别排在第3位和第4位，但在文化设施建设上均表现不佳，文化设施指数排名较为靠后，分别排在第62位和第88位，从而拉低了西安和九江在文化资源设施层面的整体水平，文化设施建设也是这两个城市均衡文化发展需要着力加强的薄弱环节。

（2）文化资源指数排名前 50 位的城市中，同样存在较为明显的文化资源充裕、但文化设施建设不足的城市，除西安和九江外，还包括上饶、黄山、安庆、焦作、三明、福州和龙岩；而文化资源表现不足、文化设施建设完善的城市，则主要有深圳、唐山、商丘、桂林和济南。

（3）对文化资源设施整体水平较低的城市进行比较分析，可以看到，文化资源设施指数排在后 10 位的城市分别为淮北、白银、鹤壁、嘉峪关、铁岭、六盘水、汕尾、七台河、钦州和来宾，在文化资源和文化设施建设方面也均表现不佳，排名均在 190 位以后。

（4）本研究通过计算得到，236 个样本城市的文化资源设施平均指数为 46.47，标准差为 8.51，平均水平以上城市数不到半数，城市文化资源设施指数在 60 以上的城市仅有 15 个，可见我国城市文化资源设施整体水平不高，城市间差异较大。

在对中国城市文化资源设施水平进行综合评价与比较分析的基础上，进一步对文化资源丰裕与文化设施建设水平进行比较分析，分别对中国城市的文化资源指数和文化设施指数结果由高到低进行排序（结果详见表 4—2），可以看到，文化资源指数排名前 10 位的城市分别为重庆、北京、西安、九江、焦作、黄山、上饶、三明、杭州、邵阳，排在后 10 位的城市分别为营口、白银、德州、玉林、铁岭、钦州、嘉峪关、克拉玛依、金昌、七台河；文化设施指数排名前 10 位的城市分别为深圳、唐山、南京、上海、杭州、商丘、桂林、长春、广元和吉林，排在后 10 位的城市分别为揭阳、钦州、六盘水、保山、贺州、鹤岗、汕尾、拉萨、六安、来宾。

三、中国城市文化创造指数

文化创造是城市文化发展的核心动力，本研究所界定的城市文化创造要素是由文化生产（文化投入和产出）、文化创新以及文化可持续三方面构成的。城市文化创造指数反映的就是一个城市在文化生产（文化投入和产出）、文化创新以及文化可持续发展方面的综合水平。本研究对 236 个样本城市文化创造指数及文化生产指数、文化创新指数、文化持续指数进行计算，并基于计算结果对样本城市由高到低进行排序，具体结果如表 4—3 所示。

表 4—3 中国城市文化创造指数及排名

城市	文化创造		文化生产		文化创新		文化持续	
	指数	排名	指数	排名	指数	排名	指数	排名
北京	92.71	1	98.09	2	99.99	1	80.06	4
长沙	88.56	2	98.16	1	99.99	2	67.53	20
杭州	88.28	3	82.22	6	99.99	3	82.63	2
成都	84.87	4	86.73	4	99.99	4	67.89	19
武汉	83.36	5	86.28	5	99.99	5	63.82	34
深圳	82.72	6	80.11	8	99.99	6	68.06	18
西安	80.52	7	71.60	16	99.99	7	69.96	15
合肥	80.37	8	76.10	13	99.99	8	65.01	28
沈阳	80.32	9	77.09	10	99.99	9	63.88	33
天津	78.34	10	64.22	20	99.99	10	70.80	13
哈尔滨	76.80	11	66.49	19	99.99	11	63.92	32
上海	76.61	12	68.26	18	99.99	12	61.58	41
常州	75.81	13	71.85	14	99.99	13	55.59	59
兰州	75.31	14	55.33	45	99.99	14	70.59	14
青岛	74.78	15	61.22	27	99.99	15	63.12	37
广州	66.93	16	89.84	3	39.39	17	71.57	11
重庆	65.39	17	60.55	30	99.99	16	35.63	191
东莞	62.69	18	60.23	31	39.39	18	88.45	1
福州	62.51	19	70.18	17	39.39	19	77.95	6
长春	61.53	20	79.70	9	39.39	20	65.51	26
呼和浩特	61.16	21	71.71	15	39.39	21	72.39	10
南京	60.98	22	80.51	7	39.39	22	63.03	38
郑州	60.50	23	76.63	11	39.39	23	65.47	27
济南	60.44	24	59.40	34	39.39	24	82.53	3
贵阳	60.42	25	62.86	22	39.39	25	79.02	5
绍兴	58.87	26	76.37	12	39.39	26	60.84	43
太原	58.42	27	61.78	25	39.39	27	74.08	8
厦门	57.06	28	58.25	37	39.39	28	73.54	9
石家庄	56.67	29	59.46	33	39.39	29	71.16	12
南昌	56.15	30	62.81	24	39.39	30	66.26	23
苏州	55.52	31	57.52	40	39.39	31	69.66	16
镇江	54.91	32	58.54	35	39.39	32	66.81	22
淄博	54.22	33	56.19	43	39.39	33	67.09	21
海口	54.00	34	54.46	47	39.39	34	68.14	17
乌鲁木齐	53.76	35	57.48	41	39.39	35	64.42	30
三亚	53.40	36	45.49	88	39.39	36	75.33	7
昆明	53.18	37	61.08	28	39.39	37	59.06	49
南宁	53.13	38	58.47	36	39.39	38	61.53	42
延吉	52.90	39	53.71	48	39.39	39	65.59	25

续前表

城市	文化创造		文化生产		文化创新		文化持续	
	指数	排名	指数	排名	指数	排名	指数	排名
湘潭	52.49	40	64.13	21	39.39	40	53.95	67
运城	52.09	41	50.75	56	39.39	41	66.11	24
无锡	52.00	42	61.44	26	39.39	42	55.16	61
大同	51.38	43	52.57	51	39.39	43	62.18	40
秦皇岛	50.88	44	50.07	58	39.39	44	63.18	36
大连	50.32	45	58.09	38	39.39	45	53.49	68
银川	50.07	46	53.33	49	39.39	46	57.50	52
温州	49.02	47	51.71	53	39.39	47	55.95	57
阳泉	48.70	48	42.73	117	39.39	48	63.97	31
桂林	48.53	49	53.16	50	39.39	49	53.04	73
西宁	48.50	50	56.52	42	39.39	50	49.60	89
宁波	48.16	51	62.82	23	39.39	51	42.27	143
吉林	47.93	52	42.20	124	39.39	52	62.21	39
焦作	47.79	53	39.22	166	39.39	53	64.75	29
长治	47.55	54	48.14	67	39.39	54	55.13	62
洛阳	47.42	55	47.25	72	39.39	55	55.61	58
金华	47.40	56	57.76	39	39.39	56	45.06	117
鸡西	47.30	57	42.10	125	39.39	57	60.41	44
烟台	46.75	58	41.77	130	39.39	58	59.08	47
嘉峪关	46.58	59	44.19	99	39.39	59	56.16	56
克拉玛依	46.55	60	36.66	202	39.39	60	63.61	35
龙岩	46.45	61	46.60	77	39.39	61	53.36	69
惠州	46.32	62	40.49	142	39.39	62	59.07	48
潍坊	46.09	63	39.16	168	39.39	63	59.72	45
平顶山	45.76	64	47.38	71	39.39	64	50.49	85
渭南	45.75	65	40.38	144	39.39	65	57.49	53
肇庆	45.53	66	40.69	139	39.39	66	56.50	55
开封	45.52	67	48.19	66	39.39	67	48.97	93
宝鸡	45.52	68	39.49	161	39.39	68	57.67	51
新乡	45.52	69	39.69	155	39.39	69	57.46	54
包头	45.44	70	47.01	74	39.39	70	49.91	86
九江	45.17	71	46.24	81	39.39	71	49.89	87
沧州	45.09	72	42.82	116	39.39	72	53.06	72
松原	45.01	73	60.73	29	39.39	73	34.89	203
汕头	44.94	74	48.78	63	39.39	74	46.66	105
许昌	44.90	75	44.62	97	39.39	75	50.68	83
南通	44.84	76	46.74	76	39.39	76	48.38	95
舟山	44.81	77	51.65	54	39.39	77	43.41	132
衡阳	44.79	78	59.55	32	39.39	78	35.43	194
扬州	44.77	79	43.59	105	39.39	79	51.31	82

续前表

城市	文化创造		文化生产		文化创新		文化持续	
	指数	排名	指数	排名	指数	排名	指数	排名
宜昌	44.74	80	55.51	44	39.39	80	39.31	167
赤峰	44.58	81	39.50	159	39.39	81	54.84	63
三门峡	44.49	82	38.50	177	39.39	82	55.58	60
漳州	44.45	83	48.08	68	39.39	83	45.88	112
榆林	44.26	84	41.54	133	39.39	84	51.85	79
唐山	44.25	85	39.29	164	39.39	85	54.06	65
潮州	44.22	86	46.26	80	39.39	86	47.01	104
三明	44.21	87	40.11	148	39.39	87	53.11	71
四平	44.12	88	46.43	78	39.39	88	46.55	106
株洲	44.11	89	51.73	52	39.39	89	41.21	155
黄石	43.98	90	48.21	65	39.39	90	44.33	124
承德	43.91	91	45.91	84	39.39	91	46.44	107
邯郸	43.88	92	40.12	147	39.39	92	52.12	76
鄂尔多斯	43.86	93	47.50	70	39.39	93	44.69	120
莱芜	43.85	94	32.63	233	39.39	94	59.52	46
泰安	43.78	95	37.89	188	39.39	95	54.04	66
安阳	43.67	96	38.86	169	39.39	96	52.75	74
张家口	43.64	97	40.01	150	39.39	97	51.52	81
商洛	43.64	98	41.88	129	39.39	98	49.65	88
铜陵	43.57	99	42.33	122	39.39	99	48.98	92
呼伦贝尔	43.50	100	47.55	69	39.39	100	43.55	131
莆田	43.35	101	38.65	172	39.39	101	52.02	78
自贡	43.34	102	49.89	59	39.39	102	40.73	159
崇左	43.27	103	35.66	211	39.39	103	54.76	64
湛江	43.22	104	38.21	182	39.39	104	52.04	77
济宁	43.19	105	43.02	113	39.39	105	47.17	103
吕梁	43.17	106	44.03	102	39.39	106	46.10	111
东营	43.14	107	32.02	234	39.39	107	58.00	50
张家界	43.08	108	55.31	46	39.39	108	34.53	206
泰州	43.04	109	49.04	61	39.39	109	40.68	160
徐州	42.87	110	42.01	128	39.39	110	47.19	102
枣庄	42.80	111	36.29	205	39.39	111	52.73	75
鹤岗	42.70	112	44.73	95	39.39	112	43.99	128
南阳	42.66	113	39.80	153	39.39	113	48.77	94
锦州	42.57	114	45.04	94	39.39	114	43.29	133
台州	42.53	115	44.10	100	39.39	115	44.11	126
漯河	42.51	116	40.27	146	39.39	116	47.86	99
柳州	42.46	117	38.49	178	39.39	117	49.50	91
岳阳	42.45	118	43.30	109	39.39	118	44.66	121
本溪	42.39	119	40.02	149	39.39	119	47.77	100

续前表

城市	文化创造		文化生产		文化创新		文化持续	
	指数	排名	指数	排名	指数	排名	指数	排名
盐城	42.36	120	45.54	87	39.39	120	42.16	146
安庆	42.31	121	45.86	85	39.39	121	41.68	150
揭阳	42.31	122	35.82	209	39.39	122	51.72	80
阜新	42.27	123	43.69	104	39.39	123	43.73	129
丽江	42.27	124	51.06	55	39.39	124	36.34	186
黄山	42.13	125	48.91	62	39.39	125	38.11	175
双鸭山	42.06	126	42.68	118	39.39	126	44.11	127
辽阳	42.05	127	45.25	91	39.39	127	41.51	152
濮阳	42.03	128	40.40	143	39.39	128	46.31	110
来宾	42.00	129	38.44	180	39.39	129	48.16	97
金昌	41.98	130	38.18	183	39.39	130	48.37	96
郴州	41.97	131	46.31	79	39.39	131	40.21	162
鹤壁	41.95	132	33.33	231	39.39	132	53.13	70
伊春	41.85	133	42.48	120	39.39	133	43.69	130
茂名	41.80	134	38.35	181	39.39	134	47.65	101
南充	41.70	135	44.06	101	39.39	135	41.66	151
临汾	41.67	136	43.57	106	39.39	136	42.06	147
廊坊	41.67	137	35.09	221	39.39	137	50.54	84
吉安	41.67	138	43.46	108	39.39	138	42.16	145
宿迁	41.65	139	40.61	140	39.39	139	44.94	118
新余	41.64	140	42.31	123	39.39	140	43.23	134
孝感	41.56	141	50.13	57	39.39	141	35.16	198
日照	41.48	142	37.06	197	39.39	142	47.97	98
北海	41.46	143	38.57	176	39.39	143	46.42	108
十堰	41.45	144	47.09	73	39.39	144	37.87	178
保定	41.41	145	35.28	218	39.39	145	49.55	90
通化	41.40	146	45.85	86	39.39	146	38.95	171
马鞍山	41.34	147	40.37	145	39.39	147	44.26	125
汉中	41.22	148	37.92	187	39.39	148	46.35	109
衢州	41.19	149	45.24	92	39.39	149	38.94	172
南平	41.15	150	44.69	96	39.39	150	39.35	166
连云港	41.05	151	38.57	175	39.39	151	45.18	116
抚顺	40.98	152	45.17	93	39.39	152	38.37	174
淮南	40.97	153	40.61	141	39.39	153	42.89	140
辽源	40.84	154	46.10	82	39.39	154	37.03	181
宁德	40.74	155	43.15	110	39.39	155	39.67	165
景德镇	40.68	156	48.62	64	39.39	156	34.04	208
芜湖	40.64	157	36.98	198	39.39	157	45.56	114
天水	40.61	158	39.50	160	39.39	158	42.95	138
大理	40.59	159	42.36	121	39.39	159	40.02	163

续前表

城市	文化创造		文化生产		文化创新		文化持续	
	指数	排名	指数	排名	指数	排名	指数	排名
佳木斯	40.56	160	37.70	191	39.39	160	44.58	122
信阳	40.51	161	39.29	165	39.39	161	42.84	141
玉林	40.44	162	36.24	206	39.39	162	45.69	113
鞍山	40.38	163	45.27	90	39.39	163	36.48	184
安康	40.36	164	37.16	196	39.39	164	44.54	123
乌海	40.36	165	36.94	199	39.39	165	44.74	119
遂宁	40.20	166	46.03	83	39.39	166	35.18	197
白城	40.10	167	42.85	115	39.39	167	38.06	176
白银	40.03	168	35.40	215	39.39	168	45.30	115
萍乡	40.03	169	43.90	103	39.39	169	36.78	183
黑河	40.00	170	46.91	75	39.39	170	33.69	209
上饶	39.99	171	39.74	154	39.39	171	40.86	157
汕尾	39.95	172	37.52	193	39.39	172	42.94	139
驻马店	39.95	173	41.27	135	39.39	173	39.18	168
六盘水	39.80	174	38.65	174	39.39	174	41.36	154
抚州	39.80	175	39.21	167	39.39	175	40.80	158
聊城	39.77	176	39.60	158	39.39	176	40.33	161
盘锦	39.74	177	42.99	114	39.39	177	36.84	182
临沂	39.66	178	37.77	189	39.39	178	41.80	149
宜春	39.64	179	36.57	203	39.39	179	42.97	137
邵阳	39.54	180	44.48	98	39.39	180	34.74	204
淮安	39.47	181	41.68	132	39.39	181	37.33	179
宜宾	39.46	182	39.99	151	39.39	182	39.02	170
永州	39.44	183	43.08	112	39.39	183	35.84	190
周口	39.22	184	36.02	208	39.39	184	42.23	144
菏泽	39.20	185	39.62	156	39.39	185	38.58	173
德州	38.99	186	35.64	213	39.39	186	41.93	148
梧州	38.97	187	36.03	207	39.39	187	41.49	153
达州	38.96	188	36.38	204	39.39	188	41.10	156
六安	38.95	189	39.49	162	39.39	189	37.98	177
襄樊	38.87	190	42.03	126	39.39	190	35.19	196
广元	38.75	191	41.03	136	39.39	191	35.84	189
邢台	38.75	192	33.83	227	39.39	192	43.03	136
石嘴山	38.67	193	36.86	201	39.39	193	39.74	164
通辽	38.52	194	41.02	137	39.39	194	35.14	199
七台河	38.43	195	43.10	111	39.39	195	32.81	212
钦州	38.42	196	32.69	232	39.39	196	43.19	135
宿州	38.31	197	43.49	107	39.39	197	32.06	215
丹东	38.08	198	38.47	179	39.39	198	36.38	185
池州	38.05	199	49.47	60	39.39	199	25.30	233

续前表

城市	文化创造		文化生产		文化创新		文化持续	
	指数	排名	指数	排名	指数	排名	指数	排名
商丘	37.94	200	35.32	217	39.39	200	39.12	169
遵义	37.93	201	37.22	195	39.39	201	37.17	180
拉萨	37.90	202	45.31	89	39.39	202	28.99	222
贵港	37.84	203	31.40	236	39.39	203	42.73	142
蚌埠	37.79	204	38.07	185	39.39	204	35.91	188
巴彦淖尔	37.66	205	41.46	134	39.39	205	32.14	214
河池	37.65	206	38.66	171	39.39	206	34.91	202
保山	37.45	207	39.81	152	39.39	207	33.15	210
咸宁	37.32	208	38.04	186	39.39	208	34.54	205
营口	36.89	209	40.88	138	39.39	209	30.41	218
贺州	36.87	210	36.94	200	39.39	210	34.29	207
滨州	36.68	211	35.16	220	39.39	211	35.49	193
德阳	36.66	212	35.64	212	39.39	212	34.93	201
怀化	36.56	213	34.28	225	39.39	213	36.00	187
梅州	36.53	214	41.76	131	39.39	214	28.44	223
中卫	36.49	215	38.65	173	39.39	215	31.43	217
曲靖	36.38	216	34.17	226	39.39	216	35.59	192
葫芦岛	36.30	217	34.50	223	39.39	217	35.01	200
衡水	36.23	218	37.70	192	39.39	218	31.61	216
淮北	36.12	219	33.58	230	39.39	219	35.38	195
绵阳	35.90	220	35.38	216	39.39	220	32.92	211
宣城	35.66	221	42.55	119	39.39	221	25.04	234
铁岭	35.66	222	39.61	157	39.39	222	27.98	225
乌兰察布	35.60	223	42.02	127	39.39	223	25.40	232
玉溪	35.59	224	37.71	190	39.39	224	29.68	220
百色	35.53	225	34.49	224	39.39	225	32.72	213
固原	35.48	226	38.84	170	39.39	226	28.22	224
朝阳	34.90	227	35.23	219	39.39	227	30.07	219
阜阳	34.69	228	38.14	184	39.39	228	26.54	228
鹰潭	34.24	229	37.44	194	39.39	229	25.88	230
定西	34.22	230	35.67	210	39.39	230	27.61	227
吴忠	34.17	231	39.35	163	39.39	231	23.75	235
武威	34.14	232	33.77	228	39.39	232	29.25	221
防城港	33.43	233	34.60	222	39.39	233	26.29	229
滁州	33.02	234	31.94	235	39.39	234	27.73	226
昭通	32.94	235	33.69	229	39.39	235	25.75	231
亳州	31.66	236	35.61	214	39.39	236	19.99	236

基于表4—3的计算结果，对我国城市文化创造能力进行比较分析，可以看到：

（1）文化创造指数排名前10位的城市分别为北京、长沙、杭州、成都、武汉、深圳、西安、合肥、沈阳和天津，包含 2 个直辖市、7 个省会城市、1 个副省级城市。上海和重庆分别排在第 12 位和第 17 位，排名前 30 位的城市中包括 4 个直辖市、19 个省会城市以及 2 个副省级城市。由此可见，城市文化创造指数较高、排名较为靠前的城市同时也是较为发达、行政级别较高的城市。

（2）文化创造指数排在首位的城市——北京，在文化生产、文化创新两个要素层面也均排在首位，在文化可持续方面排在第 4 位，是北京文化创造指数构成要素中相对略显不足的要素。从本研究对文化可持续要素具体指标的设计来看，文化持续指数构成所包含的四个指标分别为居民平均受教育年限（C52）、每万人在校大学生人数（C53）、文化体育与传媒财政支出（C54）和政府教育财政支出比重（C55），其中北京的居民平均受教育年限得分在 236 个样本城市中排在第 1 位，而其他三个指标得分分别排在第 32 位、第 7 位和第 132 位，可见，高等教育在校大学生占比和教育财政支出比重两个指标排名落后拉低了北京文化持续力指数值。一方面，这与北京作为特大城市、人口数量众多不无关系，因而不能直接判定北京在人才储备和培养上是落后的，单看高等教育在校学生数量，北京在 236 个样本城市中排在第 9 位，具有较强的竞争优势。另一方面，教育财政支出指标排名较为落后则说明北京在教育改革上还应进一步加大财政投入的力度。文化发展指数排在第 2 位、文化创造指数排在第 12 位的上海，在文化生产、文化创新和文化持续方面的排名分别为第 18 位、第 12 位和第 41 位，文化持续要素同样也是上海的短板要素之一，上海的文化产业发展尚有提升的空间，教育经费投入还待进一步的加强。另外，重庆的文化持续能力与文化生产、文化创新水平同样表现出较大反差，其在文化生产、文化创新指数的排名中分别排在第 30 位和第 16 位，而在文化持续指数排名中则排在第 191 位，可见，文化持续发展是重庆文化发展中较为严重的薄弱环节。从重庆文化持续力要素构成指标的情况来看，236 个样本城市中，重庆的居民平均受教育年限（C52）排在第 152 位，高等院校在校大学生人数占总人口比重（C53）排在第 60 位，文化体育与传媒财政支出（C54）排在第 187 位，政府教育财政支出比重（C55）排在第 183 位，由此我们得出，重庆居民的受教育水平、政府在文化体育和教育层面的财政投入力度都存在较大的提升空间，是重庆文化发展中需要着力改善的薄弱环节。

（3）对城市文化创造指数较低的城市进行比较分析，可以看到，文化创造指数排在后 10 位的城市分别为朝阳、阜阳、鹰潭、定西、吴忠、武威、防城港、滁州、昭通和亳州，几乎都为中西部城市，这也在一定程度上揭示出我国中西部地区较低的文化创造能力。

（4）本研究通过计算得到 236 个样本城市文化创造平均指数为 45.43，标准差为 10.54，平均水平以上城市数仅有 70 个，城市文化创造指数在 60 以上的城市仅有 25 个，可见，我国城市文化创造水平整体不高，且城市间差异较大。

在对中国城市文化创造水平进行综合评价与比较分析的基础上，进一步对文化生产、文化创新与文化持续能力水平进行比较分析，分别对中国 236 个样本城市的文化生产指数、文化创新指数和文化持续力指数结果由高到低进行排序。可以看到，文化生产指数排名前 10 位的城市分别为长沙、北京、广州、成都、武汉、杭州、南京、深圳、长春、沈阳，排在后 10 位的城市分别为邢台、武威、昭通、淮北、鹤壁、钦州、莱芜、东营、滁州、贵港；文化创新指数排名前 10 位的城市分别为北京、长沙、杭州、成都、武汉、深圳、西安、合肥、沈阳、哈尔滨，排在后 10 位的城市分别为抚州、吴忠、大理、茂名、防城港、亳州、定西、滁州、鹰潭、上饶；文化持续指数排名前 10 位的城市分别为东莞、杭州、济南、北京、贵阳、福州、三亚、太原、厦门和呼和浩特，排在后 10 位的城市分别为定西、阜阳、防城港、鹰潭、昭通、乌兰察布、池州、宣城、吴忠、亳州。

四、中国城市文化传播指数

本研究所界定的城市文化传播要素构成主要包括文化活动、文化吸引和文化营销，文化传播指数反映了一个城市在文化活动力度、文化吸引能力以及文化营销效应方面的综合实力水平。236 个样本城市文化传播指数及排名结果，以及城市文化活动指数、城市文化吸引指数、城市文化营销指数及相应名次见表 4—4。

表 4—4　　　　　　　　　中国城市文化传播指数及排名

城市	文化传播		文化活动		文化吸引		文化营销	
	指数	排名	指数	排名	指数	排名	指数	排名
上海	89.10	1	99.88	1	83.49	3	83.92	5
北京	88.70	2	93.16	2	85.50	2	87.43	2
重庆	82.07	3	90.56	3	85.57	1	70.10	17
杭州	80.27	4	78.07	6	76.17	5	86.57	4
天津	76.47	5	81.94	4	75.76	6	71.71	14
广州	72.65	6	61.51	23	66.79	25	89.66	1
南京	72.16	7	79.00	5	66.27	29	71.22	16
成都	71.99	8	67.38	10	75.72	7	72.88	13
福州	71.27	9	74.97	7	69.65	15	69.20	19

续前表

城市	文化传播		文化活动		文化吸引		文化营销	
	指数	排名	指数	排名	指数	排名	指数	排名
长沙	68.38	10	61.93	21	64.88	36	78.34	7
宁波	68.37	11	64.25	14	70.83	10	70.03	18
青岛	68.31	12	55.48	43	71.53	8	77.91	9
武汉	68.21	13	55.48	44	67.52	22	81.62	6
西安	68.20	14	63.80	15	62.83	40	77.98	8
郑州	67.27	15	72.97	9	65.18	33	63.66	23
济南	66.42	16	61.80	22	62.69	41	74.76	11
苏州	66.23	17	56.73	31	77.31	4	64.66	21
深圳	65.87	18	63.43	16	47.52	116	86.64	3
太原	65.81	19	73.81	8	58.76	49	64.86	20
沈阳	65.43	20	56.11	37	68.71	17	71.49	15
哈尔滨	62.55	21	64.45	13	66.51	28	56.71	34
昆明	61.24	22	63.21	17	59.83	48	60.66	26
无锡	60.58	23	53.10	63	67.01	24	61.64	25
石家庄	60.31	24	57.77	28	66.19	30	56.97	33
南昌	59.11	25	54.46	57	66.76	26	56.10	39
金华	58.97	26	50.33	66	71.13	9	55.46	43
厦门	58.92	27	55.14	46	47.04	120	74.58	12
保定	58.85	28	62.28	18	68.20	18	46.07	86
大连	58.61	29	43.96	79	56.77	59	75.10	10
绍兴	58.23	30	55.28	45	69.75	14	49.68	74
洛阳	58.12	31	56.94	29	70.34	12	47.07	81
东莞	57.77	32	61.31	24	54.06	67	57.93	29
邯郸	56.70	33	62.28	19	70.61	11	37.23	167
烟台	56.53	34	62.13	20	51.18	82	56.29	37
大理	56.18	35	54.87	49	69.42	16	44.26	97
南通	56.09	36	58.26	26	65.16	34	44.84	92
温州	55.85	37	44.78	76	65.11	35	57.66	30
呼和浩特	55.01	38	56.73	32	53.95	69	54.35	50
海口	54.84	39	46.70	69	54.60	66	63.22	24
宜昌	54.65	40	40.53	109	67.56	21	55.86	40
合肥	53.93	41	56.62	34	48.93	96	56.24	38
镇江	53.85	42	54.66	54	60.85	46	46.03	87
桂林	53.85	43	38.69	206	67.83	20	55.02	45
淄博	53.55	44	43.75	82	66.55	27	50.36	68
淮安	53.38	45	66.91	11	53.18	73	40.04	127
衡阳	52.94	46	40.95	100	61.46	43	56.41	36
长春	52.28	47	54.46	58	50.44	87	51.93	60
贵阳	52.23	48	45.19	74	52.63	78	58.88	27
岳阳	51.73	49	39.50	161	58.26	52	57.42	31

续前表

城市	文化传播		文化活动		文化吸引		文化营销	
	指数	排名	指数	排名	指数	排名	指数	排名
吉林	51.72	50	46.31	72	62.90	39	45.96	88
莆田	51.56	51	56.93	30	48.21	103	49.55	75
遵义	51.13	52	56.31	35	61.37	44	35.70	195
徐州	51.08	53	56.11	38	52.62	79	44.51	95
安庆	51.02	54	47.86	68	67.15	23	38.04	154
龙岩	50.88	55	57.98	27	49.30	94	45.35	89
枣庄	50.60	56	65.36	12	46.88	122	39.56	133
湘潭	50.43	57	54.46	59	43.56	144	53.26	53
黄山	50.18	58	40.95	101	56.91	58	52.68	54
秦皇岛	50.10	59	41.16	96	58.17	53	50.97	63
泰安	49.98	60	38.89	193	64.24	37	46.81	83
舟山	49.97	61	43.45	85	49.75	90	56.70	35
开封	49.91	62	55.69	42	56.41	60	37.63	160
唐山	49.80	63	55.90	41	47.13	119	46.36	85
柳州	49.49	64	38.69	207	68.06	19	41.71	114
丹东	49.45	65	54.06	61	44.24	139	50.04	71
梅州	49.35	66	39.91	136	70.31	13	37.84	156
丽江	49.20	67	41.37	95	65.64	31	40.60	122
衢州	49.16	68	43.45	86	57.05	57	46.98	82
抚顺	48.89	69	54.06	62	41.53	155	51.08	61
济宁	48.81	70	56.11	39	50.75	84	39.58	132
肇庆	48.69	71	38.29	234	57.66	55	50.13	70
张家界	48.57	72	38.69	208	43.26	145	63.77	22
扬州	48.19	73	39.91	137	57.40	56	47.25	80
株洲	47.85	74	39.30	170	47.20	118	57.06	32
南平	47.84	75	54.66	55	44.28	138	44.58	93
永州	47.81	76	40.53	110	49.51	93	53.40	52
拉萨	47.76	77	48.79	67	51.14	83	43.36	102
台州	47.72	78	39.50	162	52.64	77	51.02	62
潍坊	47.71	79	39.50	163	48.87	97	54.76	47
漳州	47.68	80	40.33	119	58.57	50	44.16	98
常州	47.58	81	39.71	150	50.49	86	52.55	56
郴州	47.58	82	40.33	120	46.92	121	55.49	42
南宁	47.45	83	38.89	194	51.31	81	52.15	59
汉中	47.44	84	54.87	50	53.45	71	34.00	215
平顶山	47.38	85	55.07	47	49.94	88	37.12	169
池州	47.33	86	54.46	60	47.26	117	40.27	124
上饶	47.28	87	50.53	65	54.91	63	36.40	182
惠州	47.15	88	38.29	235	48.69	101	54.48	48
天水	46.96	89	39.71	151	65.61	32	35.56	197

续前表

城市	文化传播		文化活动		文化吸引		文化营销	
	指数	排名	指数	排名	指数	排名	指数	排名
大同	46.75	90	40.33	121	58.39	51	41.53	115
潮州	46.69	91	38.69	209	62.05	42	39.35	134
长治	46.60	92	43.87	80	57.69	54	38.25	151
吉安	46.58	93	40.74	104	63.20	38	35.80	192
兰州	46.32	94	39.91	138	46.44	125	52.60	55
西宁	46.26	95	38.69	210	47.72	112	52.37	57
鞍山	46.18	96	39.09	178	48.79	99	50.67	67
安阳	46.07	97	42.41	89	54.70	65	41.10	116
锦州	46.02	98	39.30	171	48.08	106	50.67	66
景德镇	46.01	99	38.69	211	61.17	45	38.18	152
百色	45.98	100	56.73	33	47.79	110	33.41	223
南阳	45.95	101	41.78	92	60.12	47	35.93	188
泰州	45.72	102	54.87	51	41.44	156	40.85	121
朝阳	45.67	103	44.49	77	48.03	107	44.50	96
本溪	45.61	104	38.69	212	44.37	137	53.75	51
乌鲁木齐	45.60	105	40.12	129	38.56	177	58.12	28
银川	45.48	106	39.09	179	47.84	109	49.52	76
日照	45.40	107	43.35	87	47.89	108	44.95	91
呼伦贝尔	45.27	108	40.95	102	40.49	163	54.37	49
葫芦岛	45.04	109	44.08	78	42.47	150	48.58	78
周口	45.04	110	56.11	40	44.88	134	34.14	214
三明	45.03	111	39.09	180	52.89	75	43.11	104
榆林	44.96	112	41.16	97	53.92	70	39.80	130
南充	44.93	113	55.07	48	45.52	129	34.21	212
怀化	44.78	114	39.09	181	39.62	170	55.64	41
承德	44.61	115	39.91	139	53.01	74	40.91	119
亳州	44.45	116	52.09	64	48.71	100	32.55	232
三门峡	44.40	117	39.50	164	46.03	128	47.68	79
三亚	44.36	118	38.69	213	39.46	173	54.93	46
九江	44.32	119	39.30	172	52.67	76	41.01	117
湛江	44.29	120	39.91	140	55.71	62	37.26	166
聊城	44.29	121	39.50	165	56.24	61	37.11	170
北海	44.28	122	40.74	105	49.54	92	42.55	108
临沂	44.26	123	54.87	52	35.79	188	42.13	112
延吉	43.95	124	43.15	88	36.45	185	52.25	58
襄樊	43.86	125	39.91	141	54.04	68	37.63	159
辽阳	43.59	126	40.53	111	39.94	168	50.30	69
宝鸡	43.44	127	40.53	112	49.91	89	39.86	129
濮阳	43.33	128	41.16	98	51.69	80	37.14	168
东营	43.16	129	39.30	173	40.48	164	49.71	73

续前表

城市	文化传播		文化活动		文化吸引		文化营销	
	指数	排名	指数	排名	指数	排名	指数	排名
芜湖	43.15	130	46.51	71	43.05	147	39.90	128
焦作	43.14	131	39.91	142	47.61	115	41.91	113
渭南	43.10	132	40.74	106	48.93	95	39.64	131
宁德	43.10	133	40.33	122	45.14	133	43.82	101
包头	42.98	134	39.71	152	44.08	141	45.17	90
盐城	42.97	135	41.16	99	45.43	131	42.33	111
鄂尔多斯	42.94	136	40.12	130	39.74	169	48.96	77
盘锦	42.90	137	38.89	195	39.09	175	50.72	64
汕头	42.89	138	39.71	153	42.50	149	46.47	84
十堰	42.88	139	39.91	143	46.12	126	42.62	106
新乡	42.86	140	39.91	144	48.47	102	40.19	125
信阳	42.77	141	39.91	145	54.81	64	33.60	220
营口	42.77	142	39.30	174	38.30	179	50.71	65
德阳	42.63	143	43.87	81	41.43	157	42.60	107
阜阳	42.63	144	58.77	25	36.86	182	32.26	234
宿迁	42.63	145	45.10	75	44.07	142	38.72	144
自贡	42.53	146	38.89	196	53.21	72	35.48	198
阳泉	42.43	147	39.50	166	45.46	130	42.33	110
廊坊	42.33	148	41.99	91	41.11	159	43.90	100
张家口	42.04	149	40.33	123	47.62	114	38.18	153
宣城	42.04	150	41.58	93	46.12	127	38.42	148
邵阳	41.84	151	39.09	182	31.23	204	55.20	44
运城	41.81	152	41.58	94	44.53	135	39.31	135
吕梁	41.62	153	43.66	84	43.65	143	37.55	162
宜春	41.60	154	40.12	131	49.74	91	34.92	204
绵阳	41.58	155	39.09	183	46.81	124	38.85	142
商丘	41.56	156	40.53	113	48.16	104	35.98	186
嘉峪关	41.51	157	38.29	236	36.20	187	50.04	72
保山	41.48	158	40.74	107	50.62	85	33.08	228
铜陵	41.21	159	43.75	83	36.87	181	43.00	105
阜新	41.13	160	39.09	184	40.17	167	44.12	99
孝感	41.10	161	39.91	146	48.82	98	34.57	206
通辽	40.97	162	40.12	132	39.57	171	43.22	103
滨州	40.91	163	39.91	147	44.21	140	38.61	145
萍乡	40.89	164	56.31	36	30.73	208	35.62	196
贺州	40.85	165	40.33	124	47.67	113	34.55	207
连云港	40.54	166	40.12	133	42.40	151	39.09	140
马鞍山	40.51	167	40.53	114	41.73	153	39.27	136
临汾	40.37	168	40.95	103	43.07	146	37.08	171
宜宾	40.33	169	38.49	224	46.81	123	35.70	194

续前表

城市	文化传播		文化活动		文化吸引		文化营销	
	指数	排名	指数	排名	指数	排名	指数	排名
武威	40.26	170	38.69	214	47.79	111	34.30	211
菏泽	40.15	171	40.53	115	44.48	136	35.45	199
铁岭	40.02	172	39.09	185	38.49	178	42.49	109
遂宁	39.90	173	38.49	225	48.11	105	33.09	227
沧州	39.82	174	46.70	70	34.86	191	37.89	155
玉林	39.47	175	38.69	215	45.20	132	34.52	208
鹤壁	39.39	176	38.69	216	40.70	160	38.77	143
广元	39.20	177	38.69	217	43.01	148	35.90	189
德州	39.18	178	39.50	167	41.85	152	36.20	183
六安	38.90	179	54.87	53	28.00	217	33.82	217
邢台	38.86	180	40.33	125	40.46	165	35.79	193
淮南	38.82	181	39.09	186	40.56	161	36.80	177
茂名	38.65	182	45.91	73	36.31	186	33.73	218
许昌	38.63	183	39.71	154	40.23	166	35.94	187
黑河	38.60	184	39.09	187	39.32	174	37.40	164
赤峰	38.57	185	40.33	126	39.49	172	35.90	190
驻马店	38.56	186	40.33	127	41.72	154	33.65	219
漯河	38.56	187	39.50	168	41.19	158	34.98	202
莱芜	38.16	188	38.49	226	36.80	183	39.18	137
咸宁	38.10	189	38.69	218	34.74	192	40.86	120
达州	37.96	190	54.66	56	26.24	225	32.98	230
鹰潭	37.91	191	38.49	227	38.27	180	36.96	174
梧州	37.88	192	38.49	228	40.54	162	34.60	205
伊春	37.72	193	39.71	155	36.72	184	36.74	179
黄石	37.62	194	38.89	197	33.53	195	40.44	123
钦州	37.30	195	39.71	156	38.76	176	33.43	222
克拉玛依	37.28	196	38.49	229	35.76	189	37.61	161
安康	36.84	197	40.53	116	35.02	190	34.97	203
抚州	36.44	198	38.89	198	34.56	194	35.87	191
玉溪	36.37	199	40.53	117	32.44	198	36.14	184
鸡西	36.24	200	38.89	199	32.05	199	37.77	157
巴彦淖尔	36.19	201	39.91	148	27.65	221	41.01	118
乌兰察布	36.10	202	40.74	108	30.50	209	37.07	172
揭阳	36.07	203	42.20	90	29.00	214	37.01	173
辽源	36.04	204	39.09	188	31.66	202	37.38	165
防城港	36.02	205	38.89	200	29.09	213	40.08	126
宿州	35.90	206	39.91	149	29.33	211	38.46	146
乌海	35.85	207	38.49	230	24.52	235	44.55	94
通化	35.77	208	39.71	157	28.46	215	39.15	138
固原	35.57	209	38.69	219	34.70	193	33.31	224

续前表

城市	文化传播		文化活动		文化吸引		文化营销	
	指数	排名	指数	排名	指数	排名	指数	排名
佳木斯	35.37	210	39.71	158	27.97	218	38.44	147
河池	35.33	211	39.09	189	32.97	197	33.93	216
曲靖	35.29	212	39.71	159	33.09	196	33.07	229
蚌埠	35.26	213	38.89	201	30.79	207	36.10	185
商洛	35.00	214	40.53	118	31.73	201	32.75	231
滁州	34.99	215	38.69	220	29.51	210	36.79	178
石嘴山	34.99	216	38.89	202	27.80	219	38.29	149
来宾	34.84	217	40.33	128	31.10	205	33.09	226
吴忠	34.78	218	39.30	175	31.46	203	33.59	221
中卫	34.68	219	38.89	203	31.96	200	33.19	225
四平	34.49	220	39.30	176	27.75	220	36.44	181
新余	34.47	221	38.49	231	25.80	227	39.12	139
双鸭山	34.36	222	38.89	204	25.13	230	39.06	141
松原	34.26	223	39.30	177	28.07	216	35.42	200
昭通	33.85	224	40.12	134	30.94	206	30.49	236
汕尾	33.83	225	39.09	190	27.16	222	35.22	201
金昌	33.79	226	38.49	232	24.63	234	38.26	150
衡水	33.77	227	38.89	205	25.47	228	36.96	175
淮北	33.76	228	38.69	221	25.16	229	37.43	163
贵港	33.75	229	39.50	169	29.24	212	32.51	233
鹤岗	33.64	230	38.49	233	24.69	233	37.74	158
六盘水	33.46	231	39.09	191	26.79	224	34.51	210
白城	33.45	232	39.09	192	24.69	232	36.58	180
白银	33.43	233	38.69	222	27.08	223	34.51	209
崇左	33.37	234	39.71	160	26.23	226	34.17	213
七台河	33.35	235	38.69	223	24.43	236	36.93	176
定西	32.13	236	40.12	135	24.80	231	31.46	235

基于表4—4的计算结果，对我国城市文化传播水平进行比较分析，可以看到：

（1）文化传播指数排名前10位的城市分别为上海、北京、重庆、杭州、天津、广州、南京、成都、福州和长沙，包含4个直辖市、6个省会城市。其中，依次排在第1位、第2位的上海和北京在文化传播能力上均具有突出表现，以绝对优势领先其他城市，且在文化活动、文化吸引和文化营销三个要素指数的排名中均排在前5位。另外，排名前10位的城市在文化活动、文化吸引和文化营销三个要素层面均有较为均衡的表现，三项排名均在36位以前，相对而言，广州、长沙的文化活动要素和文化吸引要素，以及南京的文化吸引要素是仍待继续提升的相对薄弱环节；排名前 30 位的城市中，包括 4 个直辖市、15 个省会城市和 5 个非省会的副省级城市，其中，深圳和厦门在文化吸引力上表现不佳，分别排在第 116 位和第 120 位，如何提升文化吸引力是深圳和厦门应重点关注的要素维度，同时也是两市未来快速提升文化发展水平的契机所在。

（2）从文化传播水平较低的城市来看，文化传播要素指数排在后 10 位的城市分别为衡水、淮北、贵港、鹤岗、六盘水、白城、白银、崇左、七台河和定西，同样集中在中、西部地区。

（3）对我国 236 个样本城市的文化传播指数进行平均计算，得到我国城市文化传播平均指数为 46.08，标准差为 9.74。可以看到，236 个样本城市中，文化传播指数高于平均水平的城市 99 个，高于 60 的城市仅有 24 个。我国城市文化传播的整体水平并不高，存在两极化发展的态势，仅有极少数城市在文化传播方面取得了较好发展，大多数城市文化传播水平较低，城市间差异较大。

在对中国城市文化传播水平进行综合评价与比较分析的基础上，进一步从文化活动、文化吸引和文化营销三个构成要素层面进行比较分析，分别对中国 236 个样本城市的文化活动要素指数、文化吸引要素指数和文化营销要素指数结果由高到低进行排序，可以看到，文化活动要素指数排名前 10 位的城市分别为上海、北京、重庆、天津、南京、杭州、福州、太原、郑州、成都，排在后 10 位的城市分别为莱芜、梧州、鹰潭、乌海、新余、金昌、鹤岗、惠州、肇庆、嘉峪关；文化吸引要素指数排名前 10 位的城市分别为重庆、上海、北京、杭州、苏州、天津、成都、青岛、金华和宁波，排在后 10 位的城市分别为新余、衡水、淮北、双鸭山、七台河、定西、鹤岗、白城、金昌、乌海；文化营销要素指数排名前 10 位的城市分别为北京、广州、杭州、上海、深圳、武汉、长沙、西安、青岛和大连，而排在后 10 位的城市分别为遂宁、保山、曲靖、达州、商洛、亳州、贵港、阜阳、定西、昭通。

五、中国城市文化消费指数

受数据可得性的限制，本研究所设定的文化消费指数主要是从文化消费货币支出及文化消费结构两个层面来反映各样本城市文化消费综合水平。236 个样本城市文化消费指数的计算结果及排名，以及城市文化消费支出指数、文化消费结构指数详见表 4—5。

表 4—5　　　　　　　　　　　　中国城市文化消费指数及排名

城市	文化消费		文化消费支出		文化消费结构	
	指数	排名	指数	排名	指数	排名
上海	78.70	1	98.30	1	59.10	4
南京	73.60	2	91.37	2	55.82	14
扬州	73.06	3	88.86	3	57.25	5
苏州	70.33	4	86.96	4	53.71	37
北京	70.08	5	86.94	5	53.22	41
东莞	68.25	6	86.39	6	50.11	126
盐城	66.63	7	77.08	12	56.18	9
镇江	65.96	8	75.95	13	55.97	13
金昌	65.05	9	77.20	11	52.91	47
包头	64.56	10	77.44	9	51.68	81
广州	64.22	11	85.22	7	43.22	216
济南	64.01	12	73.82	17	54.20	28
无锡	63.86	13	77.41	10	50.31	122
厦门	63.65	14	75.19	14	52.10	64
延吉	63.59	15	73.11	20	54.07	31
深圳	63.19	16	78.21	8	48.18	165
嘉峪关	63.09	17	66.32	30	59.85	3
呼和浩特	62.92	18	73.46	18	52.39	57
杭州	62.54	19	74.77	15	50.32	121
乌海	62.39	20	73.14	19	51.64	83
常州	62.13	21	73.84	16	50.42	118
宿迁	62.03	22	61.68	46	62.38	1
长春	61.76	23	72.53	21	50.99	100
合肥	61.55	24	70.58	22	52.52	54
盘锦	61.35	25	67.17	28	55.52	16
湘潭	59.67	26	67.83	25	51.50	86
东营	59.54	27	67.42	26	51.65	82
泰安	59.20	28	69.17	24	49.23	144
石嘴山	59.16	29	63.17	41	55.15	18
西安	59.14	30	66.90	29	51.39	90
萍乡	59.10	31	64.20	36	54.00	34
青岛	58.67	32	64.51	35	52.83	49
龙岩	58.59	33	62.33	44	54.85	23
马鞍山	58.25	34	67.40	27	49.09	149
辽源	58.24	35	66.10	31	50.37	119
舟山	58.23	36	69.96	23	46.49	193
沈阳	58.19	37	65.53	32	50.84	104
乌鲁木齐	57.88	38	63.41	39	52.34	61
滨州	57.18	39	62.25	45	52.10	65

续前表

城市	文化消费		文化消费支出		文化消费结构	
	指数	排名	指数	排名	指数	排名
洛阳	56.99	40	61.49	48	52.48	55
淄博	56.71	41	63.33	40	50.09	127
三门峡	56.50	42	65.41	33	47.59	177
哈尔滨	56.34	43	61.45	49	51.23	95
景德镇	56.29	44	61.63	47	50.95	102
聊城	56.29	45	59.16	55	53.41	39
本溪	56.15	46	60.68	50	51.62	84
克拉玛依	56.04	47	58.19	56	53.90	35
宝鸡	55.94	48	63.70	38	48.18	166
大连	55.83	49	62.38	43	49.28	142
银川	55.31	50	60.18	51	50.43	117
潍坊	55.22	51	56.38	63	54.05	32
中卫	55.17	52	54.80	68	55.54	15
连云港	54.94	53	58.15	57	51.73	77
成都	54.85	54	62.92	42	46.77	188
芜湖	54.80	55	57.79	58	51.80	74
南阳	54.66	56	55.18	67	54.14	29
福州	54.59	57	60.13	52	49.05	151
铜陵	54.55	58	59.73	54	49.36	141
宣城	54.42	59	57.07	60	51.77	75
吉林	53.96	60	57.29	59	50.63	108
三明	53.69	61	55.32	66	52.06	67
武威	53.60	62	55.71	64	51.49	87
金华	53.52	63	59.87	53	47.17	182
新余	53.48	64	56.43	62	50.52	111
泰州	53.35	65	53.73	73	52.97	45
兰州	53.07	66	51.51	81	54.64	24
沧州	53.05	67	54.24	71	51.87	72
新乡	52.88	68	52.74	76	53.01	44
长沙	52.82	69	64.51	34	41.12	223
德州	52.66	70	54.79	69	50.54	110
许昌	52.60	71	53.23	74	51.97	70
松原	52.57	72	55.34	65	49.80	130
开封	51.96	73	47.53	105	56.39	8
海口	51.90	74	56.50	61	47.30	180
漯河	51.88	75	50.64	90	53.13	42
廊坊	51.77	76	54.37	70	49.17	147
株洲	51.58	77	50.83	87	52.33	62
驻马店	51.56	78	48.06	102	55.06	20
鹤壁	51.53	79	48.10	101	54.96	22

续前表

城市	文化消费		文化消费支出		文化消费结构	
	指数	排名	指数	排名	指数	排名
平顶山	51.41	80	50.99	83	51.84	73
来宾	51.35	81	49.63	94	53.07	43
贵阳	51.31	82	50.90	85	51.73	78
黄石	51.30	83	49.64	93	52.95	46
南通	51.28	84	52.12	77	50.44	116
濮阳	51.28	85	46.52	110	56.04	11
焦作	51.14	86	49.45	95	52.82	50
自贡	51.02	87	45.42	118	56.61	7
淮安	50.85	88	49.34	96	52.36	59
枣庄	50.80	89	52.12	78	49.48	137
鹰潭	50.70	90	50.92	84	50.47	115
德阳	50.51	91	49.96	91	51.06	99
锦州	50.36	92	46.49	111	54.24	27
鞍山	50.27	93	49.06	98	51.48	88
汕尾	50.25	94	46.48	112	54.02	33
惠州	50.22	95	51.87	79	48.57	160
南昌	49.95	96	51.86	80	48.04	171
绵阳	49.91	97	50.79	88	49.02	152
宁波	49.77	98	64.13	37	35.40	230
太原	49.70	99	47.63	104	51.77	76
岳阳	49.54	100	50.87	86	48.21	164
天津	49.52	101	50.75	89	48.29	162
抚顺	49.48	102	47.68	103	51.28	92
淮北	49.28	103	44.04	126	54.51	25
淮南	49.26	104	47.25	107	51.27	94
日照	49.23	105	45.80	116	52.66	52
济宁	48.82	106	46.91	109	50.72	107
烟台	48.76	107	48.65	99	48.86	153
遵义	48.75	108	42.14	135	55.36	17
唐山	48.74	109	46.99	108	50.49	113
南宁	48.74	110	46.16	115	51.32	91
襄樊	48.73	111	43.63	130	53.83	36
抚州	48.71	112	43.30	131	54.12	30
南平	48.61	113	45.13	120	52.09	66
武汉	48.54	114	51.07	82	46.00	195
桂林	48.41	115	44.86	122	51.97	71
徐州	48.40	116	47.37	106	49.43	140
莱芜	48.38	117	49.92	92	46.83	186
肇庆	48.03	118	44.38	125	51.68	80
河池	48.02	119	42.67	133	53.37	40

续前表

城市	文化消费		文化消费支出		文化消费结构	
	指数	排名	指数	排名	指数	排名
郑州	47.82	120	48.60	100	47.04	183
吉安	47.52	121	43.83	128	51.21	96
巴彦淖尔	47.48	122	43.68	129	51.28	93
长治	47.11	123	36.99	158	57.24	6
宜宾	47.00	124	46.30	114	47.70	174
菏泽	46.90	125	41.43	139	52.37	58
汕头	46.59	126	45.02	121	48.17	167
石家庄	46.39	127	44.53	124	48.25	163
黄山	46.02	128	46.40	113	45.64	199
秦皇岛	45.97	129	39.89	144	52.05	68
呼伦贝尔	45.80	130	41.23	141	50.36	120
莆田	45.79	131	41.83	137	49.76	131
辽阳	45.73	132	42.03	136	49.43	139
郴州	45.69	133	43.09	132	48.30	161
天水	45.67	134	37.82	155	53.53	38
咸宁	45.67	135	45.16	119	46.18	194
白城	45.65	136	53.13	75	38.17	228
临沂	45.53	137	41.33	140	49.74	132
百色	45.52	138	30.99	200	60.05	2
滁州	45.45	139	39.79	145	51.11	97
遂宁	45.34	140	42.54	134	48.15	169
台州	45.33	141	45.59	117	45.07	205
柳州	45.30	142	38.61	149	52.00	69
安阳	45.09	143	39.66	146	50.52	112
蚌埠	45.08	144	37.92	152	52.25	63
三亚	45.08	145	49.23	97	40.93	225
阜新	44.74	146	44.81	123	44.67	208
赤峰	44.72	147	37.92	151	51.51	85
营口	44.49	148	40.91	142	48.07	170
大同	44.49	149	32.82	186	56.15	10
湛江	44.30	150	37.82	154	50.77	105
衢州	44.26	151	43.90	127	44.62	209
宿州	44.17	152	37.80	156	50.55	109
钦州	44.09	153	35.45	166	52.74	51
张家界	43.98	154	38.72	148	49.25	143
孝感	43.95	155	40.54	143	47.37	179
临汾	43.75	156	31.47	196	56.03	12
鄂尔多斯	43.72	157	53.89	72	33.55	231
阳泉	43.64	158	32.18	191	55.09	19
丹东	43.24	159	36.60	160	49.88	129

续前表

城市	文化消费		文化消费支出		文化消费结构	
	指数	排名	指数	排名	指数	排名
茂名	43.20	160	34.97	170	51.43	89
宁德	43.16	161	38.17	150	48.15	168
白银	43.03	162	35.12	168	50.94	103
漳州	42.95	163	41.63	138	44.27	212
曲靖	42.92	164	37.13	157	48.70	156
汉中	42.87	165	32.84	185	52.90	48
上饶	42.84	166	35.19	167	50.49	114
阜阳	42.82	167	34.55	175	51.08	98
商丘	42.75	168	36.30	161	49.20	146
大理	42.75	169	35.77	164	49.73	133
衡水	42.59	170	32.65	189	52.52	53
吴忠	42.58	171	34.21	176	50.95	101
九江	42.53	172	37.85	153	47.22	181
七台河	42.26	173	30.11	211	54.41	26
伊春	42.19	174	32.69	188	51.69	79
定西	41.98	175	31.61	194	52.35	60
铁岭	41.95	176	33.17	183	50.73	106
固原	41.84	177	31.26	197	52.43	56
梧州	41.80	178	34.05	180	49.54	136
承德	41.69	179	34.75	173	48.62	157
渭南	41.60	180	34.14	179	49.05	150
商洛	41.33	181	35.63	165	47.03	184
重庆	41.29	182	39.40	147	43.19	217
池州	41.25	183	34.74	174	47.75	173
葫芦岛	40.88	184	34.92	172	46.84	185
周口	40.68	185	32.76	187	48.60	158
四平	40.60	186	31.53	195	49.67	134
乌兰察布	40.48	187	30.66	204	50.29	124
佳木斯	40.35	188	35.95	163	44.76	207
永州	40.30	189	31.80	192	48.79	154
宜春	40.20	190	30.13	210	50.26	125
玉溪	40.06	191	32.64	190	47.49	178
邵阳	39.99	192	35.98	162	43.99	215
十堰	39.98	193	33.26	181	46.69	190
西宁	39.96	194	30.81	202	49.11	148
榆林	39.92	195	35.01	169	44.84	206
贺州	39.87	196	30.29	207	49.46	138
梅州	39.74	197	30.29	208	49.20	145
贵港	39.74	198	31.61	193	47.86	172
运城	39.62	199	36.76	159	42.49	221

续前表

城市	文化消费		文化消费支出		文化消费结构	
	指数	排名	指数	排名	指数	排名
揭阳	39.51	200	33.21	182	45.81	197
潮州	39.44	201	33.12	184	45.75	198
邯郸	39.32	202	31.04	199	47.60	176
朝阳	39.01	203	29.31	214	48.71	155
怀化	38.83	204	30.00	212	47.66	175
安康	38.64	205	30.55	205	46.73	189
保定	38.62	206	27.33	217	49.92	128
亳州	38.36	207	31.11	198	45.61	200
双鸭山	38.06	208	30.68	203	45.43	202
保山	37.94	209	30.37	206	45.50	201
安庆	37.69	210	20.37	233	55.01	21
北海	37.17	211	24.03	225	50.31	123
信阳	37.11	212	27.62	215	46.60	191
六盘水	36.96	213	34.15	178	39.77	226
崇左	36.89	214	24.22	223	49.56	135
六安	36.75	215	29.39	213	44.10	213
绍兴	36.43	216	34.19	177	38.66	227
衡阳	36.32	217	27.36	216	45.28	203
鹤岗	36.16	218	25.75	219	46.56	192
通化	35.99	219	30.93	201	41.04	224
吕梁	35.40	220	22.22	230	48.58	159
防城港	35.08	221	24.20	224	45.96	196
达州	34.64	222	24.96	222	44.33	211
温州	34.06	223	26.40	218	41.73	222
丽江	34.03	224	22.82	229	45.25	204
鸡西	33.81	225	20.80	232	46.82	187
广元	33.37	226	23.89	227	42.85	220
通辽	33.29	227	34.97	171	31.61	234
邢台	33.22	228	23.59	228	42.86	219
南充	33.17	229	21.87	231	44.46	210
昆明	31.52	230	25.56	220	37.48	229
拉萨	31.32	231	19.48	234	43.16	218
玉林	31.04	232	30.23	209	31.86	233
昭通	30.92	233	17.75	235	44.10	214
黑河	27.94	234	24.01	226	31.88	232
张家口	26.89	235	25.16	221	28.61	235
宜昌	13.25	236	16.16	236	10.34	236

基于表4—5的计算结果，对中国城市文化消费指数进行比较分析，可以看到：

（1）文化消费指数排名前10位的城市分别为上海、南京、扬州、苏州、北京、东莞、盐城、镇江、金昌、包头，而天津和重庆两个直辖市在文化消费指数的排名中名次较为靠后，分别为第 100 位和第 182 位。

（2）从文化消费的绝对水平和相对水平两个层面来看，在绝对水平上，城市文化消费综合指数与文化消费支出水平之间存在较为明显的一致性，即文化消费指数排名较为靠前的城市，在文化消费支出水平的排名也较为靠前。在相对水平上，结合城市文化消费支出的相对水平（即文化消费占总消费支出的比重）进行分析我们发现，大多数城市文化消费指数与文化消费支出相对水平也存在较为一致的特征，文化消费指数排在前 10 位的城市，除苏州和包头两个城市文化消费比重分别排在第 43 位和第 63 位外，其余 8 个样本城市的文化消费支出相对水平排名均在 26 位之前。但也有一些城市在文化消费支出的绝对水平和相对水平上存在较为明显的异质性，如文化消费指数排在前 50 位的城市中，厦门、深圳、杭州、青岛、舟山、沈阳、乌鲁木齐、克拉玛依和大连 9 个样本城市的文化消费占总支出的比重均排在 100 位之后，从而反映出这 9 个城市的消费结构存在较为严重的文化消费不足，文化消费是其文化发展的短板要素。

（3）结合文化消费结构的构成要素进一步分析，我们发现城市间存在不同的文化消费偏好，文化消费指数排在前 10 位的样本城市中，除金昌市外，其余 9 个样本城市的文化消费倾向均偏向于文化娱乐服务，即文化消费支出项中是以文化娱乐服务消费为主，从而在一定程度上反映出，文化消费结构是以文化娱乐服务消费为主的城市，其文化消费的整体水平也相对较高，二者之间存在一定的同质性特征，且存在这样特征的城市多为东部沿海城市。

（4）对 236 个样本城市文化消费指数的平均水平进行计算，得到我国城市文化消费平均指数为 48.2，标准差为 9.1。可以看到，236 个样本城市中，文化消费指数高于平均水平的城市不超过一半，超过 60 的城市仅有 25 个，城市间文化消费水平及消费结构的差异依然较大。

基于表 4—5 的中国城市文化消费指数的计算结果，进一步对我国 236 个样本城市的城市文化消费构成要素的发展水平进行比较分析。可以看到，在城市文化消费支出层面，绝对支出水平排在前 10 位的城市分别为上海、南京、扬州、苏州、北京、东莞、广州、深圳、包头、无锡，相对支出水平排在前 10 位的城市分别为石嘴山、盐城、宿迁、金昌市、扬州、萍乡、上海、合肥、南京、鹰潭。在城市文化消费内在结构层面，以文化娱乐用品消费为主的城市，排在前 10 位的有鹤岗、枣庄、钦州、商丘、自贡、东营、固原、吉安、嘉峪关、济宁；以文化娱乐服务消费为主的城市，排在前 10 位的有鹰潭、萍乡、六盘水、运城、广州、北京、昆明、三门峡、常州、成都;以教育消费为主的城市,排在前 10 位的有黑河、长沙、白城、三亚、双鸭山、邵阳、咸宁、伊春、佳木斯和安庆。

六、中国城市文化管控指数

城市文化管控要素在我国城市文化发展中具有特殊的重要地位,政府在文化发展中的正确引导、适度管理和有力监督,对促进当地文化的可持续发展意义显著。对城市文化管控要素的测度,本研究主要从政府对文化的管理能力和文化市场执法能力两个方面来综合揭示城市文化管控水平。受数据可得性的限制,文化管控要素维度可以获得的且具有可比性的数量指标十分有限,为本研究科学测算城市文化管控指数造成了较大的困难,这一要素维度的数量测度也是本研究现阶段最为薄弱、有待后续研究继续深入的部分。尽管如此,基于现有可得数据测算得到的城市文化管控指数,依然能够在一定程度上反映出各城市在文化管控层面的能力水平。对236 个样本城市文化管控指数和构成要素指数的计算以及由高到低的排序结果整理如表 4—6 所示。

表 4—6　　　　　　　　中国城市文化管控指数及排名

城市	文化管控		文化管理		文化市场执法	
	指数	排名	指数	排名	指数	排名
北京	97.45	1	94.90	1	100.00	1
天津	97.45	2	94.90	2	100.00	2
上海	86.05	3	72.18	8	99.92	4
成都	84.17	4	70.68	10	97.66	5
哈尔滨	83.76	5	88.18	3	79.33	11
廊坊	83.76	6	88.18	4	79.33	12
沈阳	83.76	7	88.18	5	79.33	13
渭南	83.76	8	88.18	6	79.33	14
广州	83.39	9	66.79	32	100.00	3
石家庄	82.22	10	66.79	33	97.66	6
武汉	82.22	11	66.79	34	97.66	7
重庆	75.76	12	72.18	9	79.33	15
保山	75.01	13	70.68	11	79.33	16
大连	75.01	14	70.68	12	79.33	17
贵阳	75.01	15	70.68	13	79.33	18
青岛	75.01	16	70.68	14	79.33	19
深圳	75.01	17	70.68	15	79.33	20
无锡	75.01	18	70.68	16	79.33	21
岳阳	75.01	19	70.68	17	79.33	22

续前表

城市	文化管控		文化管理		文化市场执法	
	指数	排名	指数	排名	指数	排名
长沙	75.01	20	70.68	18	79.33	23
扬州	73.47	21	49.29	65	97.66	8
常州	73.06	22	66.79	35	79.33	24
南京	73.06	23	66.79	36	79.33	25
三亚	73.06	24	66.79	37	79.33	26
太原	73.06	25	66.79	38	79.33	27
西安	73.06	26	66.79	39	79.33	28
杭州	70.86	27	44.07	134	97.66	9
乌鲁木齐	70.86	28	44.07	135	97.66	10
滁州	64.31	29	49.29	66	79.33	29
阜阳	64.31	30	49.29	67	79.33	30
海口	64.31	31	49.29	68	79.33	31
咸宁	64.31	32	49.29	69	79.33	32
运城	64.31	33	49.29	70	79.33	33
洛阳	63.65	34	47.96	119	79.33	34
西宁	63.65	35	47.96	120	79.33	35
银川	63.65	36	47.96	121	79.33	36
玉林	63.65	37	47.96	122	79.33	37
南阳	61.70	38	44.07	136	79.33	38
周口	61.70	39	44.07	137	79.33	39
福州	54.21	40	72.18	7	36.24	49
安庆	53.46	41	70.68	19	36.24	50
宝鸡	53.46	42	70.68	20	36.24	51
东莞	53.46	43	70.68	21	36.24	52
黄石	53.46	44	70.68	22	36.24	53
马鞍山	53.46	45	70.68	23	36.24	54
宁波	53.46	46	70.68	24	36.24	55
秦皇岛	53.46	47	70.68	25	36.24	56
厦门	53.46	48	70.68	26	36.24	57
苏州	53.46	49	70.68	27	36.24	58
襄樊	53.46	50	70.68	28	36.24	59
新余	53.46	51	70.68	29	36.24	60
长治	53.46	52	70.68	30	36.24	61
遵义	53.46	53	70.68	31	36.24	62
安阳	52.95	54	26.57	156	79.33	40
巴彦淖尔	52.95	55	26.57	157	79.33	41
滨州	52.95	56	26.57	158	79.33	42
贵港	52.95	57	26.57	159	79.33	43
鹤岗	52.95	58	26.57	160	79.33	44
呼和浩特	52.95	59	26.57	161	79.33	45

续前表

城市	文化管控		文化管理		文化市场执法	
	指数	排名	指数	排名	指数	排名
宁德	52.95	60	26.57	162	79.33	46
邵阳	52.95	61	26.57	163	79.33	47
吴忠	52.95	62	26.57	164	79.33	48
安康	51.51	63	66.79	40	36.24	63
蚌埠	51.51	64	66.79	41	36.24	64
本溪	51.51	65	66.79	42	36.24	65
郴州	51.51	66	66.79	43	36.24	66
达州	51.51	67	66.79	44	36.24	67
大同	51.51	68	66.79	45	36.24	68
邯郸	51.51	69	66.79	46	36.24	69
河池	51.51	70	66.79	47	36.24	70
衡阳	51.51	71	66.79	48	36.24	71
淮南	51.51	72	66.79	49	36.24	72
惠州	51.51	73	66.79	50	36.24	73
吉安	51.51	74	66.79	51	36.24	74
九江	51.51	75	66.79	52	36.24	75
连云港	51.51	76	66.79	53	36.24	76
六盘水	51.51	77	66.79	54	36.24	77
南通	51.51	78	66.79	55	36.24	78
绍兴	51.51	79	66.79	56	36.24	79
泰安	51.51	80	66.79	57	36.24	80
铜陵	51.51	81	66.79	58	36.24	81
孝感	51.51	82	66.79	59	36.24	82
宣城	51.51	83	66.79	60	36.24	83
张家口	51.51	84	66.79	61	36.24	84
株洲	51.51	85	66.79	62	36.24	85
淄博	51.51	86	66.79	63	36.24	86
克拉玛依	50.85	87	65.46	64	36.24	87
鞍山	42.76	88	49.29	71	36.24	88
保定	42.76	89	49.29	72	36.24	89
亳州	42.76	90	49.29	73	36.24	90
沧州	42.76	91	49.29	74	36.24	91
朝阳	42.76	92	49.29	75	36.24	92
承德	42.76	93	49.29	76	36.24	93
池州	42.76	94	49.29	77	36.24	94
东营	42.76	95	49.29	78	36.24	95
汉中	42.76	96	49.29	79	36.24	96
合肥	42.76	97	49.29	80	36.24	97
衡水	42.76	98	49.29	81	36.24	98
淮安	42.76	99	49.29	82	36.24	99

续前表

城市	文化管控		文化管理		文化市场执法	
	指数	排名	指数	排名	指数	排名
淮北	42.76	100	49.29	83	36.24	100
黄山	42.76	101	49.29	84	36.24	101
鸡西	42.76	102	49.29	85	36.24	102
济南	42.76	103	49.29	86	36.24	103
嘉峪关	42.76	104	49.29	87	36.24	104
莱芜	42.76	105	49.29	88	36.24	105
丽江	42.76	106	49.29	89	36.24	106
辽阳	42.76	107	49.29	90	36.24	107
临汾	42.76	108	49.29	91	36.24	108
临沂	42.76	109	49.29	92	36.24	109
六安	42.76	110	49.29	93	36.24	110
吕梁	42.76	111	49.29	94	36.24	111
盘锦	42.76	112	49.29	95	36.24	112
莆田	42.76	113	49.29	96	36.24	113
日照	42.76	114	49.29	97	36.24	114
商洛	42.76	115	49.29	98	36.24	115
十堰	42.76	116	49.29	99	36.24	116
遂宁	42.76	117	49.29	100	36.24	117
泰州	42.76	118	49.29	101	36.24	118
唐山	42.76	119	49.29	102	36.24	119
铁岭	42.76	120	49.29	103	36.24	120
通辽	42.76	121	49.29	104	36.24	121
潍坊	42.76	122	49.29	105	36.24	122
芜湖	42.76	123	49.29	106	36.24	123
邢台	42.76	124	49.29	107	36.24	124
宿迁	42.76	125	49.29	108	36.24	125
宿州	42.76	126	49.29	109	36.24	126
徐州	42.76	127	49.29	110	36.24	127
盐城	42.76	128	49.29	111	36.24	128
阳泉	42.76	129	49.29	112	36.24	129
宜宾	42.76	130	49.29	113	36.24	130
营口	42.76	131	49.29	114	36.24	131
榆林	42.76	132	49.29	115	36.24	132
张家界	42.76	133	49.29	116	36.24	133
肇庆	42.76	134	49.29	117	36.24	134
镇江	42.76	135	49.29	118	36.24	135
包头	42.10	136	47.96	123	36.24	136
鄂尔多斯	42.10	137	47.96	124	36.24	137
金昌	42.10	138	47.96	125	36.24	138
来宾	42.10	139	47.96	126	36.24	139

续前表

城市	文化管控		文化管理		文化市场执法	
	指数	排名	指数	排名	指数	排名
南充	42.10	140	47.96	127	36.24	140
三明	42.10	141	47.96	128	36.24	141
石嘴山	42.10	142	47.96	129	36.24	142
烟台	42.10	143	47.96	130	36.24	143
延吉	42.10	144	47.96	131	36.24	144
长春	42.10	145	47.96	132	36.24	145
郑州	42.10	146	47.96	133	36.24	146
白城	40.15	147	44.07	138	36.24	147
丹东	40.15	148	44.07	139	36.24	148
定西	40.15	149	44.07	140	36.24	149
桂林	40.15	150	44.07	141	36.24	150
黑河	40.15	151	44.07	142	36.24	151
吉林	40.15	152	44.07	143	36.24	152
济宁	40.15	153	44.07	144	36.24	153
昆明	40.15	154	44.07	145	36.24	154
兰州	40.15	155	44.07	146	36.24	155
柳州	40.15	156	44.07	147	36.24	156
漯河	40.15	157	44.07	148	36.24	157
南昌	40.15	158	44.07	149	36.24	158
松原	40.15	159	44.07	150	36.24	159
温州	40.15	160	44.07	151	36.24	160
乌海	40.15	161	44.07	152	36.24	161
信阳	40.15	162	44.07	153	36.24	162
宜春	40.15	163	44.07	154	36.24	163
昭通	40.15	164	44.07	155	36.24	164
白银	31.40	165	26.57	165	36.24	165
百色	31.40	166	26.57	166	36.24	166
北海	31.40	167	26.57	167	36.24	167
潮州	31.40	168	26.57	168	36.24	168
赤峰	31.40	169	26.57	169	36.24	169
崇左	31.40	170	26.57	170	36.24	170
大理	31.40	171	26.57	171	36.24	171
德阳	31.40	172	26.57	172	36.24	172
德州	31.40	173	26.57	173	36.24	173
防城港	31.40	174	26.57	174	36.24	174
抚顺	31.40	175	26.57	175	36.24	175
抚州	31.40	176	26.57	176	36.24	176
阜新	31.40	177	26.57	177	36.24	177
固原	31.40	178	26.57	178	36.24	178
广元	31.40	179	26.57	179	36.24	179

续前表

城市	文化管控		文化管理		文化市场执法	
	指数	排名	指数	排名	指数	排名
菏泽	31.40	180	26.57	180	36.24	180
贺州	31.40	181	26.57	181	36.24	181
鹤壁	31.40	182	26.57	182	36.24	182
呼伦贝尔	31.40	183	26.57	183	36.24	183
葫芦岛	31.40	184	26.57	184	36.24	184
怀化	31.40	185	26.57	185	36.24	185
佳木斯	31.40	186	26.57	186	36.24	186
焦作	31.40	187	26.57	187	36.24	187
揭阳	31.40	188	26.57	188	36.24	188
金华	31.40	189	26.57	189	36.24	189
锦州	31.40	190	26.57	190	36.24	190
景德镇	31.40	191	26.57	191	36.24	191
开封	31.40	192	26.57	192	36.24	192
拉萨	31.40	193	26.57	193	36.24	193
辽源	31.40	194	26.57	194	36.24	194
聊城	31.40	195	26.57	195	36.24	195
龙岩	31.40	196	26.57	196	36.24	196
茂名	31.40	197	26.57	197	36.24	197
梅州	31.40	198	26.57	198	36.24	198
绵阳	31.40	199	26.57	199	36.24	199
南宁	31.40	200	26.57	200	36.24	200
南平	31.40	201	26.57	201	36.24	201
平顶山	31.40	202	26.57	202	36.24	202
萍乡	31.40	203	26.57	203	36.24	203
濮阳	31.40	204	26.57	204	36.24	204
七台河	31.40	205	26.57	205	36.24	205
钦州	31.40	206	26.57	206	36.24	206
衢州	31.40	207	26.57	207	36.24	207
曲靖	31.40	208	26.57	208	36.24	208
三门峡	31.40	209	26.57	209	36.24	209
汕头	31.40	210	26.57	210	36.24	210
汕尾	31.40	211	26.57	211	36.24	211
商丘	31.40	212	26.57	212	36.24	212
上饶	31.40	213	26.57	213	36.24	213
双鸭山	31.40	214	26.57	214	36.24	214
四平	31.40	215	26.57	215	36.24	215
台州	31.40	216	26.57	216	36.24	216
天水	31.40	217	26.57	217	36.24	217
通化	31.40	218	26.57	218	36.24	218
乌兰察布	31.40	219	26.57	219	36.24	219

续前表

城市	文化管控		文化管理		文化市场执法	
	指数	排名	指数	排名	指数	排名
梧州	31.40	220	26.57	220	36.24	220
武威	31.40	221	26.57	221	36.24	221
湘潭	31.40	222	26.57	222	36.24	222
新乡	31.40	223	26.57	223	36.24	223
许昌	31.40	224	26.57	224	36.24	224
伊春	31.40	225	26.57	225	36.24	225
宜昌	31.40	226	26.57	226	36.24	226
鹰潭	31.40	227	26.57	227	36.24	227
永州	31.40	228	26.57	228	36.24	228
玉溪	31.40	229	26.57	229	36.24	229
枣庄	31.40	230	26.57	230	36.24	230
湛江	31.40	231	26.57	231	36.24	231
漳州	31.40	232	26.57	232	36.24	232
中卫	31.40	233	26.57	233	36.24	233
舟山	31.40	234	26.57	234	36.24	234
驻马店	31.40	235	26.57	235	36.24	235
自贡	31.40	236	26.57	236	36.24	236

基于城市文化管控要素指数的计算结果，对我国236个样本城市的文化管控水平进行比较分析，可以看到：

（1）城市文化管控指数超过80的城市依次为北京、天津、上海、成都、哈尔滨、廊坊、沈阳、渭南、广州、石家庄和武汉，包括3个直辖市、6个省会城市，其中北京、天津以绝对优势并列首位，可见经济较为发达、行政级别较高的城市一般具有较好的城市文化管控水平。另外，城市文化管控指数排在前10位的城市在文化管理和文化市场执法两个层面的排名也均在35名之前。

（2）城市文化管控指数较低的城市有鹰潭、永州、玉溪、枣庄、湛江、漳州、中卫、舟山、驻马店和自贡等，说明城市发展较不发达的城市，文化管控水平也较低。

（3）对236个样本城市文化管控指数的平均水平进行计算，得到我国城市文化管控平均指数为46.26，标准差为15.07。可以看到，236个样本城市中，文化管控指数高于平均水平的城市不到100，超过60的城市仅有39个。标准差值在六个文化发展要素中是最高的，可见，我国城市间在文化管控水平方面的差异是最大的。

　　基于表4—6的计算结果，进一步对我国236个样本城市的城市文化管控构成要素的发展水平进行比较分析可以看到，城市文化管理水平排在前9位的城市分别为北京、天津、哈尔滨、廊坊、沈阳、渭南、福州、上海、重庆；城市文化市场执法水平排在前10位的城市分别为北京、天津、广州、上海、成都、石家庄、武汉、扬州、杭州、乌鲁木齐。

第五章　中国城市文化发展指数分析
——以北京为例

　　北京是我国政治、经济、科技、文化中心，并确立了"建设世界文化中心城市"的发展目标，在前述国内 236 个地级及以上城市文化发展指数的比较分析中，北京也表现出了绝对的领先优势，是我国文化发展水平最高的城市。在本章中，我们选取北京作为重点考察的城市代表，结合北京实际，测算北京文化发展指数，据此对北京文化发展现状进行深入探析和研究。目前，国内学术界针对北京文化发展的实证研究成果并不成熟。本研究在前述研究的基础上，基于城市文化发展指数理论模型，结合北京文化发展的总体现状，构建北京文化发展指数评价指标体系，并借助统计分析方法，分别从区县层面和国际视野，对北京文化发展水平进行综合评价与比较研究，更为细致地揭示北京区县文化发展的竞争优劣势，厘清北京建设世界文化中心城市的不足之处和具体薄弱环节，为从不同层面探索北京文化发展的提升路径提供更为细致和客观的参考。

一、北京文化发展现状综述

　　近年来，北京文化建设的各个方面取得显著成就，在全国城市文化发展中处于绝对领先的地位，发挥了北京作为全国文化中心的示范作用。具体体现在：深化文化体制改革，激活了文化发展体制，健全了文化市场体系，基本形成文化事业和文化创意产业并行发展的局面；公共文化服务体系建设逐步完善，在全国公共文化服务综合指数排名中，北京市人均公共文化服务指数排名全国第一；文化创意产业迅速发展，成为北京市第三产业中仅次于金融业的第二大支柱产业，文化产品和服务规模、质量和影响力位居全国首位；加大历史文化名城的保护力度，设立了文物与历史文化保护专项资金，妥善处理了历史文化名城保护与城市现代化建设的关系。作为全国重要的对外窗口之一，北京的国际文化活动日益频繁，对外交流功能得到较好的发挥。

（一）北京市公共文化服务体系发展概况

公共文化服务体系是公民文化权利得以实现的保证，是衡量一个城市文化事业发达程度和城市文化发展水平高低的重要内容。2002 年，党的十六大第一次将传统的文化事业分为公益性文化事业和经营性文化产业两部分；2005 年 10 月，党的十六届五中全会在国家政策的指引下首次正式提出"公共文化服务"的概念，提出要"加大政府对文化事业的投入，逐步形成覆盖全社会的比较完备的公共文化服务体系"。

我国的公共文化服务体系是以保障人民群众基本文化权益、满足人民群众基本文化需求为目的，以政府为主导，以公共财政为支撑，以公益性文化单位为骨干，向全社会提供公共文化设施、产品、服务和制度体系的总称。在我国，提供公共文化服务的主要机构是公共图书馆、档案馆、文化馆（站）、博物馆、美术馆、文化中心及全国文化信息资源共享工程服务点等公益性文化单位。基本公共文化服务的主要内容包括看电视、听广播、读书看报、进行公共文化鉴赏、参加公共文化活动等。

北京的公共文化服务体系建设一直位于全国城市前列。目前，北京基本建成了全市及各区县、街道、社区（行政村）四级公共文化服务体系，四级公共文化设施覆盖率达到 98.8%，基本实现了北京市农村基础文化设施覆盖的目标。2014 年，北京市注册博物馆达到 171 个，在世界排名中仅次于伦敦，排名第二，形成了综合性与专题性相结合的博物馆体系，覆盖全市 16 个区县。同时实现了文化馆、公共图书馆和博物馆的免费开放，市级和区县图书馆与文化馆覆盖率达 100%，街乡文化服务中心覆盖率达 98.6%，乡镇文化站覆盖率达 100%，行政村文化室覆盖率达 99.1%。此外，北京市还启动了公共文化服务体系三年一次的评审，包括公共文化服务设施达标、服务达标、活动达标、经费达标和管理达标五个方面。

上海与北京同为我国经济最为发达的两座城市，从二者在文化发展水平上的比较来看（见表 5—1），2014 年，上海图书馆个数与北京相同，但藏书量明显高于北京；上海的群众文化馆和文化馆（站）的机构数要少于北京，但组织文艺活动的次数要明显多于北京；上海的博物馆数与藏量都要明显弱于北京，而档案馆数与案卷数都要高于北京；在艺术表演团体数量上，上海仅为北京的 1/2 左右，但演出场次要比北京多出 5 000 多场，而在艺术表演场馆和场馆演出数量上，上海都要高于北京；在文化公共娱乐上，北京与上海的电视节目套数相差不大，但电视节目的平均时长上海要多于北京。可以看到，北京在文物遗产、场馆建设上要强于上海，但在文化娱乐活动水平上要弱于上海，表明北京的文化繁荣程度有待进一步增强，同时也从侧面反映出北京市居民文化消费意识还有待提高。

表 5—1　　　　　　　　　　2014 年北京、上海公共文化服务体系主要指标

指标		北京	上海
图书馆	个数（个）	25	25
	藏书总数（万册）	5 601	7 362.61
群众艺术馆、文化馆（站）	个数（个）	346	238
	组织文艺活动次数（次）	26 297	48 725
博物馆	个数（个）	171	103
	文物藏品数（万件）	430	235.91
档案馆	个数（个）	18	47
	案卷数（万卷）	697.9	1 399.09
艺术表演团体	机构数（个）	292	158
	演出场次（场次）	22 400	27 970
艺术表演场馆	个数（个）	17	27
	演出场次（万场次）	1.2	1.53
电视节目	套数（套）	26	25
	平均每日电视播出时间（小时）	344.02	490.6

数据来源：《北京统计年鉴 2015》，《上海统计年鉴 2015》。
注：北京、上海艺术表演场馆数据为 2013 年统计数据。

进一步从北京各区县的文化发展水平来看（相关指标数据如表 5—2 所示），基于数据的可得性，2014 年公共图书馆、文化馆、档案馆和博物馆在每个区县都有分布，其中首都核心功能区与城市功能拓展区分布较多。专业艺术剧团和艺术表演场所主要集中在东城、西城和朝阳，艺术表演场所除个别区县有所欠缺外，其余各区都有所分布，专业艺术剧团在生态涵养区和城市发展新区几乎没有。

表 5—2　　　　　　　　　　2014 年北京市各区公共文化事业设施　　　　　　　　　单位：个

区县	公共图书馆	专业艺术剧团	文化馆、群众艺术馆	文化站	博物馆	档案馆	艺术表演场所
东城区	2	6	2	17	38	1	18
西城区	3	13	2	15	29	2	22
朝阳区	3	8	1	43	21	1	14
丰台区	2	4	2	20	10	2	2
石景山	2	0	1	9	3	1	0
海淀区	2	3	1	29	25	1	5
房山区	2	0	2	28	5	1	1
通州区	1	0	1	15	4	1	0
顺义区	1	0	1	25	1	1	1

续前表

区县	公共图书馆	专业艺术剧团	文化馆、群众艺术馆	文化站	博物馆	档案馆	艺术表演场所
昌平区	1	0	1	17	9	1	1
大兴区	1	1	1	19	3	1	1
门头沟	1	0	1	13	3	1	1
怀柔区	1	0	1	16	3	1	0
平谷区	1	0	1	18	1	1	1
密云县	1	0	1	20	1	1	1
延庆县	1	0	1	16	6	1	0
全市	25	35	20	320	162	18	68

数据来源：《北京区域统计年鉴2015》。

（二）北京市教育事业发展概况

教育是文化发展的基础和重要方面，是传承民族信仰、价值观和传统文化的重要方式。人才是城市文化提升的关键，在城市技术创新体系中发挥着基础性作用，为城市经济发展、社会进步、文明塑造提供智力支持。城市或地区教育水平的高低，对当地居民文化素质和人才储备具有重要影响。可以说，教育兴则文化兴，教育强则文化强，教育在城市文化发展中的地位凸显。北京的教育资源居于全国之首，高等教育优势尤为突出，全国21%的985高校、22%的211高校都位于北京，丰富的教育资源对北京文化发展水平的提高发挥着重要作用。

从教育投入来看（见图5—1），2014年，北京财政教育投入高达742亿元，比上一年增长8.9%。近10年来，北京市教育财政支出一直保持年均22.3%的增长速度，2014年占政府财政总支出的比重达10.4%。再从师资水平来看，2014年，全市专任教师总数达到22.5万人，相比上一年增长4.02%，其中高等教育学校教师数量增长2.09%，中等教育学校专任教师增长5.32%，小学教育学校专任教师增长1.45%，学前教育专任教师增长10.02%。专业教师数量的稳步增长保证了教学水平和质量。在教育设施建设上，2014年，北京市共有学校3 437所，相比2013年的3 439所略有减少。其中，普通高等学校177所；高中阶段教育学校429所，同比增加19所；初中阶段教育学校347所，同比减少10所；小学1 040所，同比减少53所；幼儿园1 426所，同比增加42所。

从教育产出来看，2014年北京全市各类学校在校生数量总计377.49万人，同比上升1.04%，其中高等教育在校生有192.9万人，同比上升2.5%；中等教育在校生65.14万人，同比下降7.82%，其中，高中阶段教育34.47万人，同比下降

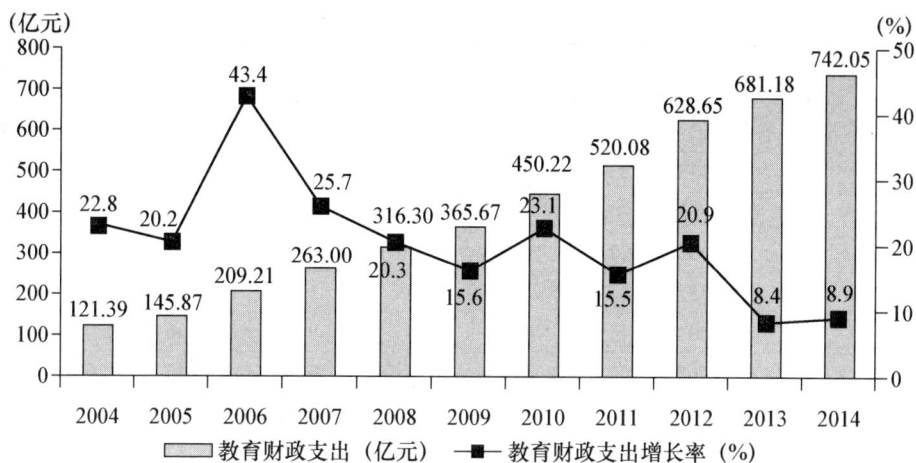

图 5—1　2004—2014 年北京市教育财政支出状况

13%，初中阶段教育 30.68 万人，同比下降 1.12%；小学教育在校生 82.12 万人，同比上升 4.04%。高等教育外国留学生共有在校生 3.9 万人，同比下降 8.8%。根据第六次全国人口普查的数据，北京常住人口的受教育程度水平全国领先，6 岁及以上人口总数中，拥有大专及以上学历的人数比重达到 32.84%，高出上海约 10 个百分点，全市文盲率（指 15 岁及以上不识字的人在总人口中的比例）仅为 1.86%，低于上海 3% 的文盲率。可见，北京市民较高的受教育程度水平是北京文化发展的内在推动力，人们多元化、高层次的精神需求更有助于激发文化消费的热情，从而促进文化产业的发展、文化产品的创新、文化价值的传播。

　　表 5—3 为 2014 年北京市各区教育资源分布情况。从各区情况看，海淀区是北京市教育资源最为集中的地区，该区小学、中学、大学是全市数量最多、质量较高的地区。同时，海淀区也是全市中小学的主要集中区，全市约 1/6 的小学生和 1/5 的中学生集中在该区。在中小学院校数量少于朝阳的情况下，海淀区中小学在校学生数量分别达到朝阳区的 1.2、1.9 倍左右。同时，海淀区拥有优质的高等教育资源，全市 42% 的大学分布在该区，其中包括不少全国知名高校。东城区和西城区也是主要的教育资源汇集地。昌平区、大兴区和通州区是城市发展新区中小学生主要的集中地，生态涵养发展区由于经济、社会、人口原因，学校和学生数分布最少。

表 5—3　　　　　　　　　　　2014 年北京市各区教育资源分布情况

区县	小学				中学				普通高等院校数（所）
	学校数（所）	招生数（人）	在校生数（人）	生师比	学校数（所）	招生数（人）	在校生数（人）	生师比	
东城区	64	9 573	50 845	8.45	43	12 777	40 691	8.85	2
西城区	60	12 488	64 464	9.18	51	15 706	50 222	8.32	6

续前表

区县	小学				中学				普通高等院校数（所）
	学校数（所）	招生数（人）	在校生数（人）	生师比	学校数（所）	招生数（人）	在校生数（人）	生师比	
朝阳区	122	25 745	128 030	8.65	89	18 260	54 270	7.09	18
丰台区	78	12 928	70 432	7.36	45	10 301	30 571	8.11	4
石景山	31	4 402	23 479	7.93	27	4 694	14 715	7.65	3
海淀区	104	28 182	147 662	7.91	77	34 887	103 202	10.79	37
房山区	106	9 391	46 563	10.85	47	8 868	27 406	8.01	2
通州区	83	9 709	60 717	8.20	40	8 911	27 166	7.63	4
顺义区	45	7 503	40 994	7.93	30	9 446	27 907	8.53	0
昌平区	91	8 177	54 049	8.70	50	7 296	24 521	6.71	9
大兴区	99	10 637	56 199	7.05	43	8 629	27 195	7.10	4
门头沟	23	2 180	11 314	7.45	14	2 437	7 191	7.60	0
怀柔区	24	3 043	16 500	7.70	23	3 742	11 140	6.76	2
平谷区	42	3 179	16 686	7.08	20	3 772	11 992	6.93	0
密云县	40	3 835	21 319	7.31	23	4 805	15 284	8.41	0
延庆县	28	2 277	11 899	8.93	21	3 346	10 870	7.09	0
全市	1 040	153 249	821 152	7.51	643	157 877	484 343	8.21	91

数据来源：北京 2014 年分区县主要数据。
注：北京普通高等院校数为 2012 年数据。

（三）北京市文化创意产业发展研究

文化创意产业已成为许多发达国家和城市的第一大产业，深刻影响着产业结构优化升级和国际分工。文化产品是产品生产者所拥有的创造力水平的充分体现，也是城市文化创新能力的折射，因此，城市文化创意产业的发展水平是城市创新能力的重要体现，文化创意产业的发展能带动整个城市创新能力的提高和活力的增强，进而提高城市文化水平。同时，文化创意产业的繁荣使得一批具有想象力和创造力的文化从业者聚集在这里，从而大大丰富了城市的文化生活，增强了城市文化内涵。

文化创意产业是指以创作、创造、创新为根本手段，以文化内容和创意成果为核心价值，以知识产权实现或消费为交易特征，为社会公众提供文化体验的、具有内在联系的行业集群。根据北京市统计局 2011 年颁布的《北京市文化创意产业分类目录》，文化创意产业主要包括 9 个大类行业、27 个中类行业、88 个小类行业。大类行业分别为：（1）文化艺术；（2）新闻出版；（3）广播、电视、电影；（4）软件、网络及计算机服务；（5）广告会展；（6）艺术品交易；（7）设计服务；（8）旅游、休闲娱乐；（9）其他辅助服务。北京市规定的文化创意产业以第三产业为主，包括少部分第二产业的内容，但在统计核算上，北京市一般将其放在第三产业的内容中进行统计。与国家《文化及相关产业分类（2012）》的标准相比，北京市文化创意产业的分类虽然在大类上与其说法不一致，所包含的中类行业内容也略有区别，但是大致范围是一致的，只是国家文化产业分类在中类与小类行业上更为详细与全面。本研究所指的文化创意产业以北京市颁布的《北京市文化创意产业分类目录》为标准。

1. 北京市文化创意产业的整体发展现状

北京市文化创意产业发展迅速，2014 年实现文化创意产业增加值 2 826.3 亿元，同比增长 7.73%，占地区生产总值的 13.25%。2004 年以来，北京市文化创意产业增加值保持年均 17.3% 的高速增长，在 GDP 中的比重也从 2004 年的 9.5% 提高到 2014 年的 13.2%，上升了近 4 个百分点，成为北京市第三产业中仅次于金融业的第二大经济支柱产业，具体数据见图 5—2。

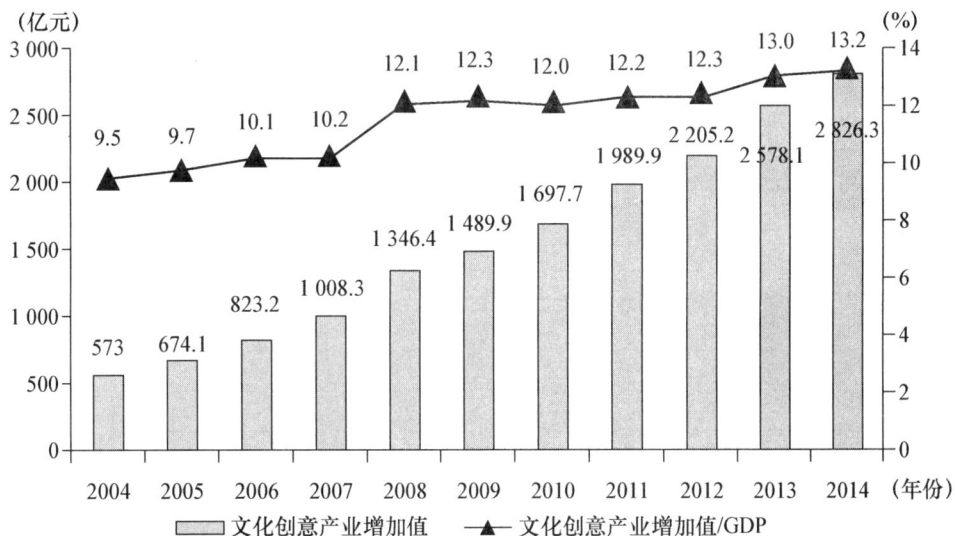

图 5—2　2004—2014 年北京市文化创意产业增加值及 GDP 占比

从各区规模以上文化创意产业的发展状况来看（见表 5—4），海淀区是全市文化创意产业的首要集聚地，该区规模以上文化创意产业的收入和利润总额分别占全市文化创意产业的 40.63% 和 59.94%，其次是朝阳区和东城区。从经营绩效来说，海淀区文化创意产业经营绩效较好，收入利润率达到 11.65%，在各区中排名最高，其次为西城区（10.03%）、石景山区（9.83%），而朝阳区的文化创意产业盈利能力较低，收入利润率仅有 4.5%。从各区文化创意产业对区域经济的影响来看，怀柔区文化创意产业对当地第三产业的收入和利润贡献率都是最高的，分别达到20.67％和52.98％，说明怀柔区的第三产业是以文化创意产业为主；海淀区、石景山区限额以上第三产业中，规模以上文化创意产业收入占比分别达到18.64％、17.82％，利润占比分别达27.21％和18.38％，可见，海淀区和石景山区文化创意产业的发展对当地第三产业的发展及对区域经济的贡献率也较高；朝阳区文化创意产业虽然收入较高，但在第三产业中的利润贡献率较低，对区域经济发展的作用有限。从功能区上看，首都核心功能区和城市功能拓展区是文化创意产业发展的核心地区，经过计算，这两个功能区的文化创意产业收入占全市的89.46％，文化创意产业整体实力较强。城市发展新区的文化创意产业收入仅占全市的4.14％，昌平区和顺义区的文化创意产业发展强于该功能区的其他区县。生态涵养区的文化创意产业发展整体较为薄弱，收入仅占全市的1.35％。

表5—4　　　　2014年北京市各区规模以上文化创意产业的发展状况

区县	收入合计（亿元）	收入占全市文化创意产业总收入比例（％）	利润总额（亿元）	利润占全市文化创意产业总利润比例（％）	收入利润率（％）	收入占该区第三产业总收入比例（％）	利润占该区第三产业总利润比例（％）
东城区	1 729.44	14.65	82.57	8.86	4.77	10.37	1.21
西城区	802.86	6.80	80.54	8.65	10.03	4.63	1.32
朝阳区	2 541.13	21.53	113.70	12.21	4.47	8.54	2.57
丰台区	356.71	3.02	22.23	2.39	6.23	7.73	10.16
石景山	333.48	2.83	32.74	3.51	9.82	17.82	18.38
海淀区	4 795.03	40.63	558.39	59.94	11.65	18.64	27.21
房山区	29.45	0.25	1.01	0.11	3.43	2.01	3.28
通州区	114.66	0.97	1.67	0.18	1.45	9.86	3.76
顺义区	115.68	0.98	7.40	0.79	6.40	3.64	2.40
昌平区	137.30	1.16	10.27	1.10	7.48	4.90	4.13
大兴区	91.17	0.77	2.15	0.23	2.36	6.62	4.33
门头沟	15.38	0.13	0.84	0.09	5.48	3.94	−39.90
怀柔区	70.07	0.59	6.20	0.67	8.85	20.67	52.98
平谷区	40.29	0.34	2.40	0.26	5.95	13.03	36.32
密云县	23.72	0.20	0.37	0.04	1.56	6.04	4.53
延庆县	9.87	0.08	0.50	0.05	5.03	7.57	10.90
全市	11 802.00	100.00	931.56	100.00	7.89	10.70	4.52

数据来源：北京统计信息网2014年北京分区县主要数据。

表5—5

2014年北京市文化创意产业活动单位基本情况

文化创意产业	增加值（亿元）		增长率（%）		占文化创意产业比重（%）		行业收入（亿元）		从业状况		
	2012	2014	2012	2014	2012	2014	收入额	收入增长率	从业人数（万人）	从业人数增长率（%）	占文化创意产业比重（%）
文化艺术	76.0	115.6	11.8	19.54	3.4	4.09	410.1	17.34	11.2	2.75	5.85
新闻出版	208.3	239.7	8.5	-0.70	9.4	8.48	1 034.8	6.28	15.7	-1.26	8.19
广播、电视、电影	177.6	200.3	15.3	4.81	8.1	7.09	859.4	11.34	7.2	2.86	3.76
软件、网络及计算机服务	1 190.3	1 605.2	14.2	12.90	54.0	56.8	5 380	17.27	90.8	7.08	47.39
广告会展	168.6	220.2	6.0	6.89	7.6	7.79	1 835	11.46	17.3	-1.14	9.03
艺术品交易	59.2	56.2	5.0	-7.11	2.7	1.99	1 094.5	3.63	2.7	-3.57	1.41
设计服务	97.4	127.7	7.5	-2.22	4.4	4.52	576.1	7.42	16.7	7.05	8.72
旅游、休闲娱乐	83.4	99.7	6.1	5.95	3.8	3.53	1 054.7	7.15	13	2.36	6.78
其他辅助服务	144.4	161.7	-3.2	18.98	6.5	5.72	1 737.5	18.08	17	4.94	8.87

数据来源：《北京统计年鉴2015》。

2. 北京市文化创意产业主要行业的发展状况

进一步从行业层面对北京文化创意产业发展状况进行分析，具体如表5—5所示。从产业结构上看，2014年软件、网络及计算机服务是北京市文化创意产业的主要组成部分，增加值占整个产业的56.8%，年增长率达到12.9%；其次是新闻出版，增加值占文化创意产业总产值的8.48%，相比上一年略有下降；行业增加值排在第三位的是广告会展行业，增加值占比达7.79%，年增长率为6.89%。相比2012年，文化创意产业的产业结构略微出现变化，2012年行业增加值占比排在前三位的依次为软件、网络及计算机服务业，新闻出版业和广播、电视、电影业，即传统文化行业广播、电视、电影业的增加值近年来出现下降，2014年被广告会展业超过，行业增加值占比排在第4位。在增长率上，传统行业中新闻出版和广播、电视、电影两个行业的增加值增长率也出现了明显的下降，文化创意产业的产业结构正逐渐由传统行业为主体向新兴行业为主体转变。在行业收入上，软件、网络及计算机服务业的行业收入最高，2014年达到5 380亿元，年增长17.27%，占创意产业总收入的38.48%，除其他辅助服务行业外，行业收入次高的两个行业分别是艺术品交易业和新闻出版业。从平均从业人员来看，2014年，软件、网络及计算机服务业的平均从业人数达到90.8万人，年增长7.08%，占整个产业从业人数的47.39%。可见，软件、网络及计算机服务业是北京文化创意产业的中流砥柱，各个主要指标在产业中的份额达到50%以上，且保持10%以上的年均增长速度，带动了北京文化创意产业整体的发展。此外，广告会展业和新闻出版业的表现也非常突出。

从主要部门来看，2008—2014年，北京市电影行业发展迅速，电影放映场次保持年均23.06%的增长，2014年票房收入高达22.82亿元，同比增长22.69%；电影、广播、电视广告收入达175.4亿元，是2008年的5倍多。北京市出版市场在全国占有举足轻重的地位，报纸有254种左右，接近全国的1/2，总印数约占全国的19%；期刊有3 064种，约占全国的1/3，总印数高达10.3万册，占全国的30.7%；图书出版18万种，种类占全国的43.5%，总印数达到24.01万册，约占全国的29%。作为全国会展中心，2014年北京市共举办会议23.7万场，同比下降2%，其中国际会议7 403个，同比下降2%；举行展览733个，同比下降19%，其中国际展览196个，同比下降约13%；而会议和展览总收入达到202.8亿元，同比增长12.4%。由于中央厉行节约、精简会议的精神，国内外会展数量近年来有所下降，但会展收入仍保持持续增长的势头。2008—2014年北京市文化创意产业主要部门发展状况具体见表5—6。

表5—6　　　　　　　　**2008—2014年北京市文化创意产业主要部门发展状况**

年份		2008	2009	2010	2011	2012	2013	2014	年均增长（％）
电影	放映场次（万场次）	46.8	62.4	74.3	97.4	120.0	137.8	162.5	23.06
	票房收入（亿元）	5.4	8.2	11.8	13.5	16.2	18.6	22.82	27.15
电视节目套数（套）		24	26	26	25	26	26	26	1.34
广播节目（套）		17	18	18	18	25	25	25	6.64
电影、广播、电视广告收入（亿元）		38.5	45.4	61.4	79.6	108.2	168.9	175.4	28.75
报纸出版	种数（种）	259	260	262	254	257	254	—	−0.39
	总印数（亿份）	73.2	71.6	77.5	83.1	89.5	91.72	—	4.61
期刊出版	种数（种）	2 898	3 030	3 063	3 044	3 064	3 053	—	1.05
	总印数（亿册）	9.4	9.7	10.0	10.2	10.3	10.36	—	1.96
图书出版	种数（种）	13.6	14.4	15.5	16.8	18.0	19.2	—	7.14
	总印数（亿册）	20.8	21.0	21.5	22.6	22.5	24.01	—	2.91
会展	会议数（万个）	21.2	22.1	25.7	28.3	27.7	23.7	23.1	1.44
	其中：国际会议（万个）	0.58	0.51	0.59	0.80	0.74	0.6	0.7	3.28
	展览数（个）	704	1 097	1 196	1 313	1 059	769	733	0.68
	其中：国际展览（个）	439	252	291	322	281	193	196	−12.58
	会展收入（亿元）	131.8	130.9	172.5	223.0	250.7	206	202.8	7.45

数据来源：2009—2015年《北京统计年鉴》。
注："—"代表数据缺失。

3. 北京市文化创意产业集聚区发展

北京文化创意产业集聚区是文化创意企业在该区的集聚数量达到一定规模，具备一定的产业规模和自主创意研发能力，具有专门的服务机构和公共服务平台，能够提供相应的基础设施保障和公共服务的区域。文化创意产业集聚区的设立，对北京市文化创意产业的发展起到重要的推动作用。2006年10月发布的《北京市促进文化创意产业发展的若干政策》中明确提出：规划建设文化创意产业集聚区，重点支持集聚区环境整治、基础设施、公共服务平台建设等公共设施项目。从2006年12月北京评选出第一批包括中关村创意产业先导基地等在内的10个集聚区，到2010年第四批市级集聚区公布，北京市市级集聚区数量达到30个，覆盖16个区县，涉及文化创意产业的八大行业，具体如表5—7所示。

表5—7　　　　　　　　**北京市市级文化创意产业集聚区一览表**

所在城区	集聚区名称	主营业务
东城区	中关村科技园区雍和园	数字内容
	前门传统文化创意产业集聚区	旅游休闲、文艺演出

续前表

所在城区	集聚区名称	主营业务
西城区	北京 DRC 工业设计创意产业基地	工业设计
	琉璃厂历史文化创意产业集聚区	旅游休闲、文艺演出
海淀区	中关村创意产业先导基地、中关村软件园、清华科技园	软件、网络及计算机服务
朝阳区	北京 798 艺术区	文化艺术
	北京潘家园古玩艺术品交易园区	古玩与艺术品交易
	北京 CBD 国际传媒产业集聚区、汇通时代广场	文化传媒
	奥林匹克公园、北京市欢乐谷生态文化园	旅游休闲
	北京市时尚设计广场	文化设计
	北京音乐创意产业园区	文艺演出
丰台区	北京大红门服装服饰创意产业集聚区	服装设计
	卢沟桥文化创意产业集聚区	旅游休闲、文艺演出
石景山区	北京数字娱乐产业示范基地、中国动漫城	数字媒体、动漫网游
大兴区	国家新媒体产业基地	影视传媒、数字出版、设计创意、旅游休闲
通州区	北京出版发行物流中心	出版发行
	宋庄原创艺术与卡通产业集聚区	文化艺术
顺义区	顺义国展产业园	会展业
昌平区	十三陵明文化创意产业集聚区	旅游休闲
门头沟区	斋堂古村落古道文化旅游产业集聚区	旅游休闲
怀柔区	中国（怀柔）影视基地	影视传媒
密云县	北京古北口国际旅游休闲谷产业集聚区	旅游休闲
房山区	北京（房山）历史文化旅游集聚区	旅游休闲
平谷区	中国乐谷—首都音乐文化创意产业集聚区	文艺演出
延庆县	八达岭长城文化旅游产业集聚区	旅游休闲

资料来源：北京文化创意网。

这些文化创意产业集聚区体现了产业集群、人才集中、政策集成、品牌集合的特点。中关村园区及相关集聚区、顺义国展产业园、北京 CBD 国际传媒产业集聚区、国家新媒体产业基地的影响力正处于从北京辐射全国的上升期，其聚集、示范作用日益显著。经过近十年的培育和近几年的快速发展，前门历史文化创意产业集聚区、北京 798 艺术区已经具有品牌影响和较高的国际知名度，构成北京新文化地标。此外，《北京市文化创意产业集聚区发展研究报告》用 1 000 多份问卷对北京 21 家文化创意产业集聚区（第一批和第二批）社会影响力进行了调查研究，得出这些文化创意产业集聚区的知名度、美誉度等数据，将这些数据进行标准化处理后，用加权求和的方法得到影响力得分：

影响力＝知名度×40％＋相关度×20％＋美誉度×20％＋发展潜力×20％

公众认为最有影响力的文化创意产业集聚区前 10 名见表 5—8。可以看到，公众认为前门传统文化创意产业集聚区、北京潘家园古玩艺术品交易园区、中关村软件园是影响力最大的聚集区，且得分相差不大。而在影响力的各个组成因素上，北京潘家园古玩艺术品交易园区、北京 798 艺术区、中关村软件园最有知名度；相关度是指被访者、被访者周边人与集聚区的相关度，排名前 3 的集聚区是北京大红门服装服饰创意产业集聚区、前门传统文化创意产业集聚区、中关村软件园；在各个聚集区的美誉度上，北京市欢乐谷生态文化园、北京 CBD 国际传媒产业集聚区、琉璃厂历史文化创意产业集聚区给市民留下了较好的印象；在发展潜力上，北京CBD 国际传媒产业集聚区、北京市欢乐谷生态文化园、清华科技园得分最高。

表 5—8　　　　　　　　　北京市文化创意产业集聚区影响力前 10 排名

排名	集聚区名称	影响力得分	知名度得分	相关度得分	美誉度得分	发展潜力得分
1	前门传统文化创意产业集聚区	0.81	0.66	0.93	0.86	0.93
2	北京潘家园古玩艺术品交易园区	0.80	1.00	0.69	0.57	0.75
3	中关村软件园	0.78	0.77	0.77	0.71	0.91
4	中关村科技园区雍和园	0.74	0.76	0.55	0.71	0.94
5	北京市欢乐谷生态文化园	0.72	0.56	0.50	1.00	0.98
6	北京 798 艺术区	0.71	0.77	0.17	0.87	0.94
7	琉璃厂历史文化创意产业集聚区	0.71	0.49	0.71	0.95	0.90
8	北京大红门服装服饰创意产业集聚区	0.68	0.67	1.00	0.35	0.70
9	中关村创意产业先导基地	0.65	0.72	0.50	0.51	0.80
10	清华科技园	0.62	0.56	0.24	0.77	0.97

数据来源：牛维麟、彭翔：《北京市文化创意产业集聚区发展研究报告》，北京，中国人民大学出版社，2009。

在创意产业集聚区的收入上，根据北京市统计局 2011 年对文化创意产业集聚区规模以上企业的调查，北京 CBD 国际传媒产业集聚区、北京数字娱乐产业示范基地、中关村创意产业先导基地是收入排名前三的集聚区，其收入占前 10 位聚集区总和的 76.6%，集聚效应非常显著，具体数据如表 5—9 所示。

表 5—9　　　　　　2011 年 1—5 月北京文化创意产业集聚区收入排名前 10

集聚区名称	营业收入（亿元）	同比增长率（%）	比重（%）
北京 CBD 国际传媒产业集聚区	123.6	20.2	48.2
北京数字娱乐产业示范基地	37.3	32.6	14.5
中关村创意产业先导基地	35.6	24.4	13.9
中关村科技园区雍和园	16.1	25.8	6.3
北京大红门服装服饰创意产业集聚区	13.3	12.4	5.2
北京 DRC 工业设计创意产业基地	8.3	47.4	3.3

续前表

集聚区名称	营业收入（亿元）	同比增长率（%）	比重（%）
中关村软件园	8.1	79.9	3.1
琉璃厂历史文化创意产业集聚区	3.2	55.6	1.3
北京出版发行物流中心	2.9	—4.6	1.1
国家新媒体产业基地	2.4	83.8	0.9
合计	256.2	24.4	100

数据来源：北京市统计局。

（四）北京市文化消费与文化传播现状研究

文化传播与国家或城市形象紧密相关，一个国家或城市的经济发展到一定程度，必然会重视其文化的向外传播。文化传播是文化发展的重要内容。只有通过各种方式的文化传播感染受众，实现文化认同，才能增强文化的国际影响。因此，文化传播能力决定了文化影响的能力与范围，传播的过程也是影响的过程，而文化消费是文化市场的需求方，消费过程同时也是文化传承和传播的过程。

1. 北京市文化消费现状

文化消费是居民对精神文化类产品和服务的欣赏、享受和使用过程。同时，文化消费过程也是对民族文化吸收、继承和创新的过程，在潜移默化中提升居民文化素质。目前，随着居民可支配收入的提高和闲暇时间的增多，北京市居民文化消费的支出迅速提高。2008—2014 年，北京市城镇家庭教育文化娱乐户均消费支出年均增长 9.77%，2014 年达到 4 170 元。其中文化娱乐服务支出年均增长 19.4%，教育支出年均增长 3.7%，文化娱乐用品支出年均增长 2.5%。文化服务消费在文教娱乐总消费中的比例从 32% 上升到 54%，而用品支出比例从 34% 下降到 22%，教育支出比例保持在 24% 左右。文教娱乐支出在居民总消费中所占的比例越来越高，2014 年达到 14.9%（具体见表 5—10）。北京市城镇居民文化娱乐消费支出增长较快，一方面说明了文化创意产业发展较快，为居民提供了丰富的文化产品与服务，使居民有更多的消费选择；另一方面也说明了随着城市居民可支配收入的增长和文化消费意识的提高，居民对精神文化需求更为注重。

表 5—10　　　　　2008—2014 年北京市城镇人均教育文化娱乐服务消费支出

项目	2008	2009	2010	2011	2012	2013	2014	年均增长率（%）
文化娱乐用品（元）	800	821	833	875	876	949	926	2.47
文化娱乐服务（元）	774	909	1 040	1 261	1 658	1 963	2 238	19.36

续前表

项目	2008	2009	2010	2011	2012	2013	2014	年均增长率（%）
教育支出（元）	809	925	1 029	1 171	1 214	1 073	1 006	3.70
文教娱乐服务合计（元）	2 383	2 655	2 902	3 306	3 696	3 985	4 170	9.77
文教娱乐占居民总消费比重（%）	14.5	14.8	14.6	15	15.4	15.2	14.9	—

数据来源：2009—2015 年的《北京统计年鉴》。

2008—2014 年，北京市农村家庭文教娱乐用品和服务支出年均增长 8.79%，2014 年达到 1 454 元，文教娱乐支出占总消费支出的比重达到 10%，较 2008 年下降 1.14%。从结构上看，农村家庭书报杂志支出较为稳定，户均支出 17 元；2014 年学杂费支出为 287 元，相比 2008 年有所下降；文娱费年均增长 29.89%，在文教娱乐用品及服务支出中的比例逐年提高，从 2008 年的 15% 上升到 2014 年的 43%。文化娱乐支出的高速增长显示出北京农村市场文化娱乐发展的巨大潜力，但是受到可支配收入与消费习惯的影响，文化消费支出能力仍然较差且文化消费意识仍有待提高（具体见表 5—11）。

表 5—11　　　　2008—2014 年北京市农村家庭人均教育文化娱乐服务消费支出

项目	2008	2009	2010	2011	2012	2013	2014	年均增长率（%）
文娱用机电消费品（元）	148	197	210	200	207	226	203	5.41
书报杂志（元）	16	19	16	17	17	20	17	1.02
学杂费（元）	377	313	257	177	90	299	287	−4.44
文娱费（元）	131	175	217	269	363	433	629	29.89
文教娱乐用品及服务（元）	877	959	983	1 004	1 153	1 331	1 454	8.79
文教娱乐用品及服务支出在总支出中的比例（%）	11.4	9.3	11.2	9.4	10.3	9.8	10	8.79

数据来源：2009—2015 年的《北京统计年鉴》。

从城乡之间家庭文化消费的比较来看，北京城镇与农村家庭在文化娱乐消费上的差距越来越大，2008 年城镇家庭平均文化娱乐消费支出是农村家庭的 2.7 倍，到 2014 年差距增长到 2.9 倍。同时，在全市总消费份额中，城镇家庭文化消费份额比重有所增加，而农村家庭总体有所下降。与城镇家庭相比，受收入水平的制约，农村家庭更偏向满足基本生活需求的物质消费，文化消费意识较为薄弱，也从侧面反映了农村地区缺少面向普通农村居民质优价廉的文化产品。

在文化消费活动方面，2008—2014 年北京市互联网宽带接入用户年均增长 6%，移动电话从 2008 年的每人不足 1 部，增长到 2014 年的每人 2~3 部，年均增长 16%；报纸与杂志销量均有所下降，相比上一年，报纸销量下降约 1%，杂志销量下降 2.5%。2013 年，艺术表演观众数达到 959 万人次，相比 2012 年下降 20%。电影观众数达到 5 184.6 万人次，同比增长 8.4%。文化娱乐消费活动的迅速增长，表明随着生活水平的提高，市民的文化消费需求日益提升，使得文化相关支出在总支出中的比例不断提高，且更倾向于休闲娱乐消费活动。具体数据详见表 5—12。

表 5—12　　　　　　　　　　　2008—2014 年北京市主要文化活动状况

年份	互联网宽带接入用户数(万户)	移动电话普及率(部/百人)	订销报纸累计(万份)	订销杂志累计(万份)	艺术表演观众数(万人次)	电影观众人次(万人次)	电视综合覆盖率(%)	广播覆盖率(%)
2008	390.2	95.3	76 698	4 503	877.0	1 767.3	99.99	99.98
2009	451.7	104.2	68 722	5 249	863.0	2 451.5	99.99	99.99
2010	545.6	107.9	76 845	5 595	1 108.0	2 923.3	99.99	99.99
2011	523.4	127.6	77 549	5 336	1 173.0	3 235.9	100.00	100.0
2012	572.0	153.1	83 133	6 076	1 204.0	3 954.6	100.00	100.0
2013	534.7	159.5	81 970	4 695	959	4 288.5	100	100
2014	552.7	232.2	72 504	3 858	—	5 184.6	100	100
年均增长(%)	5.97	16	−0.93	−2.54	1.80	19.65	—	—

数据来源：2009—2015 年的《北京统计年鉴》。

2. 北京市文化对外交流现状

文化对外传播是"让世界了解北京，让北京走向世界"的重要途径。在全球化背景下，各国不同文化类型之间的相互交流、渗透及融合，不仅为北京实现文化现代化、推动多元文化融合提供了有利条件，也为中国传统文化走向世界开辟了广阔的前景。通过加深文化对外交流，加强与其他城市或国家的沟通，促进具有华夏魅力和现代精神的中华文明在国际范围内广泛传播，让世界了解中国博大、深厚的文化传统的同时，提升北京文化的国际竞争力，增强中国传统文化的世界影响力。

从文化对外交流的情况看（见表 5—13），2014 年北京接待游客总数达 2.6 亿人次，同比增长 3.8%。其中，接待入境游客 427.5 万人次，同比下降 5%，接待国内游客 25 722.2 万人次，较上年增长 4%，2008—2014 年接待国内游客保持年均 10.4% 的高速增长，而入境旅游由于影响因素较为复杂，使入境旅游的游客人次每年起伏较大。同时，随着中国影响力在世界范围内的不断扩大，2008—2013 年来华留学生有明显的增加，2013 年在校外国留学生达到 43 180 人，2014 年虽出现明显下降，减少近 4 000 人，但相比 2008 年的 31 712 人仍有明显增加，2008—2014 年年均增长率为 3.67%。国际友好城市也从 2008 年的 43 个增加到 2014 年的 51 个，遍布 30 多个国家。外国及港澳地区企业驻京代表机构数在 2010 年达到峰值后有所下降，2012 年的机构数仅有 8 911 个，大约为 2010 年的 1/2。专业艺术剧团出国演出场次在 2013 年达到 932 场次，年均增长 4.33%，增强了中国文化对外传播的力度。国际会议举办数量近年来有所下降，2011 年达到最高点后，2012 年开始有所下降，2014 年国际会议数量下降到 7 000 场次，接待国际会议的人数 2014 年下降到 64.4 万人次。国际展览的举办个数近年来呈明显下降的趋势，但所接待的观众人数却有明显的上升，2008—2014 年保持了年均 22.7% 的增长率，可见虽然举办次数有所减少，但举办质量有所提高。总体来看，北京市文化对外交流的功能日益增强，除入境游客数低于上海外，其他指标在国内城市中均表现良好，北京正一步步向世界文化中心城市的目标迈进。

表 5—13　　　　　　　　　北京对外文化交流主要指标

年份	来京游客（万人次）		留学生在校生人数（人）	市级友好城市数量（个）	外国及港澳企业驻京代表机构（个）	专业艺术剧团出国演出场次（场次）	国际会议		国际展览	
	入境游客	国内游客					会议数（个）	接待人数（万人）	展览个数（个）	观众人数（万人）
2008	379	14 181	31 712	43	14 411	754	5 767	57.2	439	126.4
2009	412.5	16 257	30 766	45	15 147	447	5 084	55.7	252	123.9
2010	490.1	17 900	33 570	45	15 246	500	5 912	79.5	291	391
2011	520.4	20 884	39 141	46	13 792	688	7 993	70.5	322	322
2012	500.9	22 634	40 549	48	8 911	997	7 403	73.7	281	281
2013	450.1	24 738.8	43 180	49	—	932	6 000	193	62.1	193
2014	427.5	25 722.2	39 379	51	—	—	7 000	196	64.4	196
年均增长率（%）	2.03	10.43	3.67	2.88	−11.32	4.33	0.34	−12.58	2.00	7.58

数据来源：2009—2015 年的《北京统计年鉴》。

3. 北京市文化产品对外贸易发展研究

文化产品对外贸易是北京文化"走出去"的重要组成部分，推动中国文化参与国际竞争，不仅扩大了出口，改变了中国文化贸易严重逆差的不利格局，促进了文化创意产业发展，而且也以产品为载体传播了中华文化，扩大了北京在世界上的影响力。作为世界中心城市的伦敦、纽约和东京，它们的文化贸易非常发达。伦敦和纽约依靠其强大的文化影响力和传播力较大的影视作品的对外发行，东京以其风行全球的动漫作品，均取得了巨大的文化贸易顺差，使得其城市或国家文化成为世界文化的风向标。这些文化产品所负载的城市或国家文化价值对世界各国的消费者在文化心理、文化认同等方面产生巨大的影响。虽然北京市文化产品对外贸易迅速发展，但出口产品结构单一，文化贸易逆差严重，文化传播能力较弱和文化渗透度较低，从而阻碍了北京文化发展水平的提高。

2014 年，北京市文化产品对外贸易总额高达 6.8 亿美元，同比下降 33.62%，其中进口额高达 5.1 亿美元，同比增长 17.62%，出口额 1.7 亿美元，同比增长 8.89%。文化产品出口额的高速增长，加快了中国文化的对外传播速度，也反映了北京文化创意产业的快速发展。但同时我们应该注意到，北京文化产品对外贸易一直保持高逆差，且仍有继续扩大之势。2014 年文化产品进口额是出口额的 3 倍左右，净进口高达 3.4 亿美元，同比增长 3%。具体数据详见表 5—14。

表 5—14　　　　　　　　2014 年北京市文化产品进出口统计表

文化产品	进口总额		出口总额		净进口	
	金额（万美元）	同比增长率（%）	金额（万美元）	同比增长率（%）	金额（万美元）	同比增长率（%）
文化遗产	404.41	−23.95	14.51	−94.34	389.89	45.48
印刷品	41 854.26	10.28	5 614.10	−9.45	36 240.16	14.14
图书	15 555.48	7.38	4 117.69	−18.22	11 437.79	21.03
报纸和期刊	24 230.44	13.58	119.15	−9.35	24 111.29	13.73
其他印刷品	2 068.34	−3.11	1 377.26	33.21	691.08	−37.23
声像制品	4 911.53	−10.08	1 117.15	66.30	3 794.37	−20.79
视觉艺术品	2 440.61	−85.41	5 179.64	43.19	−2 739.03	2 436.14
绘画	37.47	−99.74	1 838.28	4 865.86	−1 800.81	−304.17
其他	2 403.15	−7.37	3 341.37	−6.67	−938.22	−5.13
视听媒介	141.63	−24.84	60.45	782.53	81.18	−42.83
摄影	90.93	6.27	0.47	−66.20	90.47	7.70
电影	50.70	−49.74	0	—	50.70	−46.63
新型媒介	0	—	59.99	—	−59.99	62.12
其他（宣纸、毛笔、乐器等）	1 417.15	13.63	4 849.58	2.99	−3 432.43	−2.21
文化产品合计	51 169.58	−17.62	16 835.44	8.89	34 334.14	3.00

数据来源：中华人民共和国北京海关：2014 年 1—12 月北京地区主要进出口商品量值表。

从文化产品的对外贸易结构来看，印刷品和视觉艺术品是北京文化产品对外贸易的主要对象。2014 年，印刷品和视觉艺术品进口额占文化产品进口总额的 81.8%，出口额占出口总额的 33%。另外，在所有对外贸易总额超过 100 万美元的文化产品贸易项目中，2014 年只有视觉艺术品表现出明显的出口大于进口，即贸易顺差之势十分明显，从而也反映了出口产品结构过于单一，且影视、动漫、演艺等这些更易于传播、更具影响力的文化产品，在对外贸易上仍处于较大逆差。

二、北京区县文化发展指数综合评价研究

基于前述城市文化发展核心要素的理论分析，以及城市文化发展指数理论指标

评价体系的构建，本书立足于微观层面，以北京 16 个区县的文化相关数据为基础，对北京内部各区县文化发展现状进行综合评价与比较分析，更为客观细致地揭示北京及各区县文化发展水平，探寻具体薄弱环节，以期为北京各区县有关部门制定更有针对性的文化发展战略、全面提升北京文化发展水平提供客观的参考。

（一）北京区县文化发展指数评价指标体系的构建

受数据可得性所限，城市文化发展指数评价体系中，不是所有指标的数据都能获得，选取的样本不同，可获得数据的指标也有所不同。因此，本研究立足于北京区县层面的文化发展指数分析，基于对指标数据可得性、科学性和可比性的考虑，在理论评价指标体系的框架下，结合北京文化发展特征及各区县文化统计现状，构建了以城市文化环境、文化基础、文化创造、文化传播、文化消费和文化支持六个要素为一级指标的北京文化发展指数评价指标体系，其中包含经济发展、社会进步、文化资源、文化设施、文化生产等 14 个三级指标，人均 GDP、世界文化遗产数等 67 个四级指标。根据这一指标体系，对北京市 16 个区县的文化发展现状进行综合评价及核心要素的比较分析。具体指标体系设计如表 5—15 所示。

表 5—15　　　　　　　　　　　北京区县文化发展指数核心要素

一级指标	二级指标	三级指标	四级指标	单位	权重
文化发展指数	文化环境	经济发展	人均 GDP	元	0.013 1
			GDP 增长速度	%	0.009 3
			第三产业占 GDP 的比重	%	0.010 9
			第三产业从业人数占总就业人口的比例	%	0.010 2
			城镇居民人均可支配收入	元	0.011 4
			农村居民人均纯收入	元	0.011 4
			城镇单位在岗职工年末平均工资	元	0.010 8
		社会进步	每万人刑事案件发案数	起/万人	0.007 9
			城市化率	%	0.009 1
			每万人火灾事故情况	起/万人	0.009 9
		生态环境	生活垃圾无害化处理率	%	0.011 9
			细颗粒物（PM2.5）年均浓度值	（微克/立方米）	0.010 5
			林木绿化率	%	0.011 8
		技术创新	每亿元 GDP 技术合同数	个/亿元	0.009 5
			单位技术合同成交额	元	0.010 3
			每亿元 GDP 专利授权数	个/亿元	0.022 8
	文化基础	文化资源	世界文化遗产	个	0.019 3
			国家重点文物保护单位	个	0.019 6
			国家非物质文化遗产	个	0.018 7

续前表

一级指标	二级指标	三级指标	四级指标	单位	权重
文化发展指数	文化基础	文化资源	文物局系统内博物馆文物藏品数	件	0.012 6
			民间艺术	件	0.018 9
			5A景区数	个	0.013 2
			4A景区数	个	0.009 1
			3A景区数	个	0.020 7
		文化设施	图书馆与档案馆数量	个	0.018 9
			文化馆与群众艺术馆数量	个	0.015 2
			文化站	个	0.019 1
			文物局系统内博物馆数	个	0.011 7
			体育场地数	个	0.018 2
			艺术表演场所数	个	0.017 9
			专业艺术剧团数	个	0.012 7
			电影院数	个	0.015 4
	文化创造	文化生产	规模以上文化创意产业从业人员平均人数	人	0.021 8
			规模以上文化创意产业收入	万元	0.017 3
			规模以上文化创意产业利润	万元	0.016 1
			规模以上文化创意产业收入利润率	％	0.018 8
			文化及相关产业上市公司数	个	0.017 6
			市级文化产业集聚区	个	0.014 7
			文化娱乐机构	个	0.015 7
			本年利用档案、资料人次	个	0.018 9
			文物局系统内博物馆文物参观人次数	万人次	0.020 7
			图书馆流通人次	万人次	0.017 2
			广播、电视节目综合人口覆盖率	％	0.022 7
		文化持续	大学院校数量	所	0.014 3
			中小学院校数量	所	0.016 4
			中小学在校生数	万人	0.012 7
			每万名学生中小学数量	所/万人	0.010 6
			中小学师生比	—	0.016 3
	文化传播	文化活动	文化馆、艺术馆与群众文化站等组织文艺活动数	个	0.014 1
			节庆数	个	0.018 6
		文化吸引	国内旅游人数	万人次	0.011 4
			国内旅游综合收入	万元	0.020 9
			入境游客数	万人次	0.012 7
			旅游外汇收入	万元	0.017 3
			外资企业数	个	0.010 4
			常住外来人口	万人	0.018 9
	文化消费	消费支出	城镇居民人均文教娱乐消费支出	元	0.010 3
			城镇居民人均文教娱乐消费支出比重	％	0.018 8

续前表

一级指标	二级指标	三级指标	四级指标	单位	权重
文化发展指数	文化消费	消费支出	农村居民人均文教娱乐消费支出	元	0.010 2
			农村居民人均文教娱乐消费支出比重	%	0.016 9
		消费活动	电影观众人数	万人次	0.017 4
			艺术表演场馆观众人次	万人次	0.012 9
	文化支持	财政支持总量	教育财政支出	万元	0.018 6
			人均教育财政支出	元/人	0.011 8
			文化和体育传媒财政支出	万元	0.013 9
		财政支持力度	教育财政支出占全部财政支出的比重	%	0.019 8
			文化和体育传媒财政支出占全部财政支出的比重	%	0.011 3

（二）综合评价方法选择及数据处理

1. 综合评价方法选择

由于本书所构建的北京区县文化发展指数评价指标体系所含指标较多，且不同要素层面对文化发展影响作用的重要性可能有所不同，因而本研究在综合考虑后，选择采用层次分析法进行指标权重的确定，将复杂问题层次化，将定性问题定量化。层次分析的具体操作程序如下：（1）明确问题，建立层次分析结构模型；（2）建立判断矩阵；（3）检验判断矩阵；（4）层次单排序；（5）层次总排序。

2. 数据来源和数据处理

计算北京各区县文化发展指数的相关数据，主要来源于 2015 年《北京统计年鉴》，16 个区县 2015 年《统计年鉴》和国民经济和社会发展统计公报，以及 2014 年分区县数据。

在指标数据的处理上，首先对数据进行标准化处理，接下来计算标准化以后数据的标准正态分布函数值，再与 100 相乘，换算成 0～100 的得分数值，最后将处理过的数据与其权重相乘得到四级指标的得分，再逐级向上汇总，得到二级指标、三级指标及总指标的得分。

（三）北京各区县文化发展指数比较分析

本研究基于北京 16 个区县文化指标的样本数据，采用层次分析法确定指标权重，对北京市各区县文化发展指数及核心要素指数进行计算，计算结果如表 5—16 所示。

表 5—16　　　　　　　2014 年北京市 16 区县文化发展指数及核心要素指数排名

区县	文化发展		文化环境		文化基础		文化创造		文化传播		文化消费		文化支持	
	综合指数	排名	指数	排名	指数	排名	指数	排名	指数	排名	指数	排名	指数	排名
海淀区	77.33	1	14.33	1	17.58	3	21.84	1	11.16	2	7.63	2	4.79	4
朝阳区	74.82	2	11.42	4	16.65	4	20.88	2	12.04	1	7.94	1	5.89	3
西城区	65.43	3	12.07	2	20.52	1	16.32	3	7.58	4	2.91	14	6.03	2
东城区	64.28	4	11.38	5	17.61	2	14.89	4	9.47	3	4.67	5	6.25	1
丰台区	53.81	5	11.51	3	12.92	6	12.93	4	5.95	5	6.40	3	4.10	7
昌平区	47.69	6	8.44	8	12.09	7	14.14	5	5.75	6	4.71	4	2.57	13
房山区	44.86	7	7.54	9	15.29	5	10.77	11	3.49	14	3.52	9	4.25	5
石景山区	39.05	8	9.45	7	7.90	13	11.07	9	4.14	8	3.48	10	3.01	9
大兴区	37.91	9	9.65	6	8.55	12	10.94	10	4.71	7	3.34	12	0.73	16
平谷区	36.73	10	6.34	14	7.84	14	11.22	8	3.33	15	3.77	8	4.23	6
顺义区	36.39	11	6.61	11	10.96	8	9.46	13	3.99	9	2.66	15	2.72	11
通州区	35.82	12	7.29	10	7.68	16	11.26	7	3.98	10	3.80	7	1.81	15
怀柔区	34.94	13	6.61	12	9.43	10	10.38	12	3.67	12	2.33	16	2.53	14
延庆县	34.22	14	5.26	16	10.02	9	8.26	15	3.83	11	3.09	13	3.76	8
密云县	32.83	15	5.26	15	9.04	11	8.91	14	3.56	13	3.41	11	2.66	12
门头沟区	32.66	16	6.50	13	7.76	15	7.79	16	3.30	16	4.52	6	2.79	10

1. 北京区县文化发展指数综合评价分析

　　根据表 5—16 的计算结果，2014 年海淀区文化发展综合指数在全市 16 个区县中最高，门头沟区文化综合发展指数最低。从整体来看，海淀、朝阳、西城、东城四区文化发展水平相对较高，文化发展综合指数明显高于其他区县，并且均已培育了各自的文化发展强项。其中，东城区和西城区因历史文化资源最为丰富、文化设施建设相对最好，因而文化基础指数相对较高；海淀区和朝阳区作为北京市文化创意产业的主要集聚区，文化创造指数分别排在全市第 1 位和第 2 位，且明显高于其他 14 个区县，是末位门头沟区文化创造指数的 3 倍左右；朝阳区作为北京市对外交流的窗口，对外文化交流活动频繁，而海淀区作为教育资源最为集中的区域，集中了大量海外留学生，因此朝阳区和海淀区同样为北京文化传播的中心地带，文化传播指数相对最高，且同样具有较为明显的领先优势。剩余的区县中，除了丰台、昌平文化发展综合指数相对较高外，其他区县文化发展指数相差不多，文化发展水平差异不大，尚没有形成文化发展的特色优势。从北京整体发展规划来看，这些区县的发展定位多属于"城市发展新区"和"生态涵养发展区"，可见，"城市发展新区"和"生态涵养发展区"的文化整体发展水平要低于"首都核心功能区"和"城市功能拓展区"。

基于文化发展指数的核心要素指标对北京 16 个区县进行聚类分析，结果如表 5—17 所示。16 个区县被分为三个梯队，第一梯队文化发展综合指数最高，包括海淀和朝阳两个区，而这两个区也是北京当代都市文明和流行文化的主要展示地，第二梯队的特色为北京历史文化遗产的主要集中地，包括东城和西城，同样为北京文化发展水平较高的城区。而第三梯队则包括了剩余的 12 个文化综合发展较弱的区县，除了个别区县外，大部分区县还没有形成文化发展较为突出的特点和优势。

表 5—17　北京市 16 个区县文化发展指数核心要素指标的聚类分析结果

梯队	区县
第一梯队	海淀区、朝阳区
第二梯队	西城区、东城区
第三梯队	丰台区、昌平区、石景山区、房山区、顺义区、平谷区、延庆县、通州区、密云县、大兴区、门头沟区、怀柔区

2. 北京区县文化发展核心要素指数分析

从表 6—16 中文化发展核心要素指数的计算结果及排名可以看到，文化发展综合指数排名第 1 位的海淀区在文化环境和文化创造要素层面优势明显，也均排在第 1 位；作为北京传统文化主要传承地的东城区和西城区，分别在文化基础要素和文化支持要素方面排在全市首位；朝阳区在文化消费和文化传播两个要素层面均排在全市首位，作为国际商务中心所在地和北京文化对外交流主窗口，朝阳区拥有丰富的文化娱乐设施，对外文化交流活动频繁，国内外游客数量全市最多，从而使其在文化传播和文化消费方面领先于其他区县；昌平区是城市发展新区中文化发展水平最高的城区，超过了城市功能拓展区的石景山区，在文化创造和文化传播上较同类地区略显优势；怀柔区文化创意产业虽然收入较高，但整体处于亏损状态，文化消费和文化支持指数短板明显；门头沟区文化发展综合指数排在全市末位，除文化消费指数排在第 6 位以外，其余文化核心要素均排在后 6 位，其中文化基础、文化创造和文化传播三个核心要素最为薄弱。

三、北京四大功能区文化发展指数比较分析

(一) 首都核心功能区文化发展指数比较分析

首都核心功能区包括东城区和西城区，该区域是北京市开发强度最高，完全城市化的地区，是首都功能和"四个服务"的主要载体，承担着国家政治文化中心、

金融管理中心和国际交流中心的职能，同时具有服务全国的体育、医疗、商业和旅游等功能。该功能区也是元、明、清三朝都城遗址主体所在地、全市乃至全国历史文化遗产分布的核心地、古都历史文化风貌的集中展示区、文化旅游和公共文化服务的集中分布区。该功能区的历史文化资源与城市功能定位为西城区和东城区的整体文化发展增添了极大的动力和发展空间，文化发展综合水平在全市范围内分列第3位和第4位。

1. 东城区文化发展综合指数及核心要素指数评价分析

东城区文化发展综合指数全市排名第4位，六大文化核心要素指数均排在前5位。其中，文化支持指数在16个区县中排在首位，教育支出在财政支出中所占的比例全市最高，即在获取政府财政经费支持上表现出较为明显的优势；文化基础指数排在第2位，丰富的历史文化资源和完善的文化设施，为该区的文化发展奠定了较为雄厚的文化基础；文化环境指数排在第5位，整体文化发展环境建设相对较好，其中经济实力强劲是其最有优势的环境要素，在16个区县中经济发展环境指数排在第3位，而亟待改善的环境要素则为生态环境，排在第13位，即东城区生态环境质量相对较差，不利于区内文化吸引力的增加；文化传播指数排在第3位，由于该区文化活动较为丰富，对国内外游客吸引力相对更强，因而在文化传播上，东城区也表现出较强的优势；文化创造和文化消费指数则分别排在第4位和第5位，产品创作与消费是密不可分的，具有吸引力的文化产品是促进居民增加文化消费的根本所在，目前东城区的文化生产与文化消费水平都还有待进一步提升。

从区域文化特色来看，东城区文化发展的突出优势是深厚的文化底蕴和丰富的文化资源。拥有故宫、天坛两大世界文化遗产的东城区，是全市历史文化遗址、胡同、四合院和非物质文化遗产最为密集的地区。在文化资源上，东城区不仅拥有以孔庙、国子监、钟鼓楼等为代表的诸多国家重点文物保护单位，拥有以前门大街、南锣鼓巷为代表的18个历史文化街区，还拥有以天坛传说和漆器为代表的国家级及北京市非物质文化遗产54项。在公共文化服务方面，2014年，东城区拥有2个公共图书馆、7个文物局系统内博物馆、1个档案馆、6个专业艺术剧团、18个艺术表演场所、17个街道文化活动中心和200多个社区文化活动室，完善的文化设施和丰富的文化活动能够使广大民众享受到文化建设的福利，激发民众参与文化活动的热情。

文化创意产业是东城区的优势产业。2014年，东城区规模以上文化创意产业收入达1 729.4亿元，占全市文化创意产业总收入的14.65%，收入总水平仅次于海淀区和朝阳区，但增长率相对更高，相对于2013年，东城区文化创意产业收入增长 20.17%，海淀区和朝阳区分别增长 13.57% 和 9.05%。

东城区在文化传播要素上也表现出较强的优势，文化传播指数在全市 16 个区县中排在第 3 位，仅次于朝阳区和海淀区。2014 年，东城区接待旅游人数达到 114.83 万人，在全市排名第 2 位，是排在第 3 位的海淀区的近 3 倍。全区各类文化活动也十分丰富，除了地坛、龙潭两大传统庙会外，还有以"王府井国际品牌节""前门历史文化节""皇城国际旅游节"等为代表的区域品牌文化活动。丰富多彩的品牌文化活动，是北京文化最有力的传播形式。

2. 西城区文化发展综合指数及核心要素指数评价分析

西城区文化发展综合指数在全市排名第 3 位，文化基础、文化环境和文化支持三个文化核心要素是其主要的文化优势，在全市中排在前两位，而文化消费能力不强是其文化发展的短板，在全市中仅排在第 14 位。西城区依靠丰富的历史文化资源和完善的文化设施，其文化基础要素指数在全市居于首位。西城区的文化发展环境要素中，经济发展水平较高是其主要的环境优势要素，是其文化发展环境要素领先的主要贡献者，而表现相对最差的环境要素是生态环境，相对于其他几个要素，排名明显靠后。西城区文化发展的着力点也应在生态环境改善上有所体现。政府对教育和文化的支持力度也较大，整体文化支持力度排名全市第 2 位。在文化传播方面，由于西城区入境游客与节庆活动数量与第一梯队的海淀区和朝阳区相比略有差距，文化传播指数在文化发展综合指数最高的 4 个区中排名第 4 位。而表现最弱的是文化消费要素，文化消费支出水平在 16 个区县中排在最后，而文化消费活动力则排在第 2 位。因此，居民文化消费支出水平不高是拉低文化消费指数的最主要原因，西城区居民文化消费能力不足是该区文化发展亟须改善的短板。

西城区文物资源丰富，拥有极其深厚的文化底蕴，丰富的文化遗产和完善的文化设施是其文化发展的主要优势。目前，西城区有国家重点文物保护单位 32 处、国家级非物质文化遗产 28 项、文物达到 103 万件，还有包括著名的什刹海、大栅栏、西琉璃厂、法源寺等在内的 18 个历史文化保护区。2016 年，西城区"两会"上明确提出了要将这 18 个历史文化保护区连缀成一条"文道"，作为北京旧城传统风貌的精华区，统一进行保护。在公共文化服务体系方面，全区共有文化广场 24 个、文化馆 2 家、街道文化站 15 家。目前，西城区拥有 3 家公共图书馆、19 家博物馆、22 家艺术表演场所，以及包括国家京剧院、中央芭蕾舞团、中国广播艺术团等在内的国营及民营演出团体 43 家。

西城区文化创意产业也十分发达，据目前可得数据显示，截至 2011 年年底，全区共有文化创意产业法人单位 8 091 家，其中新闻出版法人单位 808 家，文化艺术类法人单位 804 家，规模以上文化创意产业收入达到 677 亿元，同比增长 12%，在全市排名第 4 位。同时，西城区文化创意产业行业体系正在逐步优化和完善中。新闻出版业是西城区文化创意产业中全市收入排名第 1 位的行业，其次是文化艺术和艺术品交易业。

（二）城市功能拓展区文化发展指数比较分析

城市功能拓展区包括朝阳区、海淀区、丰台区和石景山区四个区，是首都面向全国和世界的高端服务功能承载区，是首都经济辐射力和控制力的主要支撑区，是国家自主创新示范区的主要集中地，更是北京集中展示现代化国际大都市的重要区域。该功能区不仅拥有北大、清华、人大等知名学府，还拥有中关村国家自主创新示范区、商务中心区（CBD）和奥林匹克中心区三大高端产业功能区，文化发展指数总体较强，但各区之间差别较大。海淀区、朝阳区位于文化发展指数的第一梯队，发展指数强劲；丰台区、石景山区是文化发展指数第二梯队中实力较强的城区，但与海淀区、朝阳区文化发展指数相差较大。

1. 朝阳区文化发展综合指数及核心要素指数评价分析

朝阳区作为北京市"转变发展方式的示范区、建设世界城市的试验区、推进城乡一体化的先行区、促进社会和谐的模范区"，是北京市乃至全国文化对外交流与展示的窗口。该区文化发展水平仅次于海淀区，在全市排名第 2 位，在文化传播和文化消费两个层面，各要素指数在 16 个区县中均排在第 1 位，但文化资源和文化环境两个层面略显薄弱。

朝阳区的文化生产力发达，在全市仅次于海淀区。文化创意产业已成为朝阳区经济发展重要的新引擎，区域贡献力不断增强。据 2011 年可得数据显示，全区共有规模以上文化创意企业 2 314 家，同比增长 12.2%，实现收入 1 956 亿元，占全市文化创意产业的 22.8%，行业从业人员 19 万人，占全市的 21.2%，盈利 96 亿元，占全市的 10%。其中，广告会展和旅游休闲娱乐收入在全市排名第 1 位，软件、网络和计算机服务，广播、电影和电视业，艺术品交易业收入以超过 20% 的速度增长，在全市排名第 2 位。朝阳区目前有包括 798 艺术中心等在内的 22 个文化创意产业集聚区，其中市级集聚区 8 个，居全市各区县之首。朝阳区文化创意产业行业规模较大，但与海淀区和西城区相比，该区文化创意产业的整体盈利能力欠佳。

在文化基础要素层面，朝阳区的历史文化资源较为贫乏，文化资源指数在全市区县内仅排名第 7 位，但文化设施建设较为完善，公共文化服务体系较为健全，文化设施指数在全市排名第 1 位。目前，全区已初步形成了四级公共文化服务网络，文化馆、图书馆、博物馆、街乡级文化中心、社区（村）文化室等公共文化设施基本覆盖全区；各种群众文化活动丰富多彩，平均每年举办各类文化活动 10 000 余场，参与群众超过 1 000 万人次，人民群众日益增长的文化需求和文化权益得到保障。

朝阳区在文化传播层面表现突出，文化传播指数居于全市首位，区域内较高的国际化程度为促进全区文化传播做出了很大贡献，是朝阳区的文化优势之一。目前，朝阳区聚集了全市 50% 的外籍人口、60% 的外资金融机构、70% 的世界 500 强企业地区总部、80% 的国际组织和国际商会以及 90% 的外国驻京新闻媒体，全市 50% 以上的国际性会议、1/3 的国际展览也都在朝阳区举办。朝阳区国际文化交流活动日益频繁，该区举办的以世界时装周、国际风情节、流行音乐周、国际旅游文化节等为代表的各种国际节庆活动，已成为北京的文化品牌。作为国际会展云集地，朝阳区举办了包括北京 CBD 国际商务节、中国国际版权博览会、中国北京国际文化创意产业博览会等诸多有较大影响力的国际会展。

另外，朝阳区的文化消费指数也高于其他区县，在全市中排名第 1 位，表现出较高的文化消费水平和能力。虽然朝阳区本区居民的文化消费绝对支出水平要弱于海淀，但由于朝阳区举办的各种文化活动和商业演出非常频繁，鸟巢、工人体育场等各种表演场所和影剧院集聚，使得该区的表演场馆观众人次数和电影观众数全市最多，文化活动力相对较强，从而有力吸引和刺激了其他区及外地居民的消费热情。

2. 海淀区文化发展综合指数及核心要素指数评价分析

海淀区文化发展综合指数在 16 个区县中是最高的，区内拥有高度发达的文化创意产业和丰富的教育资源，并具备较强的创新能力，是北京市目前文化发展综合水平最高的区域。良好的文化环境和较强的文化创造能力是海淀的优势所在，文化环境指数和文化创造指数均在 16 个区县中排名第 1 位，尤其是在文化创意产业方面，海淀区表现出了其他区县无可比拟的竞争优势，而文化基础和文化支持两个要素水平在文化发展指数第一梯队区县中略显薄弱。

海淀区拥有较强的文化创造能力，文化创意产业水平高于其他区县，在全市中排名第 1 位。2012 年，海淀区文化创意产业增加值达 1 014.4 亿元，占全市文化创意产业增加值的 46%，占海淀区 GDP 的 28.8%，远高于全市平均水平，产业支柱地位明显；网络传媒、数字出版、动漫游戏、数字影视、创意设计和文化装备 6 大行业处于全国最前列。同年，海淀区规模以上文化创意产业收入高达 3 914 亿元，同比增长 31%，占全市规模以上文化创意产业收入的 47%，相当于东城区、西城区、朝阳区、丰台区四个区文化创意产业收入之和；利润总额占全市文化创意产业的 58%，应交税金合计占 53%，从业人员占 47%，可以说，海淀区文化创意产业在全市起到支柱和引导作用。区内有中关村软件园、上地文化创意产业园等一批具有实力且发展较快的文化创意产业园和产业带，同时有不少在全国处于领先地位的文化创意龙头企业，经济带动作用强劲。该区文化创意产业以软件、网络计算机服务为主，行业收入占海淀区文化创意产业总收入的 66%，其次是广播电影电视业。

海淀区也是北京市科技和教育资源最为集中的地区，全市 41% 的高等学府，11% 的中小学都集中在海淀区，包括北京大学、清华大学、中国人民大学、北京师范大学等 80 多所高等院校；该区有 144 家国有科研院所，其中中科院院所 26 所，占北京地区中科院院所数的 60%。该区也是全市中小学生最为集中的地区，2012年，海淀区 0～14 岁人口数量占全市该年龄段人口总量的 17.5%，但中小学招生人数占到全市的 20.27%。

在文化传播要素指数的比较中，海淀区在全市排名第 2 位，仅次于朝阳区。从文化传播要素指数的构成要素比较来看，海淀区的文化活动举办力度要强于朝阳区，排在第 1 位，但在文化吸引能力上要弱于朝阳区，仅次于朝阳区排在第 2 位。海淀区的文化活动较为丰富，举办有以"海淀文化节""北京国际旅游节"等为代表的各种节庆活动，表现出较强的文化活动力，有效促进了本土文化的对外传播。在文化对外吸引力上，由于该区拥有优越的产业发展环境，促使其成为外资企业集中进驻地区，全市 20% 的外资企业落户海淀，仅次于朝阳区。在对海内外游客的吸引能力上，2014 年，海淀区国内旅游人数和入境旅游人数分别排在第 2 位和第 3位，尤其在吸引入境旅游人数上，与第 1 位的朝阳区相比，差距较大，全区入境旅游人数仅为朝阳区的 1/5。在旅游创收能力上，国内旅游收入和国际外汇旅游收入均排在第 4 位，收入额明显低于排在第 1 位的朝阳区，朝阳区国内旅游收入和国际外汇旅游收入均为海淀区的 2 倍多，海淀区的文化吸引力、旅游创收力还有较大的提升空间。海淀区的文化基础要素指数在全市排在第 4 位，在第一梯队中排名靠后。虽然历史文化资源数量较多，拥有包括颐和园、圆明园、大觉寺等在内的 16个国家重点文物保护单位，8 万多件文物藏品，7 项国家非物质文化遗产，但文化设施水平与朝阳区、东城区、西城区相比还有一定的差距。

在文化支持要素层面的比较上，海淀区文化支持指数在 16 个区县中排名第 4位，是海淀区文化发展相对薄弱的要素环节。从文化支持要素指数的构成来看，教育和文化体育传媒财政支出的绝对规模较高，相对规模十分不足，在人均教育财政支出、教育财政支出占比和文化体育传媒财政支出占比三个指标上，海淀区分别排在第 11 位、第 6 位和第 13 位，政府对文化发展的财政支持力度还有待进一步增强。

3. 丰台区文化发展综合指数及核心要素指数评价分析

丰台区在促进城市南部地区发展行动计划中，承担着城市核心功能拓展、现代经济要素转移、新兴产业集聚的角色。丰台区文化发展水平在北京 16 个区县中排名第 5 位，在全市处于中等水平。从要素指数得分情况来看，一方面，丰台区与实力强劲的海淀区、朝阳区、东城区、西城区相差较大，文化发展综合指数低于排名第 4 位的西城区 13.2 个得分；另一方面，与排名第 6 位的昌平区相比，丰台区又表现出明显的领先优势，文化发展综合指数领先 9.1 个得分。

文化消费是丰台区的优势要素，丰台区居民文化消费支出水平较高，在全市排名第 3 位，仅次于朝阳区和海淀区。但丰台区在文化资源要素层面表现不佳，文化资源水平在全市中排名第 11 位，缺乏具有代表性的文物古迹和旅游景点。文化基础薄弱是丰台区文化发展指数的短板，文化基础指数在全市排名第 6 位。丰台区文化创造力在全市处于中等水平，在全市排名第 6 位，但与海淀区、朝阳区、东城区、西城区差距明显。2011 年，该区规模以上文化创意产业收入仅为海淀区的1/14，且主要依靠软件、网络和计算机服务，其他辅助服务和新闻出版这三个行业。

4. 石景山区文化发展指数核心要素评价分析

石景山区是北京城市功能拓展区中文化发展水平最弱的一个区，文化发展综合指数排名第 7 位，比排名第 1 位的海淀区低 38.3 个得分。从文化分要素的排名来看，名次最靠前的是文化环境指数，在全市排名第 7 位，是石景山区文化发展的相对优势要素，区内社会安定且科技创新能力较强，为文化发展营造了较好的发展环境。文化基础和文化支持表现一般。同时，文化创意产业是石景山区的支柱性产业，由于石景山区 GDP 仅占全市的 2%，其文化创意产业对全市文化创意产业创收的贡献也不高，在全市规模以上文化创意产业总收入中的占比仅为 2%。石景山区文化创意产业以软件、网络和计算机服务业为主，广播、电视和电影，旅游、休闲娱乐，设计服务等行业发展较慢，与其实现首都文化娱乐休闲区的发展目标相差较远。同时，石景山区缺少各种文化资源，3A 级及 3A 级以上景区数全市最少，文化设施优势也不突出，因此文化基础要素水平不高，在全市排名第 13 位。

（三）城市发展新区文化发展指数比较分析

北京市的城市发展新区包括通州区、顺义区、大兴区（北京经济技术开发区）以及昌平区和房山区的平原地区。该功能区是北京发展高技术产业、现代制造业的主要载体，是北京城市中心区产业和人口集聚的重要区域，是北京开发潜力最大、城市化水平有待提高的地区，也是未来北京城市发展的重心所在。该功能区的文化发展水平整体弱于首都核心功能区和城市功能拓展区。

1. 昌平区文化发展综合指数及核心要素指数评价分析

昌平区是城市发展新区中文化发展水平最高的区县，综合指数排名为全市第6位，超过城市功能拓展区的石景山。该区在文化创造、文化传播以及文化消费三个要素层面具有较好表现，各要素指数排名分别为第5位、第6位和第4位，但在文化支持要素层面表现较差，在16个区县中排名第13位。由于该区经济发展迅速，生态环境良好，且区内汇集了1 500多家高新技术企业、100多家各类科研机构、43所各类大专院校，集聚了未来科技城、中关村科技园区昌平园、中关村生命科学园、中关村国家工程技术创新基地等国家级和市级重点功能区，创新实力较强，文化发展环境在全市处于中等水平。

从昌平区文化创意产业发展水平来看，2011年，昌平区文化创意产业收入达89亿元，占全市总收入的1%，收入利润率在城市发展新区中最高，且文化持续力较强，文化创造在全市排名第5位。同时，由于该区游客数量较多，且常住外来居民密集，提高了该区整体的文化传播水平。不断健全的公共文化服务体系与丰富的文化资源增强了该区的文化基础，使该区的文化基础在全市排名第7位。2011年，全区共有公共图书馆1个、国家综合档案馆1个、包括十三陵在内的国家重点文物保护单位4处、3A级及3A级以上景区12家。但该区居民特别是农村居民文教娱乐消费不高，且财政在教育、文化体育和传媒上支出较少，使其在文化消费、文化支持两个要素层面的指数排名中相对靠后。

2. 通州区文化发展综合指数及核心要素指数评价分析

通州区是承接中心城区人口、职能疏解和新产业集聚的主要地区。从文化发展指数的计算结果来看，通州区文化发展指数在全市排名第12位，是城市发展新区中文化发展指数最低的区域。其中，文化基础和文化支持要素是该区文化发展中相对薄弱的短板要素，分别排在全市第16位和第15位；经济总体实力不强，生态环境较差，使得文化环境指数整体得分较低，在全市中排在第10位；而文化创造和文化消费要素层面表现较好，要素指数在全市中均排名第7位，是该区文化发展的相对优势要素，文化创意产业已成为通州区经济发展新的增长点，对该区经济贡献显著。

3. 顺义区文化发展综合指数及核心要素指数评价分析

顺义区作为北京东北部发展带的重点发展区域之一，是首都国际航空中心核心区，是服务全国、面向世界的临空产业中心和现代制造业基地。作为全市空港物流、会展、国际交往等的主要地区，顺义区文化发展综合指数在全市排名第 11 位，文化发展水平明显低于城市功能拓展区的昌平区和房山区。

顺义区文化发展各要素指数排名均较为落后，其中，文化消费要素是顺义区最为薄弱的要素环节，在全市排名第 15 位；而排名最为靠前的要素是文化基础，要素指数在全市排名第 8 位，文化设施建设较为完善；文化支持要素指数排在第 11 位，教育和文化体育传媒财政支出的相对规模均存在明显不足；在文化发展环境上，顺义区具有较强的经济发展实力，人均 GDP 水平较高，在全市的排名仅低于朝阳区和海淀区两区，在城市发展新区中排名第 1 位，但由于生态环境较差和区域创新能力不高，顺义区文化发展环境指数在全市中排名第 11 位；在文化创造和文化传播要素比较上，顺义区分别排在第 13 位和第 9 位，文化创意产业发展水平、文化传播能力都还有较大的提升空间，文化创造能力较差，文化产品开发缺乏吸引力、创新力，间接影响了该区文化消费水平的提升。

4. 房山区文化发展综合指数及核心要素指数评价分析

房山区文化发展综合指数在全市排名第 7 位，在 6 个文化分要素中，文化基础要素与文化支持要素相对较强，均排在第 5 位；文化创造和文化传播要素相对较弱，分别排在第 11 位和第 14 位。文化资源是文化基础要素的构成要素之一，房山区拥有 1 项世界文化遗产、6 处国家重点文物保护单位，较城市发展新区的其他区县略有优势。但房山区经济发展水平在全市排名靠后，创新能力较差，同时生态环境较为恶劣。虽然该区有一定的文化资源，但对外来游客的吸引力有限，文化传播由于中外游客较少且文化活动缺乏，在全市的排名较为靠后。在文化创造要素水平上，该区文化创意产业收入不高，公共文化设施利用率低，高等教育资源较为缺乏，文化发展缺乏持续力，进而导致房山区在文化创造要素层面表现欠佳。

5. 大兴区文化发展综合指数及核心要素指数评价分析

在全市的 16 区县中，大兴区的文化发展综合指数排名第 9 位。文化发展综合指数的六个文化构成要素中，表现最好的是文化发展环境要素，要素指数在全市中排名第 6 位，其中在生态环境和技术创新两个环境要素层面有较好表现，分别在全市中排在第 3 位和第 2 位；第二个优势要素为文化传播要素，外资企业的大量进入有力增强了该区的文化传播能力，文化传播指数在全市中排名第 7 位；而其余四个文化发展要素，即文化创造、文化基础、文化消费和文化支持均是制约该区文化发展的短板要素，在全市中依次排在第 10 位、第 12 位、第 12 位和第 16 位。其中，该区文化创意产业发展不足、文化生产力低下是导致文化创造要素表现薄弱的根源，娱乐文化活动参与度低、消费意愿不高是文化消费不足的主要原因，文化创造和文化消费作为文化发展的核心要素和动力源泉，核心要素水平不高、动力不足，加之政府教育和文化财政支出力度极为有限，从而导致大兴文化发展综合水平也处于较低的位置。

（四）生态涵养发展区文化发展指数比较分析

生态涵养发展区包括门头沟区、平谷区、怀柔区、密云县、延庆县五个区县，是北京市的生态屏障和水源保护地，生态环境优势显著，同时也是环境友好型产业基地，重点培育旅游、休闲、康体等产业，是保证北京可持续发展的主要支撑区域。由于区位功能的限制，该区经济和基础设施等各方面发展与其他功能区差距较大，因而文化发展相比前面三个功能区的综合水平最为薄弱，功能区的五个区县在全市区县排名中均位于第 10 位之后，且彼此之间文化发展综合指数相差不大，不少区县相差不到 1 个得分。

1. 平谷区文化发展综合指数及核心要素指数评价分析

从文化发展综合指数的计算结果来看，平谷区是生态涵养发展区中文化发展水平相对最高的区县，文化发展综合指数全市排名第 10 位，以微弱优势领先于其他 4 个区县。在六个文化发展要素中，文化创造、文化消费和文化支持是平谷区的三个优势要素，而文化环境、文化基础和文化传播是其较为明显的短板要素。

平谷区文化创造要素指数在全市排名第 8 位，文化创意产业虽然总体收入不高，但发展速度较快，年均增长率在 20％以上，且收入利润率在全市排名靠前。文化消费要素指数在全市排名第 8 位，其中文化消费支出水平较高是其主要的贡献要素，消费能力在全市排名第 6 位。文化支持要素指数在全市排名第 6 位，该区不仅有专门的文化发展规划，而且在文化体育传媒和教育上的财政支出力度较大，为推动区内文化发展提供了有力的政策和资金支持。平谷区文化基础要素指数在全市排名中仅排在第 14 位，文化资源支撑力度十分有限，缺乏有代表性国家重点文物保护单位或旅游风景区等资源优势，且文化设施优势不突出。文化环境要素指数在全市排名第 15 位，该区经济实力整体不强且科技创新能力不高，拉低了文化环境要素的整体水平，同时受地理位置和区位功能的影响，平谷区的文化传播和影响能力十分有限，文化传播要素表现最为薄弱，要素指数在全市中排在第 15 位。

2. 门头沟区文化发展综合指数及核心要素指数评价分析

门头沟区文化发展综合指数在全市排名第 16 位，不仅是生态涵养发展区中文化发展综合水平最低的区域，同时也是北京市文化发展表现最差的区域。该区仅在文化消费和文化支持两个要素上表现出略强的态势，文化消费要素指数排名第 6 位，文化支持要素指数排名第 10 位。其中文化消费要素的构成中，门头沟文化消费支出水平表现出明显的优势，该区城乡居民的文化消费无论是绝对值还是在总消费中的比例，都处于全市中等偏上水平，消费支出综合能力在全市排名第 4 位。而从门头沟区其他文化发展要素水平来看，文化环境、文化基础、文化创造和文化传播四个要素指数在全市的排名均靠后，依次分别为第 13 位、第 15 位、第 16 位和第 16 位。经济发展水平相对落后、科技创新能力不强，导致文化发展环境培育不足；文化基础要素中缺乏有吸引力的文化资源，且文化公共设施建设不足、数量有限；文化创意产业发展无论是从业规模还是收入水平，都处于全市的末位，教育资源十分缺乏，文化发展后劲不足；由于受地理位置和区位功能的限制，国内外游客、外资企业和外来人口都较少，文化活动较为匮乏，文化传播能力有限。

3. 怀柔区文化发展综合指数及核心要素指数评价分析

怀柔区文化发展综合指数在全市中排名第 13 位，六个文化发展要素均表现乏力。文化环境、文化基础、文化创造、文化传播、文化消费和文化支持六个要素指数排名均较为靠后，依次分别为第 12 位、第 10 位、第 12 位、第 12 位、第 16 位和第 14 位。可见，怀柔各文化要素层面均存在较大的提升和改进的空间，区域内没有培育出有力的文化优势要素，也没有形成显著的文化特色。从构成六个文化分要素的细项指标来看，经济发展水平仍较为落后、科技创新产出有限，但生态环境要素表现良好；区内具备一定的文化资源支撑力，但文化公共设施建设极为不足；文化创意产业规模不足、创收能力仍较为薄弱，且缺乏文化持续发展的动力来源；对入境游客的吸引力有限，旅游创收能力处于中等偏下水平；区内居民文化消费支出能力和文化活动的参与度均明显不足；政府财政支出中教育和文化财政支出比重不高。

4. 密云县文化发展综合指数及核心要素指数评价分析

密云县文化发展综合指数在全市排名第 15 位，与排名第 14 位的延庆县和排名第 16 位的门头沟区在要素指数值上仅存在微小差距。密云县六个文化发展要素指数也均处于较低水平，文化环境、文化基础、文化创造、文化传播、文化消费和文化支持六个要素指数在全市排名依次为第 15 位、第 11 位、第 14 位、第 13 位、第 11 位、第 12 位，文化各要素发展水平均较为低下。密云县的经济实力与社会发展水平均处于 16 个区县的末位，科技创新能力很低；文化资源要素水平中等偏下，文化设施建设不足；文化创意产业发展落后明显，文化持续发展缺乏教育和人才的支撑，文化生产力、文化持续力很弱，在全市分别排在第 14 位和第 15 位；区内居民参与文化艺术活动的程度不高，对国内外游客的吸引力、旅游创收能力均较为薄弱。

5. 延庆县文化发展综合指数及核心要素指数评价分析

延庆县文化发展指数在全市排名第 14 位，综合发展水平不高，六个文化分要素中，文化基础和文化支持要素是该区表现相对较好的两个要素，在全市中排名分别为第 9 位和第 8 位；文化环境、文化创造和文化消费是延庆县文化发展较为明显的薄弱要素环节，在全市的排名依次为第 16 位、第 15 位和第 13 位；文化传播要素也不甚理想，在全市排名第 11 位，但相对好于上面三个薄弱要素。该区拥有世界文化遗产八达岭长城，同时也是生态涵养发展区 3A 级及以上旅游景区最多的区县，久负盛名的文化资源为延庆县文化发展提供了较为有力的基础支撑，并为其带来了较多的中外游客，在一定程度上增强了该县的文化传播力。同时，政府对文化体育传媒和教育的财政支出力度较大，人均教育支出在 16 个区县中排名第 3 位，文化和体育传媒支出占比水平更是居于全市之首，较大的财政支出力度为延庆文化发展提供了有力的支持。同时，延庆在经济发展水平、社会进步程度、生态环境质量和科技创新水平上均十分落后，文化发展缺乏良好的环境支撑；文化创造要素层面，文化创意产业发展十分滞后，产业规模过低，创收能力十分不足；居民文化消费能力较低，且消费观念保守，文化消费意愿较低，文化消费水平不高使延庆县的文化发展缺乏有效的需求动力指引，极大地制约了延庆县的文化发展水平。

四、北京文化发展指数国际比较分析

城市文化研究由来已久，不同学者基于不同的研究视角和学科领域得到了很多有价值的研究结论，但从现有研究成果来看，基于国际比较视角，对世界较为发达城市的文化发展现状进行实证研究，尤其是世界城市之间的比较分析还十分少见。北京是我国政治、经济、文化中心，在前述我国 236 个地级及以上城市文化发展指数的比较研究中，我们也发现北京的文化发展综合水平以绝对优势高居首位，在文化发展环境综合水平、文化生产创新能力、政府对文化发展的有力监督管理等方面都表现出较强的竞争优势，是目前国内文化发展最为先进、实力水平最高的城市。基于此，本研究进一步尝试对北京与较为发达的世界中心城市的文化发展水平及文化核心要素进行比较研究，从国际比较视角揭示北京文化发展水平与世界中心城市的差距，探寻北京文化参与国际竞争的优劣势，以期为北京制定相关政策、采取有力措施提供较为科学的客观参考和政策依据，以进一步提升北京文化发展水平，增强北京文化发展国际竞争力，早日实现世界文化中心城市的建设目标。

(一) 世界中心城市的界定

经济全球化推动了国际贸易的迅速发展，同时也推动了劳动分工的国际化和金融、管理、服务国际化。在此背景下，金融、法律、管理、研究、开发、设计、物流、通信等生产性服务业向世界主要城市迅速集聚，由此使一些大城市成为全球经济网络中的节点。这些在全球经济、政治、文化的活动和交流中发挥重要作用的城市被称为"世界中心城市"。

苏格兰城市规划师格迪斯（Geddes）在1915年提出了"世界城市"的概念。英国地理学家、城市规划师彼得·霍尔（Peter Hall）于1966年对此概念作了经典的解释，即"世界城市"专指那些在世界的经济、政治、文化事务中发挥全球性作用和影响的国际一流大都市，如纽约、芝加哥、伦敦、巴黎、东京等。自20世纪60年代起，国际上出现了各种衡量城市世界性、国际性、中心性的标准，近年来，国内许多专家学者也提出了自己的观点。综合国内外相关成果与观点，可将世界中心城市的界定标准归纳为：城市人口达到相当规模；具有优越的区位优势和交通信息枢纽位置；具有世界经贸中心地位；跨国公司以及国际机构集中所在地；市场经济体系完善，具有高效的综合服务功能和完善的商务中心（CBD）；具有国际性的科技、教育、文化、体育交流中心地位。

综合国内外主要研究成果与观点，本研究对世界中心城市的界定提出自己的理解和诠释，即世界中心城市应该是具有优越的地理条件、较大的城市规模、雄厚的经济、政治、科技、文化实力以及较强国际影响力的世界一流城市。全球化时代的世界中心城市除了具备一般大城市的功能外，还应具备国际性功能，以满足多元化的需求，主要体现为世界中心城市应兼具国际金融中心、国际生产与贸易中心、国际信息与文化中心等功能。

科尔尼管理咨询公司曾发布过一个"2012年世界城市影响力排名"（见表5—18），该排名的得出主要依据工商业活动（财富500强企业落户数量、商贸交易额等），人文因素（人口成分，如外国出生人口比例、教育成就和大学质量等），信息流通（国际性传媒数量、宽带用户和信息管制程度等），文化氛围（博物馆、体育场馆和赛事、餐饮美食、文艺演出等）以及对全球政治的影响（外交使团、智库与国际性机构数量等）5 个因素的综合考量，各个要素所占的比例为工商 31％、人文 27％、信息 18％、文化 13％、政治 13％。从排名结果我们可以看到，纽约、伦敦、东京、巴黎在该排名中依次为第 1～4 名，而北京作为我国首都、全国政治中心和文化中心、国际交往中心、人才聚集中心，在 2012 年世界城市影响力报告中排名第 14 位，在同为国家首都城市层级中位列第 9 位，由此可以说明，北京已经基本符合具有国际影响力的世界中心城市的界定。

表 5—18　　　　　　2012 年世界城市影响力排名（科尔尼管理咨询公司）

排名	城市		得分
1	New York	纽约	6.35
2	London	伦敦	5.79
3	Tokyo	东京	5.55
4	Paris	巴黎	5.48
5	Hong Kong	香港	4.56
6	Los Angeles	洛杉矶	3.94
7	Chicago	芝加哥	3.66
8	Seoul	首尔	3.41
9	Brussels	布鲁塞尔	3.33
10	Washington，D. C.	华盛顿	3.22
11	Singapore	新加坡	3.2
12	Sydney	悉尼	3.13
13	Vienna	维也纳	3.11
14	Beijing	北京	3.05

基于数据的可获得性、评价指标的可比性，在世界中心城市文化发展水平的评价比较中，我们选取纽约、伦敦、东京、巴黎、北京五个城市作为世界中心城市文化发展水平国际比较研究的样本对象。从这五个城市的发展现状来看，也都基本符合本研究对世界中心城市的概念界定。

（二）世界中心城市文化发展指数评价指标体系

本书在第二章构建了较为全面系统的、用于评价城市文化发展水平的理论评价指标体系，但各国城市的文化统计口径存在较大差异，且可获得的数据十分有限，尚难以实现对理论指标体系中所有要素指标的数量测度。基于现实性的考虑，本研究以城市文化发展指数评价体系为基础，从城市文化资源、文化设施、城市环境、文化传播、文化持续几个要素维度出发，选取可获得数据的且在世界城市间具有可比性的数据指标，构建世界中心城市文化发展指数评价指标体系，最后确定的评价体系共包含 5 个一级文化要素指标、25 个底层具体测度指标，具体指标体系见表 5—19，据此对北京与纽约等世界中心城市的文化发展水平进行评价分析与比较研究。

表 5—19　　　　　　　　　**世界中心城市文化发展指数评价指标体系**

一级指标	二级指标	指数属性
城市文化资源（X_1）	世界文化遗产数量（X_{11}）	正向
	宗教建筑数量（X_{12}）	正向
城市文化设施（X_2）	公共图书馆数量（X_{21}）	正向
	每十万人图书馆占有量（X_{22}）	正向
	国家级博物馆数量（X_{23}）	正向
	其他博物馆数量（X_{24}）	正向
	剧场数量（X_{25}）	正向
	电影院数量（X_{26}）	正向
	荧幕数量（X_{27}）	正向
	每百万人口占有荧幕数量（X_{28}）	正向
城市文化发展环境（X_3）	人均 GDP（X_{31}）	正向
	城市 GDP 总量（X_{32}）	正向
	城市绿化覆盖率（X_{33}）	正向
	人均公园绿地面积（X_{34}）	正向
	全球宜居城市排名（X_{35}）	逆向
	人口密度（X_{36}）	逆向
	地铁密度（X_{37}）	正向
城市文化传播（X_4）	举办国际会议的次数（X_{41}）	正向
	留学生人数（X_{42}）	正向
	国际总部数量（X_{43}）	正向
	外籍人口所占比重（X_{44}）	正向
	年入境旅游人次（X_{45}）	正向
城市文化持续（X_5）	全球文化产业排名前 30 强企业的数量（X_{51}）	正向
	全球排名前 100 名的著名大学的数量（X_{52}）	正向

（三）数据来源说明及评价方法的选择

本研究所用数据主要来源于《2012 年北京统计年鉴》、《2012 世界城市文化报告》、世界银行《世界发展指标》、《全球宜居城市排名》以及相关文化部门的官方网站等。其中，个别城市的个别指标因数据缺失，采用其他城市数据的平均值进行替代，各指标原始数据详见表 5—20。这里需要说明的是，由于世界中心城市文化指标数据的获得存在较大困难，基于评价体系的可用数据目前只有 2011 年的，因此，本研究对世界中心城市文化发展现状的比较分析是基于 2011 年样本城市的文化发展相关数据，但同样可以在一定程度上反映出北京与世界中心城市文化发展的差距，研究结论仍具有一定的参考价值。

表 5—20　　　　　世界中心城市文化发展指数评价指标原始数据

一级指标	二级指标	指标属性	北京	伦敦	纽约	巴黎	东京	单位
城市文化资源（X_1）	世界文化遗产数量①（X_{11}）	正向	6	4	1	2	0	项
	宗教建筑数量②（X_{12}）	正向	114	13 974	50 436	9 255	90 433	个
城市文化设施（X_2）	公共图书馆数量（X_{21}）	正向	25	383	220	830	377	座
	每十万人图书馆占有量（X_{22}）	正向	0.13	5	3	7	3	%
	国家级博物馆数量（X_{23}）	正向	11	11	5	24	8	座
	其他博物馆数量（X_{24}）	正向	151	172	126	113	39	座
	剧场数量（X_{25}）	正向	68	214	3 752	353	230	个
	电影院数量（X_{26}）	正向	126	108	117	302	82	个
	荧幕数量（X_{27}）	正向	676	566	501	1 003	334	块
	每百万人口占有荧幕数量（X_{28}）	正向	33	73	61	85	25	块
城市文化发展环境（X_3）	人均 GDP（X_{31}）	正向	13 800	82 000	60 900	63 600	41 200	美元
	城市 GDP 总量（X_{32}）	正向	2 821	7 312	12 100	6 692	15 200	亿/美元
	城市绿化覆盖率③（X_{33}）	正向	44.40	42	21	43.2	65.50	%
	人均公园绿地面积④（X_{34}）	正向	14.4	30	30.5	24	5.3	平方米/人
	全球宜居城市排名⑤（X_{35}）	逆向	30	12	16	4	10	
	人口密度（X_{36}）	逆向	1 261	4 763	1 142	916	6 017	人/平方千米
	地铁密度（X_{37}）	正向	0.028	0.28	0.022	0.018	0.14	千米/平方千米
城市文化传播（X_4）	举办国际会议的次数（X_{41}）	正向	111	115	138.25	174	153	次
	留学生人数⑥（X_{42}）	正向	39 141	99 360	60 791	96 782	43 188	万人
	国际总部数量⑦（X_{43}）	正向	3	495	232	866	65	个
	外籍人口所占比重（X_{44}）	正向	0.53	30	28.4	25	3.07	%
	年入境旅游人次（X_{45}）	正向	620	1 700	760	1 600	430	万人
城市文化持续（X_5）	全球文化产业排名前 30 强企业的数量⑧（X_{51}）	正向	0	2	15	2	3	个
	全球排名前 100 名的著名大学的数量（X_{52}）	正向	2	4	4	2	2	个

注：①数据来源于《2012 世界城市文化报告》；②～④行数据来源于《北京文化发展报告（2012—2013）》；⑤数据来源于《2012 全球宜居城市排名》；⑥参考《2012 世界城市文化报告》；⑦数据来源于《推进全国文化中心建设》（红旗出版社，2012）；⑧数据来源于《国际文化产业领军企业 50 强榜单》。

本研究选取的综合评价方法为熵权法，其核心步骤为：首先是对原始数据进行无量纲处理，然后采用熵权法确定各指标的权重，最后采用加权的方法计算出各世界中心城市文化发展指数值。利用熵权法确定的世界中心城市文化发展指数评价指标体系中各指标权重值如表 5—21 所示。

表 5—21　　　　　　　**世界中心城市文化发展指数评价指标体系权重（熵权法）**

一级指标	二级指标	熵权
城市文化资源（X_1）	世界文化遗产数量（X_{11}）	0.037 2
	宗教建筑数量（X_{12}）	0.050 4
城市文化设施（X_2）	公共图书馆数量（X_{21}）	0.032 5
	每十万人图书馆占有量（X_{22}）	0.026 9
	国家级博物馆数量（X_{23}）	0.042 0
	其他博物馆数量（X_{24}）	0.022 8
	剧场数量（X_{25}）	0.097 4
	电影院数量（X_{26}）	0.058 1
	荧幕数量（X_{27}）	0.033 3
	每百万人口占有荧幕数量（X_{28}）	0.035 1
城市文化发展环境（X_3）	人均 GDP（X_{31}）	0.024 8
	城市 GDP 总量（X_{32}）	0.030 6
	城市绿化覆盖率（X_{33}）	0.024 6
	人均公园绿地面积（X_{34}）	0.026 3
	全球宜居城市排名（X_{35}）	0.022 7
	人口密度（X_{36}）	0.029 6
	地铁密度（X_{37}）	0.076 5
城市文化传播（X_4）	举办国际会议的次数（X_{41}）	0.047 5
	留学生人数（X_{42}）	0.045 2
	国际总部数量（X_{43}）	0.047 0
	外籍人口所占比重（X_{44}）	0.037 8
	年入境旅游人次（X_{45}）	0.042 1
城市文化持续（X_5）	全球文化产业排名前 30 强企业的数量（X_{51}）	0.058 8
	全球排名前 100 名的著名大学的数量（X_{52}）	0.050 9

（四）北京与世界中心城市文化发展指数比较研究

北京建设具有国际影响力的文化中心城市，必须具有更为广阔的国际视野，在全球文化发展格局中准确定位，在国际文化市场竞争中把握优势、厘清劣势。只有客观认识自身文化发展中的不足，取人之长、补己之短，才能不断提升文化综合实力、增强文化竞争力、提高文化影响力，进而在全球文化共同发展中占据重要地位。鉴于此，本研究基于世界中心城市文化发展指数评价指标体系，运用熵权法对北京、纽约、伦敦、巴黎和东京五大世界中心城市的文化发展水平进行客观评价及比较研究，并逐一对评价指标体系中的核心要素进行分析，具体分析及结论如下。

1. 北京与世界中心城市文化发展综合指数比较分析

本研究利用熵权法计算了世界中心城市文化发展综合指数，计算结果及文化综合指数的排名如表5—22所示，同时绘制综合指数雷达图如图5—3所示。可以看到，巴黎在五个城市中排名第1位，文化发展综合指数为27.29，紧随其后的是纽约和伦敦，分别位列第2位和第3位，文化发展综合指数分别为27.23和24.61。排在第4位的城市为东京，指数值为12.78，北京则排在最末位，文化发展综合指数为8.1。相比之下，巴黎、纽约及伦敦的文化发展综合指数达到北京的3倍以上，说明北京的文化发展水平还存在较大的提升空间。

表5—22 世界中心城市文化发展综合指数及排名

排名	城市	文化发展综合指数
1	巴黎	27.29
2	纽约	27.23
3	伦敦	24.61
4	东京	12.78
5	北京	8.1

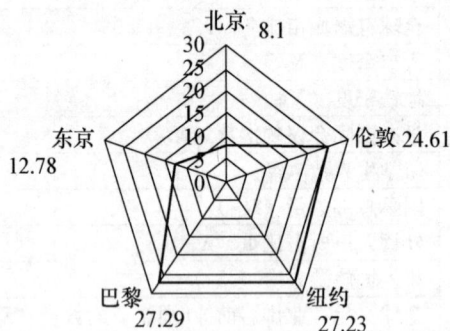

图5—3 世界中心城市文化竞争力综合指数比较

2. 北京与世界中心城市文化发展核心要素指数比较分析

（1）世界中心城市文化资源指数比较分析。

世界中心城市文化资源指数的计算及城市间的比较结果如图5—4、图5—5所示。本研究所界定的城市文化资源要素主要由世界文化遗产及宗教建筑数量来反映。可以看到，在世界文化遗产数量的比较中，北京世界文化遗产总数居于五个样本城市之首，历史文化资源丰度优势明显。北京共有6处文化遗址，伦敦有4处，巴黎有2处，纽约有1处，东京则没有。但从宗教建筑数量的比较结果来看，北京的宗教建筑数量仅有114处，而日本东京的宗教建筑数量是北京的近90倍，其他世界中心城市的宗教建筑数量也基本是北京的10倍以上，这与我国在近些年来对于宗教建筑保护力度不足而导致大量宗教建筑被破坏不无关系。对于保护历史文化资源，伦敦采取政府增加资金投入的方式，致力于保护现有的世界著名文化设施和

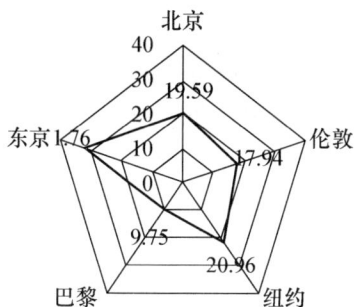

图 5—4 世界中心城市文化资源指数比较

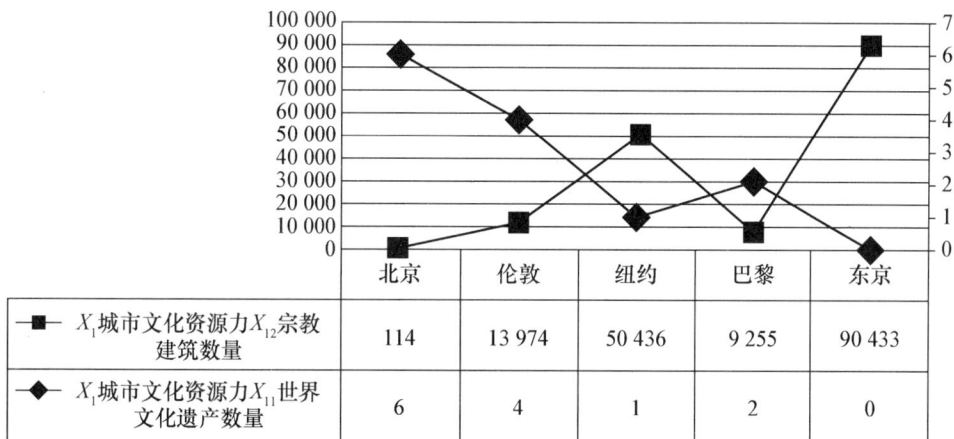

	北京	伦敦	纽约	巴黎	东京
X_1城市文化资源力X_{12}宗教建筑数量	114	13 974	50 436	9 255	90 433
X_1城市文化资源力X_{11}世界文化遗产数量	6	4	1	2	0

图 5—5 世界中心城市文化资源指数构成比较

文化遗迹，同时兴建新的文化设施，如此既满足了现代人的多元化需求，又使历史文化遗产免遭破坏，这些举措值得我们学习。具体来看，为了能够维护伦敦作为世界级文化城市的良好声誉，在保护现有世界著名文化设施和文化遗迹的同时，伦敦市政府还大力兴建新的文化设施，近几年的投资规模已经达到了 6 亿英镑左右。除伦敦外，东京也通过立法对文化遗产进行保护，先后通过了《古迹名胜天然物纪念保护法》《国宝保存法》《文化财保护法》等法律对文化遗产进行保护，同时在保护文化遗产的过程中鼓励市民全面参与，强调了整个社会群体在文化遗产保护过程中的重要性。因此，东京虽然远不如巴黎、伦敦的历史悠久，但是日本推行的传统文化保护性政策，使得东京即使在城市迅速扩张的现代化过程中也没有破坏其传统文化的神韵。

（2）世界中心城市文化设施指数比较分析。

世界中心城市文化设施指数及构成要素的比较结果如图 5—6、图 5—7 所示。

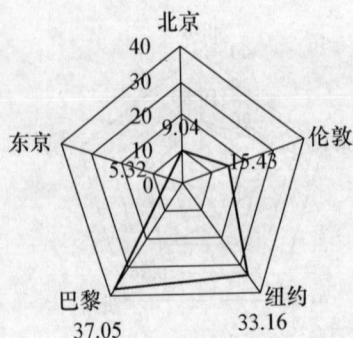

图 5—6 世界中心城市文化设施指数比较

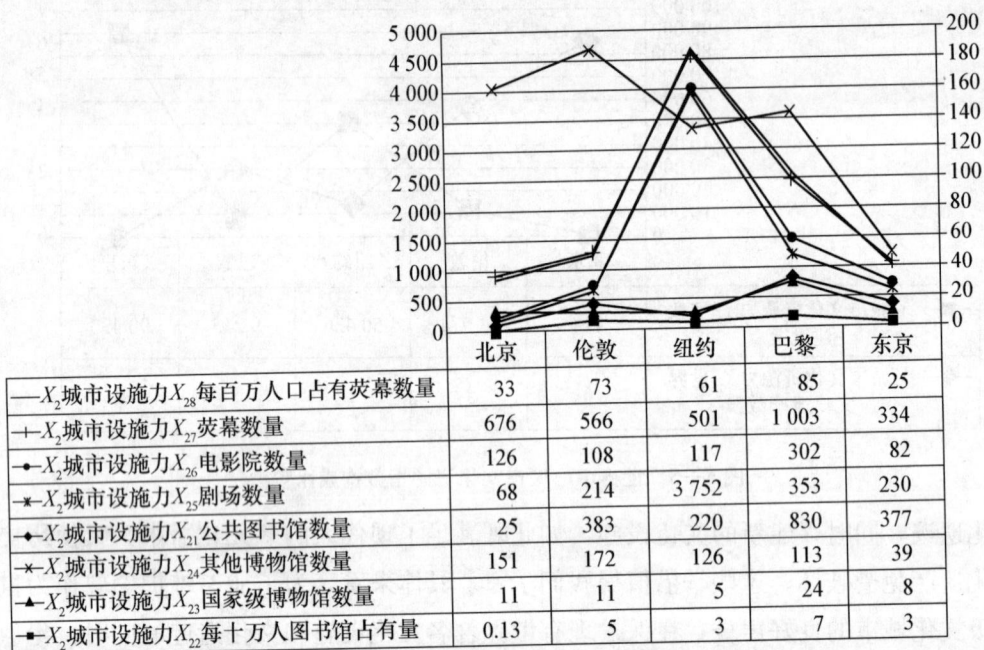

	北京	伦敦	纽约	巴黎	东京
—X_2城市设施力X_{28}每百万人口占有荧幕数量	33	73	61	85	25
—+X_2城市设施力X_{27}荧幕数量	676	566	501	1 003	334
—●X_2城市设施力X_{26}电影院数量	126	108	117	302	82
—✳X_2城市设施力X_{25}剧场数量	68	214	3 752	353	230
—◆X_2城市设施力X_{21}公共图书馆数量	25	383	220	830	377
—✶X_2城市设施力X_{24}其他博物馆数量	151	172	126	113	39
—▲X_2城市设施力X_{23}国家级博物馆数量	11	11	5	24	8
—■X_2城市设施力X_{22}每十万人图书馆占有量	0.13	5	3	7	3

图 5—7 世界中心城市文化设施指数构成要素比较

　　从比较结果来看，北京的公共图书馆数量、每 10 万人占有的图书馆数量、剧场数量、每百万人口占有的荧幕数量与伦敦、纽约、巴黎和东京相比相对较为匮乏。尤其是在城市公共图书馆的数量上，伦敦等 4 个世界中心城市的公共图书馆数量基本达到北京公共图书馆数量的 10 倍以上，每 10 万人拥有的图书馆数量更是北京万人拥有量的 30 倍左右。北京博物馆数量在世界中心城市中排在中等位置，并没有显示出巨大的特色优势，除仍需要进一步增强博物馆的数量规模外，在博物馆的设施建设、日常管理、展览吸引、宣传策略等方面也应投入更多的政策支持，加大改革的力度，如对博物馆的一些展览活动采取不收费等优惠政策，鼓励人们走进博物馆等。文化设施更应该作为一种公共产品资源供市民免费享用，以产生更大的公共效益。在这一点上，一些发达国家城市进行了实践，并取得了良好的效果，一些成功经验值得我们学习和借鉴。如在法国，巴黎公民在文化生活中享有平等的机会已经被写入宪法，"文化是总体发展的一部分"在法国已得到了广泛认同。为了缓解或避免因地理、经济、社会障碍造成的文化生活中的不平等，法国先后制订了一系列的政策方针，核心目的就在于增加文化受众的数量和种类，并且在尽可能大的范围内促进文化领域各种文化和艺术活动的发展，这些政策在特定的群体和地区已经初见成效。再如英国伦敦，其在制定相关文化发展策略时，会重点关注弱势群体，在促进主流文化机构发展的同时，设立了便于残疾人使用的文化设施，确保所有市民都能参加市长所支持的文化活动，目前已建立伦敦的"残疾人网站"，以帮助社会弱势群体实现文化资源共享。

（3）世界中心城市文化发展环境指数比较分析。

世界中心城市文化发展环境指数计算结果及比较如图5—8所示，世界中心城市文化发展环境指数构成要素比较结果详见图5—9。虽然近年来，北京的经济发展水平取得了长足的发展和进步，但与伦敦、纽约、巴黎、东京相比，在GDP总量与人均GDP水平上还存在一定的差距。在本研究的五个世界中心城市样本中，东京是人均GDP最高的城市。在生态环境水平上，北京在全球宜居城市中的排名仅为第72位，人口密度较高、绿化面积不足是北京面临的主要问题，在"人均公园绿地面积"的比较中，北京还不到伦敦的一半，北京在城市环境这一要素层面仍需继续改善，城市文化发展环境水平还有较大的提升空间。从一些发达城市的做法来看，东京提升城市环境的做法主要是进行大规模产业结构的调整，严格控制都市工业的发展，转而重点扶持出版印刷、电子、服装、服务等产业，第三产业是其城市产业结构的主体，同时，东京还制定了严格的绿化和自然环境保护措施。

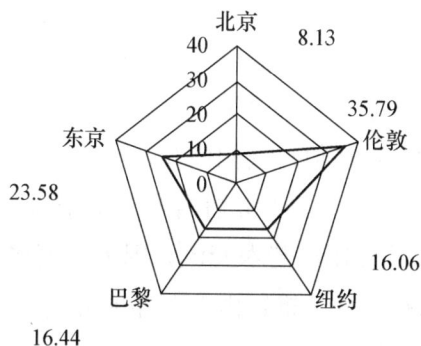

图5—8　世界中心城市文化发展环境指数比较

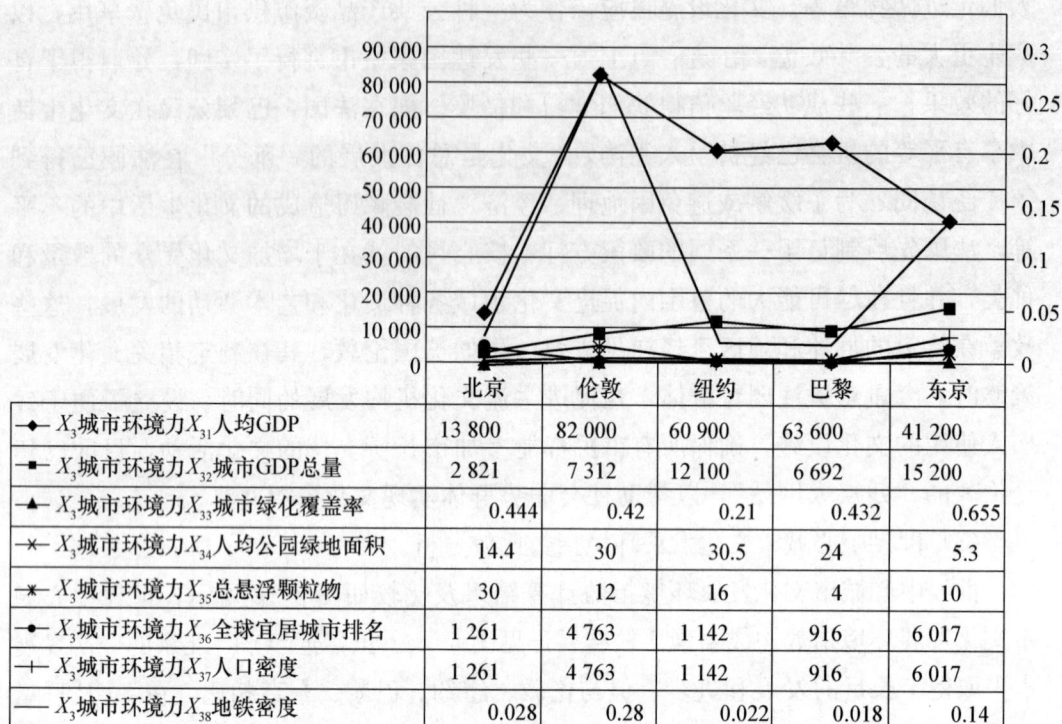

	北京	伦敦	纽约	巴黎	东京
◆ X_3城市环境力X_{31}人均GDP	13 800	82 000	60 900	63 600	41 200
■ X_3城市环境力X_{32}城市GDP总量	2 821	7 312	12 100	6 692	15 200
▲ X_3城市环境力X_{33}城市绿化覆盖率	0.444	0.42	0.21	0.432	0.655
✳ X_3城市环境力X_{34}人均公园绿地面积	14.4	30	30.5	24	5.3
✳ X_3城市环境力X_{35}总悬浮颗粒物	30	12	16	4	10
● X_3城市环境力X_{36}全球宜居城市排名	1 261	4 763	1 142	916	6 017
─┼─ X_3城市环境力X_{37}人口密度	1 261	4 763	1 142	916	6 017
── X_3城市环境力X_{38}地铁密度	0.028	0.28	0.022	0.018	0.14

图 5—9　世界中心城市文化发展环境指数构成要素比较

（4）世界中心城市文化传播指数比较分析。

世界中心城市文化传播指数及构成要素的比较如图 5—10 和图 5—11 所示。从比较结果可以看到，伦敦、纽约、巴黎以及东京 4 个世界中心城市外籍人口所占比重是北京的几倍到几十倍不等，在入境旅游人数上北京也是排名最为靠后。目前，北京国际总部数量仅为 3 家，其数量规模是伦敦等其他世界中心城市的几十到几百分之一。北京作为首都、全国政治中心和文化中心、国际交往中心，承担着在世界范围内传播我国文化价值的重任，文化传播吸引不足也将成为北京立足国际市场的主要障碍，因而制定有力政策、采取有效措施，不断增强北京的文化传播力和文化吸引力，应是北京文化发展中的重中之重。在提升城市文化传播吸引力方面，一些国外发达城市的成功经验和做法值得我们借鉴，如法国巴黎将在国外推广法国文化作为法国外交政策的重点之一，主要传播内容及举措包括：在国外推广法语的应用，教育交流，科学和技术合作，艺术交流，图书、电影、电视和广播的推广等。外交事务部所制定的政策在国外的推行由一个外国文化合作网络实施，这个网络由法国使领馆的文化部门、法国文化中心和机构（总数 150 个）、25 个人文和社会研究中心以及大约 1 000 个大小不等的法语联盟组成。通过与外交事务部合作、资助的组织，以及文化产业（法国电影、法国版书籍、法国音乐）等渠道，文化部门在文化产业出口方面也起到了重要的作用。法国艺术活动协会（AFAA）也与法国文化部进行合作，为外交事务部所制定政策的实施提供便利。日本东京也采取多种手段提升城市文化传播力，充分发挥文化国际交流在文化产业中的作用。东京的文化产业发展表明，仅靠本国文化难以形成丰富多彩的文化市场，必须开展多种形式的文化活动，才能使得东京的文化经久不衰。东京经常举行各种文化主题年等大型文化交流活动，众多国外的文艺演出和美术文化展览都能够给东京带来巨大的经济和社会效益，在推动文化发展的同时，引进外资和先进技术，为本国文化产业注入新的活力。1983 年建成的迪士尼乐园、2001 年开业的海上迪士尼乐园，这些乐园娱乐设施的开放带动了东京旅游业的繁荣。

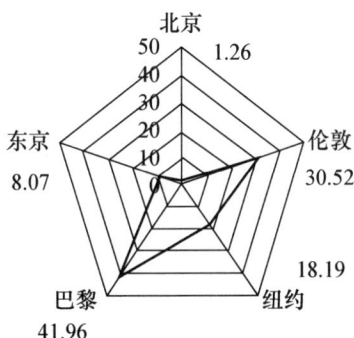

图 5—10　世界中心城市文化传播指数比较

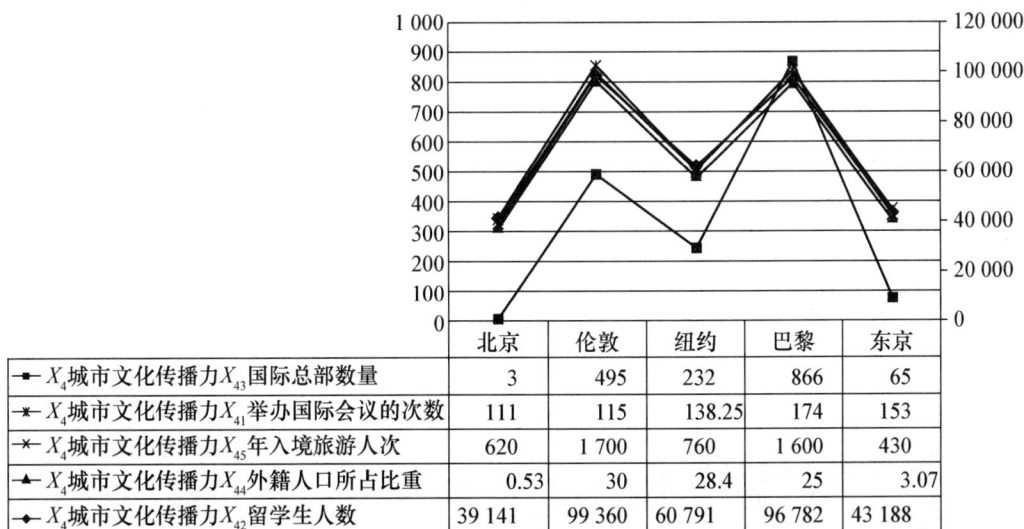

	北京	伦敦	纽约	巴黎	东京
X_4城市文化传播力X_{43}国际总部数量	3	495	232	866	65
X_4城市文化传播力X_{41}举办国际会议的次数	111	115	138.25	174	153
X_4城市文化传播力X_{45}年入境旅游人次	620	1 700	760	1 600	430
X_4城市文化传播力X_{44}外籍人口所占比重	0.53	30	28.4	25	3.07
X_4城市文化传播力X_{42}留学生人数	39 141	99 360	60 791	96 782	43 188

图 5—11　世界中心城市文化传播指数构成要素比较

（5）世界中心城市文化持续指数比较分析。

世界中心城市文化持续指数计算结果及比较如图 5—12 所示，世界中心城市文化持续指数构成要素比较如图 5—13 所示。通过比较可以看到，全球文化产业排名前 30 位的企业中，北京未能占一席之地，公认的世界中心城市纽约有 15 家文化企业位居前 30 名，巴黎有 2 家，伦敦有 2 家，东京有 3 家，可见，在全球文化市场中，北京仍缺乏具备竞争实力的文化领军企业，文化持续发展能力不足、后劲欠佳。日本东京在促进文化持续发展方面有很好的经验，如东京政府通过加大政策扶持力度，创造出了有利于文化产业发展的环境。尽管泡沫经济崩溃，但是日本化危机为转机，借由"柔性国力"将自己蜕变成独具特色的文化输出国，表现出强劲的

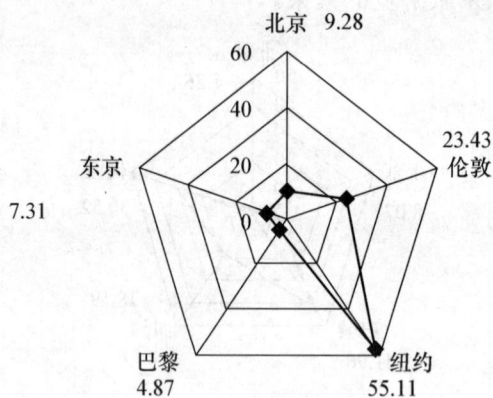

图 5—12 世界中心城市文化持续指数比较

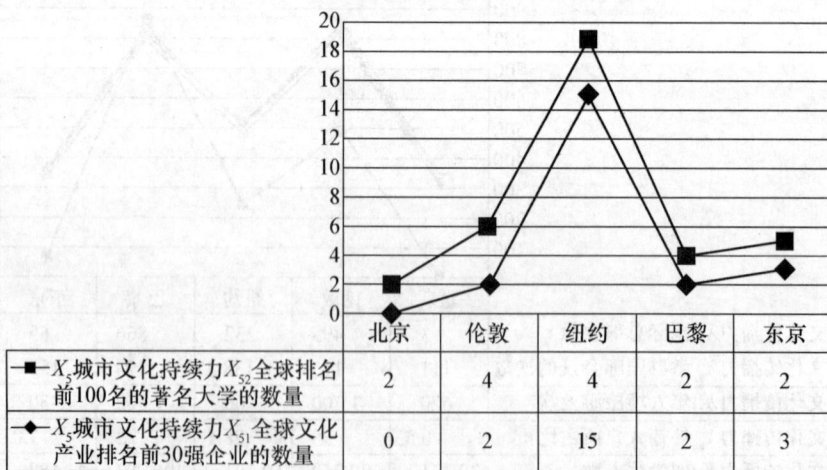

	北京	伦敦	纽约	巴黎	东京
■X_5城市文化持续力X_{52}全球排名前100名的著名大学的数量	2	4	4	2	2
◆X_5城市文化持续力X_{51}全球文化产业排名前30强企业的数量	0	2	15	2	3

图 5—13 世界中心城市文化持续指数构成要素比较

文化传播实力。如今，东京已日渐成为亚洲时尚之都，爵士乐、流行音乐、偶像剧等艺术形式日渐走向成熟，开始跨越语言的障碍向全世界传播，尤其是在动漫市场上，东京已成为日本乃至整个世界的动漫中心，日本崇尚"可爱"的传统文化也借着漫画、卡通的形式，创造了惊人的价值。

第六章　中国城市文化发展战略研究

在前述研究中，我们对我国 2014 年 236 个地级及以上城市的文化发展水平进行数量研究，并以北京为例，对北京文化发展现状及具体薄弱环节进行了更为细致和深入的分析。基于上述研究结果，我们对我国城市文化发展的不足之处以及北京区县文化发展的现存问题进行了总结，并据此提出了推动我国城市文化全面发展、将北京建设成为世界文化中心城市的对策建议。

一、我国城市文化发展不足与对策研究

(一) 我国城市文化发展的不足之处

近几年来，尽管我国城市文化建设取得了长足发展，但与纽约、伦敦、东京等文化发达城市相比，我国城市文化发展水平仍十分落后。根据本研究对国内城市文化发展指数的测算及比较分析结果，从整体上看，我国城市文化发展水平还存在较大的提升空间，且东中西部之间差异较大，呈现出较为明显的区域文化发展不均衡。基于研究结果，结合我国城市文化发展的整体趋势，深入剖析阻碍我国城市文化发展的问题所在，并将不足之处归纳为以下几个方面。

1. 文化人才储备不足，人才素质亟待提升

文化人才储备不足是制约我国城市文化发展的核心问题，高素质、专业化、复合型文化人才紧缺制约了我国城市文化的快速发展。随着文化发展步伐的不断加快，文化领域人才的需求量会大幅上升，或将导致人才数量缺口进一步增大。

目前，中国最为紧缺的文化人才可归为以下四大类：一是文化内容创意人才；二是文化专业技术人才；三是将文化产品进行产业化、市场化的经营管理人才；四是既有创新能力，又具备专业技术，同时又熟悉文化产业化运作的复合型人才。从

北京文化人才储备现状来看,2014 年,北京文化创意产业从业人数占总就业人数的比例达到 16.56% 左右,但其中真正具备文化创意、专业技能、市场能力的高素质文化人才比例很低,如 2013 年北京动漫专业技术人才占动漫产业从业人员的比重仅为 6.4%,在总就业人口中的占比仅为十万分之一左右;北京 2013 年总就业人数中,艺术表演专业技术人才占比仅为 0.04%,文化市场从业人数占比也仅为 0.22%。可见,北京作为我国文化创意产业发展领军城市,同样陷入了文化人才紧缺的困境,高素质文化人才数量缺口很大,文化人才储备不足严重限制了北京建设世界文化中心城市的步伐。再以上海为例,上海 2014 年文化主要机构的从业人员中,艺术创作机构的从业人数仅为 231 人,艺术教育机构仅为 79 人,文艺科研机构也只有 44 人,占艺术机构从业总人数的比重分别为 2.13%、0.66% 和 0.43%。可见,上海同样表现出了文化高端人才的紧缺,文化人才结构有待优化。因此,各城市在制定文化发展战略、发展文化产业的过程中,应对文化创新、专业技术、文化经营管理人才的培养和引进给予高度重视,应以文化市场需求为导向,依托高校、企业培养文化人才,以全球视野引进人才,充实文化人才储备,提升文化人才素质。

2. 文化创新动力不足,缺乏优质文化产品

文化创新动力不足,缺乏原创、优质文化产品,是我国城市文化发展落后于纽约、伦敦、东京等城市的主要原因。一方面,各城市在开发文化产品时缺乏深度挖掘本土资源优势的意识,使我国城市丰富的文化资源未能被有效地转化为优秀的文化资本。另一方面,一些企业缺乏长远的发展眼光,导致产品开发建设频现跟风热潮,文化产品形式单一、内容雷同,低层次重复开发、艺术抄袭等现象严重。文化产品作为文化内涵的物化形式和表达途径,差异化、特色化、优质化文化产品的缺乏将严重阻碍城市文化的健康发展。同时,原创力不足也是我国文化产品难以走出国门、在世界范围产生影响力的主要原因。以影视节目为例,近几年广受观众喜爱的电视节目如《超级女声》《中国达人秀》《中国好声音》等都是从国外引进的,各种翻拍国外的影视作品几乎占据我国影视市场的半壁江山。国外好的成功经验值得我们学习,但不能只照搬不改进、只引进不创新,更不能只靠引进模仿、不思自制原创。只有拥有自主原创品牌,做版权出售方而非纯粹的版权买入方,才能真正在世界文化市场上站稳脚跟,提高本土文化的国际影响力。

3. 文化市场产业链尚未形成,缺乏“航母”企业引领

我国城市文化产业发展尚不成熟,文化市场产业链尚未形成。文化产业各环节

之间存在断层，不成体系，企业之间缺乏协调合作。以我国动漫产业为例，动漫产品制作成本高昂，但在电视台的播出费用低廉，令动画制作无利可图，上游产品制作与下游市场环节的脱节，导致动漫产品再生产动力不足，动漫产业发展难以形成良性循环。又如，一些文化企业产品创作与市场需求没有对应起来，导致文化产品不能完全满足消费者的需求，或在文化产品生产出来后，没有匹配有效的市场营销手段对其进行宣传，导致产品知名度和市场占有率不高。文化产业链的形成对提升文化产业实力至关重要，应从纵向延伸、横向扩展两个方向入手进行完善，建立完整的、多元化的、复合型的现代文化产业链条，增强城市文化产业的竞争力，促进文化繁荣。

缺乏文化"航母"企业引领也是我国城市文化产业未能做大做强的重要原因。我国城市文化发展曾长期处于政府"包办"的模式中，文化体制改革起步较晚、进程缓慢，导致我国尚未培育出具备强劲竞争实力的文化航母企业，现有文化企业多以中小规模为主，并且大多数文化企业存在着经营体系不完善、管理体制不健全、人才结构不合理等问题。长期处于融资困境，也使大多数文化企业发展受阻。各城市必须提高对文化企业发展的重视，增加资金投入，给予政策扶持，打造文化"航母"企业，充分发挥"航母"企业对文化产业的引领作用。

4. 文化消费水平不高，消费理念仍显保守

文化消费不足是我国城市文化发展面临的一大困境。从消费水平来看，我国城市居民人均文化消费支出水平虽然有逐年提高的趋势，但在消费总量中的比重并不高。从消费结构来看，大多数城市，尤其是西部城市，文化消费观念保守，文化消费结构仍待优化。具体来看，人均文化消费支出水平较高的如广州、上海、南京、北京等城市均以文化娱乐服务消费支出为主，而很多西部城市的文化消费几乎都限于教育支出。这说明绝大多数城市，尤其是文化消费水平落后的西部城市，居民的文化消费观念还较为保守和落后，过于重视传统教育支出而轻视服务消费，文化娱乐服务支出上升空间较大。此外，经济落后、生活水平不高、优质文化产品缺乏等也是西部城市居民文化消费水平不高的主要原因。

5. 资金投入力度不足，融资体系尚不健全

我国城市文化发展还面临很大的资金缺口，融资体系尚不健全。目前，我国大部分城市文化发展的资金来源仍主要以政府投入为主，方式单一，文化与金融融合不足、效率低下，没有形成多元化筹资体系。究其原因，一方面，由于缺乏有形资产作为抵押物，且尚未建立有效的无形资产评估体系，使得文化产业在申请银行贷

款时遭遇困难；另一方面，金融机构对文化产业融资业务经验不足，缺乏了解文化产业的人才，针对文化产业的金融创新产品极为缺乏，资本市场融资功能未得到充分发挥。因此，面对文化发展的资金短缺问题，各城市除充分发挥财政资金的引导作用外，还应积极创新文化金融信贷产品，吸引大量民间资本进入，建立多元化、多形式、多层次的筹融资体系。

6. 缺少世界文化品牌，文化传播力度有限

我国城市文化发展缺乏在世界范围内"叫得响"的文化精品项目、城市特色品牌，从而导致城市文化吸引力不足、对外传播力度不强。世界文化发达城市在文化传播上都离不开精品项目的支撑，如纽约的"百老汇""迪士尼"等，依靠其巨大的品牌吸引力成为纽约文化对外传播的主要途径。目前，我国仅有"孔子学院"成功发展为全球文化品牌，是我国对外推广汉语和传播中国文化与国学的重要平台和途径，成为推广汉语和展示中国国家形象的"代言人"。类似这样的文化传播精品项目在我国还十分缺乏，应该继续开发和推广。各城市文化发展也应紧跟国家的步伐，结合自身城市特色开发文化精品项目，建立城市文化品牌，并向世界品牌的高度推进，拓宽文化传播途径，增强城市文化传播力。

7. 东中西部文化发展水平差异较大，区域不均衡现象凸显

受区域经济社会发展水平差异的影响，我国城市文化发展水平也呈现明显的东高西低现象，区域分布极不均衡，尤为突出地表现在文化基础设施、文化产业和文化企业三个文化发展要素上。

首先，文化基础设施区域分布极为不均，西部地区文化设施不健全情况十分严重。如北京、天津、上海等城市的公共图书馆数都在20家以上，而拉萨和南宁只有1~2家公共图书馆，36个省会及副省级城市中，东部地区（14市）2011年公共图书馆藏量各市平均可达21 925.36千册，剧场、影剧院各市平均为51家，艺术表演团体机构各市平均为70家，而西部地区（12市）公共图书馆藏量各市平均仅3 856.53千册，剧场、影剧院各市平均为10家，艺术表演团体机构各市平均仅为15家。西部文化基础设施极为落后的现实应引起国家和各市政府的高度重视，对西部城市应继续加大文化投入、加快文化设施建设，增强公共文化服务水平。

其次，区域间文化产业实力不均，东部地区遥遥领先。36个省会及副省级城市中，东部地区（14市）2011年文化产业增加值总量达到8 821.34亿元左右，各市平均值可达630.1亿元，文体娱从业人数总数达41.44万人，而西部地区12市

的文化产业增加值总量仅为 1 046.79 亿元，各市平均值仅为 87.23 亿元，文体娱从业人数总数为 13.39 万人，东西部之间差距很大。

最后，文化企业实力相差悬殊，西部地区文化生产力明显偏弱。具体来看，2011 年，33 家上市文化企业中，仅北京就占了 7 家，西部地区 12 个省会及副省级城市中，只有西安有 1 家文化企业上市；2011 年中国文化企业 30 强中，北京有 13 家文化企业上榜，东部城市上榜企业数占比达到 90%，而中西部地区仅有长沙、合肥和成都三市各有 1 家企业上榜；国家文化出口重点企业评比中，东部 14 市共有 220 家企业入选，而西部 12 市总共只有 22 家企业入选。可见，西部城市整体文化生产力远落后于东部城市，培养优秀文化企业、增强文化生产力，应成为西部城市未来发展的重点。

8. 文化立法工作严重滞后，文化执法力度有待加强

首先，在文化立法层面，虽然我国文化立法体系逐步规范，但文化立法"盲点"仍然很多，与经济、政治、社会等领域相比，文化领域相关法律数量占现行法律的比例远落后于经济、政治、社会等领域的法律占比，文化立法工作严重滞后，文化立法内容还需要进一步完善。

其次，在文化执法层面，我国尚未形成规范、系统的执法机制，执法力度还有待进一步加强。如我国文化市场的"扫黄打非"工作虽成效显著，但总体上多为某一段时间集中开展的专项行动。"扫黄打非"不仅是突击战，更是持久战，应将文化执法日常化、规范化、长期化。

9. 城市文化统计薄弱，文化研究难以深入

我国城市文化数据统计尚显薄弱，城市文化竞争力研究受到很大局限。随着文化发展不断深入，文化所涉及的领域将越来越多、越来越细化，现有的文化数据储备难以满足多层面、多角度文化研究的需要。在统计对象上，除北京、上海等少数大型城市外，地级、县级城市的文化统计数据十分缺乏。在指标内容上，一些较为重要的文化指标如文化产业增加值、文化科研投入、文化创新成果等还未得到系统的统计。一些反映文化融合新业态的指标，如文化旅游增加值、从业人数等也十分缺乏。在文化大发展的背景下，城市文化统计工作应紧跟文化发展的节奏，加大展开力度，为深入我国城市文化竞争力研究提供坚实的数据基础。

（二）推动中国城市文化发展的对策建议

针对我国城市文化发展存在的不足之处，本研究尝试提出几条推动城市文化发

展的对策建议，具体如下。

1. 夯实文化人才储备，提高文化人才素质，增强文化人才力

文化人才是文化创新的根本来源，是文化发展的最核心要素。夯实高素质文化人才储备，应从高校培养、社会培育、全球选才三个层面入手。

（1）依托高校平台，培养文化人才。高校是培养文化人才的主要基地，小学和中学在教学安排上可加设"诵读我国经典名著"等课程，培养学生对传统文化的兴趣，为未来造就文化人才奠定基础；高等院校在招生上要严控文艺考生生源质量，提高考核标准。在制定人才培养目标上，以市场人才需求为导向，完善现有文化学科与专业结构。在师资配置上，加强文化专业领域师资队伍的建设，定期邀请文化领域专家学者在校园内举办一些有关国学、历史、文化礼仪等内容的讲座；增强校企合作，建立人才合作培养机制，多为学生提供参与社会实践的机会和平台，积累实践经验；搭建"学研产"合作新平台，建立文化研究基地，推动科学研究成果向现实生产力转化。

（2）优化社会环境，集聚文化人才。在宏观层面，政府应对人才培养进行规划、指导，建立科学有效的优秀文化人才评定机制和文化贡献审核机制，并配套相应的奖励政策，为吸引和留住文化人才营造良好的宏观政策环境；在中观层面，要大力发展文化产业，为企业发展、人才聚集营造成熟的产业环境；在微观层面，企业应增加对文化人才的重视、投入和再培养，尤其对复合型文化人才要提高福利待遇，多设创新奖励机制，从而优化文化人才发展环境，激发文化人才的创作热情与动力。

（3）立足全球视野，配置文化人才。国际文化人才紧缺一直是我国城市文化发展的薄弱环节，中国绿卡申请门槛过高、审批流程过于烦琐等成为海外人才引进的重要瓶颈。争夺海外高端文化人才，必须加大政策的支持力度，精简审批的流程，提高政府工作效率和公共服务力。美国在政策上给予海外人才引进很大的支持，如推行开放的移民政策（包括职业移民和非移民签证两类）、设置多种临时工作签证、对人才入境申请实施"签证快车道"等，这些成功经验值得我们借鉴。

2. 增强文化原创性，根植本土文化内涵，创新特色文化产品

创新是文化发展的根本，文化创新是提高文化生产力的核心动力。针对我国文化市场中文化产品原创性不足、重复开发的现状，各市应做到：

（1）在文化产品开发上应根植于本土环境，深度挖掘本土文化内涵和资源优势，融城市文化特色于产品之中，在城市之间形成产品差异化竞争。

（2）为文化产品设定永恒的主题，提升产品的文化高度，使其保持长久吸引力。

（3）文化企业要加强对自身创新能力的重视和培养，以特色开发为核心理念，创新文化产品，形成产品类型多样化、产品体系多层次。

（4）对于国外优秀文化产品，可以借鉴学习，但不能完全照搬使用、不思创新改进，要在原有基础上寻求突破和优化，结合本土特色、市场变化不断尝试创新和改革。美国好莱坞电影《花木兰》《角斗士》《斯巴达300勇士》等在全球的热卖，正是对国外古老传统文化进行再创新的成功案例。

3. 建设城市文化中心区，完善现代文化产业链，打造文化企业"航母"

（1）建设城市文化中心区，发挥文化集聚效应。文化中心区通过集中各类文化场馆、文化设施资源，吸引各类优秀文化企业入驻，实现文化集中建设，为消费者提供集中进行文化消费，且能够满足多样化需求的多元化、高端化、现代化文化消费场所。同时，高素质文化人才的集聚，也将提高中心区的文化创新力、文化生产力、文化供给力。文化中心区的建立不仅有助于提高文化消费力、促进文化传播、增强公共文化服务力、实现文化惠民，更是凸显城市文化特色、反映城市文化水平的重要标识，对城市文化形象、精神特质的塑造十分有益。纽约的文化中心区"林肯中心"集中建设了3个世界顶级大剧院、多个独立的世界级音乐厅、70多个博物馆、纽约图书馆等，是全世界最大的艺术会场，每年能吸引世界各地超过500万的观众，创造200亿美元的收入。目前，我国已有城市开始建立文化中心，如天津市文化中心已于2012年5月投入使用，是天津市文化展示、交流、休闲、消费最集中的区域，已成为假日"文化游"的热点。

（2）完善现代文化产业链，推动文化产业持续发展。各市应加快推进文化产业发展，从纵向延伸和横向扩展两个方向完善文化产业链条，构建纵横交叉的复合型链条结构。在纵向延伸上，扩张企业内部的生产体系，加强文化产业内部上下游之间的信息互动、协同合作、融合发展，依据文化市场需求设计文化产品，实现文化产品设计、制作、出品、销售等上下环节的对应衔接，形成滚动发展的良性循环。国外很多成功的文化企业如迪士尼、时代华纳、索尼等，既是内容生产商，又是产品发行方，极大地提高了文化企业的生产效率。在横向扩展上，推动文化产业与旅游、信息、科技等其他产业的融合发展，通过创新文化产业新业态、产品新类型，完善文化产业体系，丰富文化产品种类，实现复合型现代文化产业链条的建立。

（3）打造文化企业"航母"，引领文化产业做大做强。美国作为文化产业强国，拥有众多实力雄厚的文化企业，在其最富有的400家公司中，有72家是文化企业，像迪士尼娱乐业已跻身世界大型企业500强。相比之下，我国文化企业整体规模不大、综合实力不强。各市应以培育文化企业"航母"为发展重点，首先，加快文化企业转企改制的步伐，以企业作为市场主体，增强企业内部进行创新、改革的动力，提高企业竞争力。其次，政府要给予必要的政策优惠和资金扶持，营造良好的企业发展环境。如北京在税费上调整了营业税和所得税的起征点，减免企业负担，促进了当地文化企业的发展壮大。再次，促进文化企业集群式发展，从而实现资源有效整合、降低企业成本、提高经济效益。最后，文化企业要有品牌意识，着眼于长远发展、长久利益，开发文化精品，形成企业品牌，依靠品牌竞争力争夺国际文化市场份额，从而提高企业综合竞争力。

4. 引导文化消费理念，增强文化产品营销力，提高文化消费水平

文化消费是文化发展的内在动力。在提高居民文化消费水平上，应做到以下几点：

（1）政府应积极引导市民树立正确的文化消费理念，开放思想，突破保守的消费观念，形成自觉的文化消费习惯。如 2013 年北京启动首届"惠民文化消费季"，旨在培养文化消费理念，增强居民文化消费意愿。同时，还应注重增加居民收入，增强文化消费的动力。

（2）优化文化消费结构。我国一些文化消费水平不高的城市存在文化消费结构落后的问题，文化消费支出仍主要以传统教育支出为主，消费观念较为保守，应结合当地文化特色，增加文化消费服务产品的开发，促进居民文化消费结构优化，即由以文化实物产品、传统教育支出为主逐步向以文化娱乐消费服务为主转变。

（3）增强文化产品营销力。在产品呈现形式上，将文化与娱乐、科技相结合，借助娱乐元素、科技手段等呈现文化产品的内容，增强文化产品的吸引力。在产品定价上，将产品价格与产品类型、品质和相应需求者的收入相匹配。

（4）加强对文化消费市场的监督和管理，提供公平公正的文化消费环境。

5. 推进文化与金融的融合，构建多元化筹资体系，增加资金投入

资金投入不足是我国城市文化发展面临的主要瓶颈之一。推进文化与金融融合，健全筹资体系，是增加文化资金投入的有效途径。目前，我国政府已陆续出台了一系列推动文化产业与金融业融合发展的相关政策，二者融合态势初显，但融合深度不足、方式单一、效率不高。对此，应做到以下几点：

（1）金融机构应针对文化产业特色，创新文化金融信贷产品和管理体制，建立文化企业的银行贷款审核机制，开发适合文化企业特点的金融产品和服务。

（2）吸引相关领域专家，建立知识产权等无形资产的专业化评估机构，探索价值评估机制。

（3）建立产权交易中心，规范产权交易相应的法律法规和流程。如北京建有三大版权交易中心，并率先在全国建立了包括政府财政投入、银企合作、企业上市三大模块的文化创意产业投融资服务体系，为北京文化产业的快速发展提供了有力的资金支持。

（4）鼓励文化企业借助证券市场融资平台，通过企业上市，发放债券、短期融资券、中期票据等形式，充分发挥资本市场的融资功能，扩大直接融资规模，促进多元化筹资体系的建立。

6．融入媒体新技术，增强城市文化品牌力，提高文化传播力

媒体新技术的出现、微平台的普及将促进文化传播新模式的出现，实现传统文化的现代表达，使文化传播系统得到进一步的优化。

（1）在互联网迅速发展时代，应善于利用移动电视、手机视频、网络视频、微博、微信等新兴媒体形态，借助微平台进行文化内容传播，提高文化传播效率，扩大文化传播影响力。如新媒体时代下的新兴"微电影"，将故事叙述的传统表达方式与现代新媒体技术相结合，以视频影像的方式呈现故事情节，并通过微平台迅速上传、传播，及时进入市场，不仅提高了传播效率，更增强了宣传效果和传播效应。"微电影"的兴起为弘扬社会主义文化价值观开辟了新的路径，是"微时代"文化传播的又一创新模式，值得鼓励和推广。

（2）打造文化精品，塑造城市文化品牌，也是提高文化传播力的有效途径。如美国电影作品在世界市场上的成功使电影成为美国向世界传播文化价值观的最有力手段。纽约市在品牌塑造方面，充分利用"大苹果"城市品牌效应，创造了SOHU、百老汇戏剧产业园等耀眼的、经久不衰的创意产业名牌，有效提升了纽约在世界范围的知名度和影响力。我国在城市文化品牌塑造上还有很长的路要走。提高城市文化传播力必须寻找新的视角，继续开发和推广新的文化精品项目，打造新的世界文化品牌。如中国源远流长的"食文化"即可作为文化传播的有力视角。以饮食为切入点，借助现代科技信息手段，通过"食"的多样化呈现，释放"食"背后的文化内涵，从饮食文化扩大到中华文化。我国中央电视台推出的"舌尖上的中国"，生动展现了饮食背后所蕴藏的中华文化传统、祭祀习俗、价值观念、生活信仰、伦理道德等，引起了很大反响，是我国通过饮食向外传播中华文化的一次成功尝试。

7．优化城市环境，增加西部投入，提高并均衡文化基础力

目前，我国各城市都存在着不同层面的环境优化问题，区域社会经济发展水平不均衡也导致文化发展水平呈东高西低的态势，因此，必须进一步优化城市环境，

增加西部投入，提高并均衡城市文化基础力，缩小区域文化发展水平差距。

（1）整体上，各市都应进一步从自然、社会两个层面优化城市环境，提高城市文化基础力。首先，城市生态环境改善是文化发展面临的一大挑战。各市应结合自身情况，有重点、分层次地加强环境治理。如北京应对目前表现最突出的空气污染问题加强治理力度，上海应首先从转变长期以来延续的粗放型经济增长模式入手，提高对环境治理、生态保护的重视程度。同时，应加强环境法制建设，制定科学合理的惩罚措施，加大对环境破坏主体的惩罚力度，提高环境污染的经济成本，并拓宽全民参与环境治理的渠道。其次，社会环境是助推文化繁荣的基础力量。一个城市的经济、教育、人文素养、社会保障等要素水平对当地文化发展具有重要影响。因此，文化大发展必须以经济的全面发展作为基础前提和重要保障；加大教育投入，通过大力发展教育事业、提高文化设施覆盖率、筹建社区书屋、举办文化主题活动等措施促进本地公民文化素养的全面提升；注意特大城市人口向周边城市的疏散，缓解人均教育资源不足的状况。如北京是全国高校集聚地，但人均教育资源仍显不足，这与北京人口过度集聚不无关联；健全社会保障机制，完善医疗设施，为促进文化发展提供有力的保障。

（2）从区域分布来看，西部城市对提高社会环境支撑力的需求更为迫切，较弱的城市文化基础力是西部城市文化发展水平不高的主要原因。因此，一方面，国家和政府要继续加大对西部城市的投入和扶持力度，完善西部城市文化基础设施建设，增强教育设施和人员配置，加快西部城市建设和社会经济发展步伐；另一方面，西部城市也要提高对文化建设的重视程度，促进经济与文化的协调发展，主动借鉴东部城市文化发展的经验，并结合自身区域特色和资源优势进行改进，寻求适合自身特色的文化发展道路。

8. 健全文化管理体制，加大文化执法力度，提高文化管控力

我国在文化管控方面还没有形成合理、完善的管理体制和执法机制，还存在很多不足。

（1）在文化管理方面，政府的职能应逐渐从直接管理向间接调控过渡，从事前行政审批向事后动态监督转变，从行政管理为主向法制管理为主转型；完善文化立法，多运用法律手段、经济手段调节文化政策；建立民间行业协会和中介管理组织，承接部分政府职能。

（2）在文化执法层面，加大文化市场的执法力度，形成广泛的民间监督机制，将文化执法和监督日常化、长期化、制度化、规范化。只有全民共同参与，政府执法部门与民间公益组织相互配合，才能从根本上净化文化环境。

9. 加强文化统计工作，增加文化数据储备，提高文化研究力

（1）文化统计工作应紧跟文化的发展节奏，修改完善文化统计体系，进一步细化文化事业、文化产业的统计分类，将文化融合新业态纳入文化产业分类体系中，明确新业态的产业归属，为后续数据调查奠定基础。

（2）在统计对象上，增强对城市层面文化数据的统计调查力度，可逐级进行、逐步完善，由计划单列市到地级市再到县级市。

（3）增强数据统计的规范性，在城市层面统一调查指标、调查口径等标准，增强城市之间数据的可比性。

（4）在指标内容上，补充、扩展文化统计指标的类别和领域，增加还未统计的常规指标，如文化科研投入、人员比例、创新成果，文化市场执法次数、参与人数等，增加更加细化的指标，如文化从业人员中科技人才、管理人员的比例，文化旅游增加值、从业人数等。

二、北京区县文化发展的对策研究

（一）北京区县文化发展存在的主要问题

1. 文化遗产保护不充分，历史文化内涵挖掘与彰显不足

城市文化遗产是城市的人文名片，记载着城市的历史。历史文化资源丰富是北京城市发展的重要优势，是北京在文化上领先于其他世界城市的主要方面。《北京城市总体规划（2004—2020年）》的实施使历史文化名城保护工作取得了较大进展，但是还存在不同程度的问题。首先，旧城区内部分有价值的传统建筑在城市建设与改造中遭到破坏，而许多幸存下来的文物建筑，由于使用的不合理或超限度使用且长期得不到修缮而现状堪忧。其次，部分非物质文化遗产由于旧城改造和自身传承后继无人等原因而日渐衰落。最后，对历史文化遗产保护的宣传力度不够，未形成文化遗产保护的全民意识。文化遗产保护是个系统工程，需要全社会的共同努力，是政府和市民的共同责任。而一些既得利益群体更关注如何利用历史文化遗产，而不是对历史文化遗产的保护。

在历史文化的挖掘与彰显方面，只重形式，缺乏内涵，不利于文化吸引力和影响力的提高。以北京非物质文化遗产——"菊花白"酒酿制技艺为例，对其保护不仅是对酿酒技艺的继承，更应该是对重阳文化、中国传统宫廷文化、古代文人雅士风尚的深度挖掘。历史文物亦是如此，保存下来的不仅仅是实物，更是文物所代表的文化内涵。

对文化遗产所蕴含的文化内涵挖掘和彰显不足，就会使得文物保护工作仅停留在表面。

２．城市形象模糊，缺乏明确的城市文化定位

城市形象是城市重要的文化资本，具有取之不尽、用之不竭的属性。生动的城市形象为城市创造了无穷魅力，城市形象的概念要素往往是城市的"表意符号"，代表大众对该城市的理性理解和感性认知。世界中心城市往往具有良好的城市形象，巴黎是"世界艺术之都"和"世界浪漫之都"，伦敦是"充满选择机会的城市"，东京是"动漫之都"，而北京却缺少精准的城市形象定位和塑造。世人提起北京往往是"中国的首都，政治和文化中心"这样模糊的概念，而没有像其他世界城市那样有着生动具体的文化形象。城市文化形象的缺失，不利于北京在全球范围内城市知名度和美誉度的形成，不利于城市文化的传播和竞争力的提高。

３．文化创意产业发展极不平衡，集聚区功能定位不清

从北京文化创意产业各行业的份额和发展速度来看，存在明显的发展不平衡现象。技术相关的文化创意产业份额大且增速快，内容相关文化创意产业份额小且增速慢。2012年，软件、网络及计算机服务增加值占文化创意产业的54％，增速超过14％，而文化艺术仅占3.4％，广告会展占7.6％，增速仅有6％，其增长速度不仅远低于全行业平均水平，而且低于北京GDP的增长速度。这在一定程度上反映了北京市文化创意产业中内容原创性不足、文化创新不够的问题。行业间的不平衡，与北京市建设世界城市应有的文化创造能力和文化传播能力不相称，大大制约了北京文化发展水平的提高。

在文化集聚区问题上，"十一五"期间，北京建立了30个涵盖八大领域的市级文化创意产业集聚区。这些集聚区在文化创意产业迅速发展中发挥了产业载体、服务平台和企业培养的作用，但集聚区在空间上未能高度集聚，存在产业链内部合作机制不健全、上下游企业业务联系欠佳、资源组合不完善等现象。此外，还存在功能定位不清、规划不到位、政策扶持不力等问题，导致集聚区的产业集聚和促进功能无法充分发挥。

４．文化融资供需失衡，文化创意产业有待与金融业充分融合

北京是全国文化创意产业发展的龙头，其发展和成长离不开金融业的支持。然而，文化创意企业不同于固定资产规模较大的传统企业，其核心资产是创意、产权、品牌价值和创意人才等难以估价的无形资产，有形资产比例较低。文化创意企业具有前期资金投入大、盈利方式不稳定、资金回笼慢等特点，迫切需要通过外部融资来维持企业的经营周转，满足企业技术创新和市场开发的需求。但在当前无形

资产评估体系不健全、专业性文化保险机构与融资担保机构缺位、知识产权抵押制度不完备等条件下，许多文化创意企业很难从正规金融机构获得贷款，同时，上市融资、发行企业债券等其他融资渠道也不通畅。文化创意企业融资问题已成为文化创意产业发展的主要难题。

虽然北京加大了金融对文化创意产业的信贷支持力度，但是与文化创意产业快速发展对资金的需求程度相比，仍显不足。同时，由于文化创意产业的行业门类较多，各行业所处的发展阶段不同，企业经营特点、运营模式相差较大等原因，使得金融资源主要分布在影视制作、新闻出版、广告会展等相对成熟的行业或规模较大的文化企业，而动漫制作、创意设计等行业获得的金融支持则较少。

5. 文化设施略显不足，公共文化服务体系有待完善

北京市公共文化资源在全国城市中排名靠前，但与世界中心城市纽约、伦敦、巴黎、东京相比，还存在较大的差距。北京的图书馆、美术馆和剧院总量和人均量都远远少于这几个城市，以剧院数为例，纽约有 420 个剧院，巴黎有 352 个，东京有 230 个，而北京仅有 68 个，显示出北京在城市文化设施建设方面的不足。同时，居民对公共文化活动的参与度还不高，没有较好地形成服务主体与对象的良性互动。究其原因，首先是由于北京市的公共文化服务体系以政府投入为主导，文化投入在政府财政支出中的比例较低；其次是社会力量参与公共文化服务体系建设的机制尚未形成，导致公共文化服务和产品的总量供给不足；最后是影响力较大的文化活动缺失和宣传不到位，可选择的文化精品数量不足，降低了居民参与公共文化活动的积极性。

6. 城市文化缺少活力，艺术繁荣程度与文化中心地位不匹配

世界中心城市首先应是充满文化活力的城市，艺术表演、大型节庆都是城市活力的具体表现。艺术表演及活动的繁荣度和影响力是城市文化的风向标，北京虽然在艺术展演硬件设施上排名全国首位，但在表演场次、观众人数和艺术剧团数等多项总量和人均指标上，与上海相比还有一定的差距，更不用说与其他世界中心城市相比了。另外，文化演出在内容上也缺乏代表北京特色和国家水平的精品。伦敦有代表作《歌剧魅影》，纽约百老汇有《猫》和《悲惨世界》，而北京却缺乏有代表性的艺术精品。真正具有市场吸引力和受群众欢迎的文化精品的短缺，不仅削弱了北京的文化活力，而且导致了市民的文化消费意愿不强。

在大型节庆方面，与世界中心城市相比，北京也有一定的差距。伦敦为了增强城市文化活力和魅力，几乎每月都举办国际大型文化活动。诸多知名度和认可度高的文化活动，对伦敦文化形象的传播贡献巨大，不仅吸引了大量游客，同时也通过

电视、网络、报纸等媒介向全球观众传播。北京虽然也有国际大型文化活动，但是与"伦敦国际时装周""马德里斗牛节"等世界著名节庆相比，国际影响力和媒体宣传力度都有一定程度的欠缺。

城市文化多样性也是城市文化活力的主要表现。新人的不断涌入能够给世界中心城市带来新的理念和创意人才，伦敦以其有300多种不同语言的社区为荣，而纽约有世界各民族数百种的社区节日。北京的国际外来人口较少，使得各民族文化传播和融合程度有限，缺乏文化多样性，使得城市文化活力略显不足。

7. 文化对外贸易国际竞争力不强，文化传播能力较弱

北京的对外文化贸易虽然发展迅速，但仍处于初级发展阶段，文化出口存在内容产品缺乏、出口种类单一、贸易逆差严重、品牌建设滞后等问题，文化产品的国际竞争力缺乏。出现这一局面的主要原因是在以创意为源头、内容为核心的文化产品中，既缺乏大量优秀原创作品的支撑，又没有实力强大的国际公司积极主动地进行文化创新，知名文化品牌较少。缺乏具有国际影响力的原创作品和文化品牌已成为制约北京文化发展的主要瓶颈。以影响力和传播力较大的影视传媒业为例，纽约拥有以时代华纳为代表的多家跨国影视传媒企业，年销售额在15亿美元以上的企业有2家，业务涉及报纸、杂志、广播、有线电视等多个领域，而北京影视行业规模较小，缺乏跨行业、跨地区的具有国际影响力的传媒集团。

8. 生态文明与世界城市相差甚远，空气质量问题亟待解决

生态环境的优势能增强一个城市的吸引力，没有良好的生态环境，缺乏适宜的人居环境，就难以在国际文化市场中站稳脚跟，更不可能成为具有国际文化影响力的世界中心城市。2013年北京市的PM2.5平均浓度为89.5微克/立方米，超过《环境空气质量标准》中PM2.5年均浓度标准值近两倍，严重影响了市民的身体健康。空气质量欠佳，已经成为入境游客下降、外籍人士离京、引发居民呼吸道疾病的重要原因。与此同时，北京生态环境还存在市区绿地总量和人均量不足、城市清洁度欠佳、城市下游河水污染严重等问题。可见，生态环境问题已经成为影响北京文化发展和国际声誉的重要问题，采取有力的治污措施迫在眉睫。

9. 居民文化消费仍需进一步提高

文化消费的过程也是文化传播和对大众进行文化熏陶的过程，更是推动文化产业发展的内在动力。2012年，北京人均GDP达到1.3万美元，但是文化消费支出仅占消费总量的15%，而在纽约、巴黎等欧美中心城市，这一比例已达到30%，北京的文化消费明显不足。合理的文化消费应成为一种常态，而北京目前的文化产

品价格呈现高端化的趋势，单位文化消费支出较高，大部分中低收入者难以承担，制约着居民文化消费需求的提升。同时，传统观念及住房、养老、医疗、教育等多方面压力的影响，也在一定程度上抑制了文化消费。

（二）提高北京区县文化发展水平的对策建议

1. 保护历史文化名城，充分挖掘文化资源，彰显北京文化魅力

世界中心城市是在现代和传统中得以平衡的城市，其城市规划重点都集中在对原有基础设施的改建和对具有文物价值的历史建筑的保护上。历史文化遗产在某种意义上是一个城市的文化传承，代表着一座城市的历史记忆。东京是传统文化与现代文明融合彰显的典范，既有摩天大楼、先锋时尚和设计以及高科技的融入，同时也保留了很多像皇居、浅草寺等传统文化建筑及非物质文化遗产，并通过现代元素和途径，将其传统文化在全球传播。

保护历史文化名城、传承优秀民族文化是推动北京文化发展的重要途径，是建设世界文化城市的必行之举。北京历史文化遗产丰富，文物保护单位众多，城市文化历史源远流长，继续保持历史特色与文化魅力是北京的发展重任之一。首先，继续完善文物保护相关政策、法规等，加大对文化遗产的保护和修缮，加快文物腾退，推进传统文化功能街区建设，实现历史文化遗产的系统性保护。其次，深入挖掘北京历史文化内涵，使之与文化创意产业充分结合，通过市场的力量，使各种资源所承载的文化得以更加鲜活地继承和传播。如加大清明踏青、端午临水、中秋赏月等传统节日和民俗文化内涵的挖掘和弘扬，并与商业化运作充分结合，使其所代表的文化意义得以更加鲜活地展现。此外，要宣传培养全民的文化遗产保护意识，增强市民的文化认同感和自豪感。

北京要建设传统文化和现代文明交相辉映的城市。世界中心城市是全球化的产物，世界中心城市要充分体现流行文化，充满现代气息，才能使其文化更有吸引力和传播力。因此，在保护好历史文化遗产、完善城市基础设施建设的基础上，要充分展示中国文化的当代和时尚因素，打造诸如三里屯和国贸等著名国际时尚区，多维度发展时尚产业，将北京发展成东西方文化交汇的城市。

2. 提高文化的多元性和创新力，充分激发城市文化活力

充满活力的文化赋予世界中心城市独特的魅力，文化活力是世界中心城市文化影响力和吸引力的主要源泉。首先，北京应该利用其丰富的文化资源优势，在举办

世界性大型文化活动上有所创意，吸引国内外群众广泛参与，并积极与全球知名媒体合作，扩大节事的国际影响力。其次，繁荣的演出市场能够极大地丰富城市文化。北京应该在深化文化体制改革的基础上，整合首都演出资源，解决演出高票价的问题，并充分发挥剧院联盟优势，促进首都演艺资源共享，注重精品剧目的打造和国际演艺项目的引进，为广大观众提供质优价廉的文化演出，增强城市文化活力。从广义来讲，美食也是文化的核心方面，各色美食的存在能够为城市增添无限生机。法国传统美食文化已被列入世界非物质文化遗产名录，《舌尖上的中国》在全球的热播就是借助美食传播中华文化的典范。中国美食全球闻名，而北京又是全国美食最为集中的地区，因此，应该以餐饮为主要手段，塑造北京美食之都的形象。一方面，可以引进和打造各类特色中西餐馆，使城市餐饮具有民族性、多样性和国际性；另一方面，可以着力发展一些在全球有影响力的高档餐馆，提高餐饮的品位和档次，使海内外游客可以在品尝美食的同时，能够体验和感受中华文化。

文化的多元化与多样性对文化活力的提高非常重要。世界中心城市伦敦吸引人的地方不仅是经济的发达，更重要的是其包容且多元的文化。北京在保持文化民族性的同时，要注意汲取世界文明的优秀成果，以包容的心态对其接纳、吸收和融合。同时，北京可以提高城市的开放性，使各类文化要素能够自由进入城市，并在城市中根植或与当地文化融合。在开放和包容的基础上，建设可供多元文化存在和发展的人文环境和物质载体，通过制定相关优惠政策，吸引外籍人士来北京旅游、工作和定居，促进多元文化交融，提高北京的国际化水平和文化多样性，把北京建设成充满活力的文化中心。

创新是文化活力的源泉，缺乏创新的文化是没有生命力的。在处理好传统与现代、本地文化与外来文明关系的基础上，促进文化的跨界融合，对原有文化进行继承和超越，是进行文化创新的关键所在。杰出的文化人才是进行文化创新的核心因素，北京市应该制定文化人才建设规划，给予文化人才诸多的优惠政策，吸引全国乃至全球的文化人才齐聚北京。同时，有计划、有重点地选送一批文化人才到国外著名文化机构、高等院校、企业进行深造，提高人才的国际化水平，全面推动文化创新。只有奉行创新的理念，北京才能成为引领时尚且充满活力的国际大都市。

3. 塑造北京生动的城市文化形象，打造城市文化名片

北京要塑造生动的城市形象，就必须利用已有的文化资源，挖掘和培育北京的主题文化要素，在自己擅长的领域建立城市主题文化的绝对优势和主导地位。在此基础上，聚集全球相关资源、人才和技术，并与文化创意产业充分结合，形成由内向外的辐射力和全球范围内的影响力，最终形成城市文化形象。同时，北京要创建

形象而简短的宣传口号向全球传播，如：维也纳是"音乐之都"，东京是"动漫之都"，慕尼黑是"啤酒之都"等。通过城市文化形象的塑造，充分发挥城市主题文化，才能使北京在全球城市文化一体化中脱颖而出，以独一无二的城市形象屹立于世界城市之林。

4. 继续鼓励支持文化创意产业发展，进一步发挥集聚区效应

目前北京市的文化创意产业与国内其他城市相比实力较强，但是与世界中心城市相比还有较大差距。从产业发展的周期来看，北京的文化创意产业还处于产业发展的初期，集聚式的产业发展政策效果更好，应将主要资金投入中关村创意产业先导基地、北京数字娱乐产业示范基地、国家新媒体产业基地等已经初具规模和实力的文化创意产业集聚区。作为文化创意产业核心发展区，海淀区应该大力发展数字内容、信息技术、演艺、工业设计、电影和出版业，朝阳区应该优先发展广告会展和旅游休闲娱乐业，充分利用区内具有比较优势和竞争优势的经济、文化资源，促进资源的聚集与合理配置，提升文化创意产业集聚区的发展水平。此外，政府管理机构应该建立相应的集聚区管理和运行的机制，最大限度地营造包容的创作和生产环境。

5. 按类别发展文化创意产业，重点支持文化内容行业的发展

从产业的各个组成部分来讲，行业间差别较大，应从科技类和文化内容类两个角度发展文化创意产业。科技类文化创意产业可设立集聚区，给予政策支持和集中发展，而文化内容类产业则可减少体制束缚，鼓励其自由发展。为了提高北京文化的影响力和传播力，尤其应该注重文艺演出、新闻出版、广播影视等核心文化行业的发展，增加内容创意，打造北京文化品牌，将北京丰富的文化资源转化为经济资源。同时，充分利用首都演出资源和文化市场的中心地位，打造一批经典文化品牌，提升文化内容影响力。

6. 加强文化创意产业和金融业的深度融合，加大文化金融产品创新力度

文化创意产业属于智力密集型、创意型的产业，企业价值和文化产权价值难以评估和量化，从而使资金短缺、融资困难成为制约文化创意产业发展的最大瓶颈。北京文化创意产业的发展离不开金融业的支持，进一步加强文化创意企业与金融业对接，深入推进文化与金融合作，对北京文化创意产业的发展起着至关重要的作用。首先，继续完善文化创意产业资产评估管理办法和信贷支持体系建设，加大融资担保支持水平，通过财政奖励、风险补贴等方式，引导融资担保机构开展文化相关融资担保；其次，鼓励各类社会资本积极投入文化创意产业，探索资产证券化、文化企业上市融资等多种渠道，形成多层次、多渠道、多元化的文化融资体系；再

次，加大面向文化创意企业的金融产品创新力度，进一步发挥财政资金的杠杆作用，建立健全文化创意产业投融资服务机制，采取贷款贴息、融资担保、投资基金、集合债券等多种方式，加大对文化创意企业的支持；最后，继续完善文化金融中介服务体系，充分发挥北京文化创意产业金融服务中心的作用。

7. 形成文化事业投入稳定增长机制，鼓励和支持社会力量介入

北京市应该继续加大政府对公共文化服务体系的财政投入，形成文化事业投入稳定增长的机制，并尝试鼓励社会力量参与公共文化服务体系的建设。北京市应以政府为主导，以公共财政为支撑，建立公共文化建设经费保障机制，加大在公共文化服务体系上的投入力度，增加公共文化设施数量，特别是增加在公共图书馆、博物馆等文化基础设施上的投入，以提高市民人均公共文化服务设施拥有量，缩小与世界中心城市的差距。同时，重视文化基础设施的利用率，通过减免门票等途径鼓励市民利用文化基础设施，提高公共文化服务体系的民众参与度。此外，要支持和鼓励社会力量进入该领域。政府应在土地、税收等方面给予优惠，鼓励社会资本以多种方式投入文化建设，支持社会力量兴办图书馆、文化馆和博物馆等公益性文化机构，逐步形成以政府投入为主、社会力量积极参与的多元化公共文化服务投入机制。

8. 继续实施文化"走出去"战略，加大文化产品和服务的对外输出

文化产品和服务的广泛输出不仅能为输出国带来巨额的经济利益，同时也成功传播了输出国的文化观念。通过市场主体的力量，实施文化"走出去"战略，可以提高北京文化的国际影响力和知名度。因此，政府应该制定鼓励文化出口的相应政策措施，引导实力雄厚的文化企业进行品牌的国际化经营，生产面向国际市场的优秀文化产品，扩大中国文化在国际上的影响力。同时，还可借助政府行为使优秀的中国文化作品进入他国重要的展览、演艺和放映场所，以国家行为进行文化推广，形成以市场为主体、政府为补充的文化传播模式。

9. 不遗余力改善生态环境，治理大气污染，加快生态文明建设

生态文明欠佳已经成为影响北京国际声誉和吸引力的主要因素，采取治污措施迫在眉睫。首先，要加大公共绿地面积营造，加强对已有绿地、树木的管理和保护，推进城市绿地建设。其次，严格执行《北京市大气污染防治条例》，提高能源使用效率，开发清洁和可再生能源，加强北京周边地区大气环境的治理，降低PM2.5浓度。再次，北京应该提高用水效率，节约用水，强化地下水道建设，循环利用水资源，并对水质未达标的河流、湖泊、水库持续进行治理和生态修复，完

善主要河道两侧的绿化建设，部分恢复北京水系功能。最后，加大环保宣传力度，提高市民的环保意识，呼吁市民在日常生活中践行环保。

10. 政府应该采取积极措施，进一步提高居民文化消费力

提高北京文化发展水平，应进一步增强居民的文化消费力。文化消费是公民参与文化的重要方式，让居民接受传统文化的熏陶和当代文化的洗礼，是提升居民素质和修养的有效手段。政府需要引导和促进文化消费，提高文化消费支出金额和在总消费中的比重。首先，要培养居民文化消费观念，形成文化消费习惯。政府应该加强宣传和引导，逐步使文化消费成为市民的生活方式。其次，政府要为居民的文化消费创造条件，鼓励文化单位多推出质优价廉的文化精品，或对部分低收入居民进行文化消费补贴，提高居民文化消费积极性。从长远来讲，提高居民的可支配收入，保障居民有足够的闲暇时间，使居民在满足物质消费的同时，有能力进行文化消费，是提高文化消费的关键所在。

11. 针对不同功能区的特点，提升各区县文化发展水平

首先，对于处于文化发展指数不同梯队的区县采取不同政策，分批次提高16个区县的文化发展水平。应该集中力量推动第一梯队——海淀区、朝阳区和第二梯队——西城区、东城区四个区的文化发展。根据城市功能区配置要求、文化资源聚集状况和发展基础条件，集中力量推动文化实力较强地区的文化建设，有助于形成首都城市文化竞争优势。根据文化传播性与连带性的特征，发展文化实力较强的区域，可以形成连带和辐射效应，带动文化实力较弱地区的文化发展。

其次，针对城市不同功能区在北京发展中的地位和任务，采取不同的文化发展策略。

作为首都文化中心区的西城区和东城区，文化发展指数分别位列全市第3位和第4位，文化基础和文化支持在全市具有较强竞争优势，文化创造力和文化传播力弱于海淀区和朝阳区，也说明了这两区的文化资源潜力尚未转化为促进经济发展、城市建设、文明传播的强大优势和动力。因此，应该继续大力发展文化创意产业，特别是内容创作和文化展演等增强文化影响力的相关行业的发展，引导传统文化和现代文明充分融合。在对文物古迹和旧城风貌充分保护、实施历史文化资源保护工程的基础上，充分挖掘、整合各种文化资源，保护利用古建筑群等历史文化遗存，建设传统文化、休闲文化、会馆文化、演艺文化等特色街区，充分彰显城市传统文化魅力，将东城区和西城区建设成为城市历史文化传承发展示范区，增强北京文化的国际影响力。

支持城市功能拓展区，重点发展海淀区和朝阳区的文化创意产业，发挥朝阳区的国际文化交流窗口功能。海淀区之所以能在全市 16 个区县中文化发展指数排在第 1 位，主要是由于该区文化创意产业发达，教育资源丰富，文化创造力优势明显。因此，海淀区应该继续保持在全市文化创意产业中的"领头羊"位置，充分发挥中关村创意产业先导基地、中关村软件园、清华科技园等集聚区的产业集聚效应，带动海淀文化创意产业的整体发展。海淀区应该充分利用区内丰富的人才、科技优势，优先发展数字内容与相关信息技术产业，特别是文化影响力较大和时代性强的游戏动漫业和移动互联网业。重点发展演艺、工业设计、电影和出版业，整合北太平庄地区丰富的影视资源，建立电影行业集聚区；同时，借助多个国家级数字出版项目落户海淀区的契机，促进区内出版业的整体发展。

作为北京乃至全国国际文化交流窗口的朝阳区，传统文化积淀不算深厚，但现代文化资源丰富，为了提高朝阳区的文化传播力和影响力，进而带动北京文化实力的提高，应该重点发展广告会展和旅游休闲娱乐业，从市场供给的角度提高区域文化发展水平。朝阳区应该借助高端会展场馆与国际化商务资源的优势，促进高端会展活动的集聚，发展广告会展业。依托区内多元且富有特色的旅游景点与完善的旅游服务，大力发展休闲旅游业，提高其文化传播力。发展朝阳绘画、艺术品、时尚艺术等多种类型的文化体验功能区，大力提升文化创意产业集聚区的集聚效应，促进相关资源与产业链的整合与延伸，重点打造 CBD—定福庄国际传媒产业走廊等具有相当规模和辐射带动效应的大型文化创意产业功能区。通过对文化资源的充分开发，吸引更多的外来游客，以扩大北京文化在国内外的影响力，推动区域文化发展。

丰台区应该利用已经举办中国国际园林博览会的优势和带动作用，大力发展园艺花卉和文化旅游、节庆会展、演艺娱乐等优势产业，充分发挥卢沟桥文化创意产业集聚区的产业集聚效应，提供质优价廉的文化消费品，提高市民到该区进行文化消费的积极性，从而形成造区域文化竞争优势。

石景山区应该利用北京数字娱乐产业示范基地位于该区的优势，大力发展数字娱乐、数字媒体等行业，重点建设西五环现代娱乐区和天泰旅游休闲区，提高该区休闲娱乐功能，为实现首都文化娱乐休闲区的建设目标努力。

文化发展强区距离城市发展新区较近，可对新区文化发展产生较强的辐射和带动作用。通州区应着重发展宋庄文化创意产业集聚区，顺义可依靠航空港产业园、国展产业园和优美的自然风光，大力发展会展和休闲度假业。房山区由于中国黄金集团营销有限公司位于该区，已经成为全市艺术品交易业的主要发展地，同时世界文化遗产——周口店北京猿人遗址位于该区，文化旅游、休闲娱乐成为其得天独厚的发展优势。昌平区在完善公共文化服务体系的基础上，可依托十三陵明文化创意产业集聚区，借助该区深厚的历史文化和众多的奥运场馆，重点发展体育休闲和旅游会展业。大兴区在改善生态环境的基础上，可利用北京经济技术开发区位于该区的优势，发展文化创意优势产业。

生态涵养发展区应该重点发展生态文化、旅游文化、养生康体等文化休闲业，带动区域特色文化的发展。平谷区应该继续巩固该区音乐产品的核心地位，凸显乐器制造业的重要地位。据统计，平谷乐器制造企业数量占全区文化创意企业数的50％以上，生产提琴数占国际市场份额的30％。门头沟区的文化旅游资源在北京乃至全国都有鲜明的地域文化特色，应该围绕"三山两寺"及其诸多历史遗迹，适度发展心灵慰藉设施，推动以文化体验、精神抚慰、体育健身为主要内容的文化旅游业。怀柔区广播、影视、电影业较为发达，国家中影数字制作基地已经落户怀柔，该区应该提供完善的配套设施，建成完整的影视产业链。密云县的特色行业是文化旅游，可依托长城文化和原生态山水文化等核心文化资源，发展以养生度假、文化休闲为主要内容的特色生态旅游业，促进"密云国际绿色休闲旅游产业综合示范区"建设。延庆县是京郊旅游大县，旅游、休闲和娱乐业是延庆县文化创意产业的支柱行业，收入占全县文化创意产业收入的57％，该区应该充分依托环境资源优势，将延庆县域整体建设成一个超大旅游景区，打造"县景合一"的国际旅游休闲名区。

三、北京建设世界文化中心城市的战略研究

(一) 世界中心城市文化发展经验

在全球文化大发展的背景下，一些发达国家凭借雄厚的经济基础和先进的科技水平，抢占了文化发展的先机。长期以来，这些国家通过不断推动文化产业化发展带动本国经济的加速发展，有些发达国家的文化产业甚至成为经济增长的主要贡献者。与此同时，一些西方国家在文化输出上大力实施文化扩张战略，传播本国文化价值观，力图增强在世界范围的影响力，在世界文化发展进程中形成了典型的西方文化中心主义。我国文化发展晚于发达国家，文化发展水平、文化产业实力相对落后，西方在文化发展、文化产业管理机制等方面所取得的成绩以及先进经验值得我们思考、总结和借鉴。

　　从国外一些国家的文化发展现状和管理经验来看，美国是世界公认的文化大国、文化强国，各国文化在这里相互交融，但美国文化和价值观始终保持着核心地位。美国一方面将外来文化吸收和发展，形成自身的文化优势，另一方面则敢于摒弃欧洲文化中不合时宜的部分，进行文化创新，并凭借自身强大的经济和军事力量将本国文化向外输出，其文化影响力占据了世界的主流地位。美国文化的强势发展与其注重文化创新、重视人才培养和引进、拥有文化精品力作、推动文化产业化发展、推行多元化投资体制、对文化产业实行市场化管理等方面是分不开的。目前，文化产业已被视为美国经济发展的重要支柱产业，为美国创造了可观的经济效益。早在1988年，文化产业就已成为美国出口第一行业，超过了农业、汽车业和航天业。根据美国劳工部的统计报告，美国每个家庭的文化娱乐消费，包括看电影和其他表演、购买书籍和音像产品，以及儿童玩具和游戏制品等，年消费额在1997年为1 813美元，到了2005年，上升为2 200～2 500美元，由于地区和州的差价等因素，这个数额基本上等同于美国家庭在医疗保险上的消费。这种文化消费尚不包括外出旅游、观看体育比赛等户外娱乐消费。从20世纪90年代开始，美国的文化产业每年都以15%～20%的速度在迅速发展，高达每年4 000亿～4 800亿美元（鲍玉珩、洪俊浩，2007）。2009年，美国的文化产业占国内生产总值的比重达27%左右。美国文化企业在世界文化市场中占据龙头地位，据统计，在400家最富有的美国公司中，有72家是文化企业，像迪士尼娱乐业等，已跻身于世界大型企业500强。美国文化企业的迅速发展主要得益于其多层次的投资体制，一是联邦政府投资高，二是吸收非文化部门和外来投资，三是形成了比较完善的融资体制。一些有实力的文化产业集团如美国广播公司、哥伦比亚公司等，背后都有金融大财团的支持。此外，对于外资进入美国文化产业，美国政府的政策比较宽松，从而拓宽了资金的来源渠道，建立了充足的资金储备，有力支持和满足了本国文化产业发展的资金需求。对文化产业所拥有的雄厚资本，美国文化企业采取集约化、规模化的经营模式，在全美高达几千亿美元的文化产业经营额中，好莱坞的电影、三大电视网的娱乐节目、时代华纳的流行音乐占据了"半壁江山"，为美国提供了1 700多万个就业岗位。美国的主要传播媒介被50家大公司控制，其中美国广播公司、哥伦比亚公司和全国广播公司三家就覆盖了全国90%的观众（陶坚，2009）。在文化贸易出口上，美国电影业成为美国文化的一种象征，成为美国出口的支柱产业之一，先进科技的大量运用，使电影成为美国向世界传播文化价值观的最有效的手段，在世界电影市场上占据绝对的主导地位。从相关统计资料来看，美国电影生产总量虽然只占世界电影产量的6%～7%，却占据了世界电影市场份额的90%以上，占据欧洲票房的 70%。在海外市场，美国电影占法国电影市场的 72%、德国电影市场的 90%、日本电影市场的 64%、韩国电影市场的 50%，而外国电影在美国电影市场的占有率却不到 3%（肖华锋、邓晓伟，2006）。

除美国外，英国、日本等国家对文化、文化产业的发展都极为重视，文化产业也较为发达，在文化发展上采取的一些有效举措同样值得我们借鉴。英国很早就将发展文化产业视为提升英国综合国力的重要战略，并十分注重以"创意"为灵魂的文化发展。1993 年，英国正式以官方文件形式颁布了以《创造性的未来》为题的国家文化政策，其中明确提出了文化产业的创意性问题。1997 年，英国将文化创意产业作为国家重要产业加以重点政策支持，成立了英国"创意产业特别工作小组"，提出把文化创意产业作为英国振兴经济的聚焦点，成为全球最早提出"创意产业"的国家。英国政府十分注重对文化的资金投入和支持，英国最大的艺术拨款机构——英国文化、传媒和体育部 2003—2006 年的经费预算超过 10 亿英镑，用以辅佐艺术发展，其中 8.35 亿英镑用于 1 000 多个长期资助机构（刘国强，2010）。但英国在文化投资上不局限于政府投资，还采取社会集资的方式，文化投资渠道具有多样化的特点，包括政府拨款、准政府组织资助、基金会资助、鼓励私人投资等，并创新了一种非常规的文化资金筹集方式，即开创公民参与投资的通道，如通过发行彩票来筹集文化基金，鼓励全体公民自愿支持文化事业。"政府配套资助"也是英国特有的、创新的文化产业融资模式。在文化管理上，政府主要以推动为主，对文化创意产业采取一种分权式的管理方法，且大多数文化机构都采取自负盈亏、自主经营的方式创收。英国的文化创意产业为英国创造了极高的经济效益，促进了英国的产业结构优化升级。目前，英国文化创意产业经济的增长速度为 12%，是整个国民经济增速的两倍，占其 GDP 的 8.2%，与创意产业相关的企业超过 15 万个，吸纳的就业人数占英国就业人口总数的 8% 以上（赵冬菊，2011）。

日本对文化的发展也高度的重视，并将"文化立国"作为促进经济增长方式转变的重要举措。几乎所有的日本一流大型企业都以各种形式支持、参与文化活动，他们将此视为改善企业形象的重要举措。日本多达 800 余家民间企业拥有自己的博物馆和美术馆。在文化创意产业的发展上，日本政府还专门制定了包括《著作权法》《文化艺术振兴基本法》等在内的法律法规保障体系，从而促进了本国文化创意产业的迅速发展。在文化产业的投资上，以政府和民间共同投资的模式为主，对文化信息产业主要是采取"产学研"协作体制，集中文化科研经费和技术人员，促进科技创新、加速科研成果转换和实现文化产业化发展。早在 2000 年，日本电影和音乐的创收就分别位居世界第二位，游戏软件就已成为世界第一生产大国。目前，文化创意产业已成为日本的第二大产业，其增加值已占 GDP 的 18.3%，素有"动漫王国"之称的日本动漫，其年营业额达到 230 万亿日元，400 多家动画制作公司生产的产品成为日本文化出口的主要产品，全球播放的动漫作品中有六成以上来自日本，在欧洲达八成以上，日本已成为世界上最大的动漫制作和输出国，并正从传统的产品制造大国向文化产业生产和输出大国转变。2010 年 6 月，日本政府出台了《新增长战略》，进一步促进了日本文化创意产业的发展。

（二）世界文化中心城市比较视野下的北京文化发展战略

文化是城市的灵魂，是城市的特色和表征，城市是文化的载体，城市的本质就是人的聚集、文化的聚集。世界城市化进程的加快，对城市文化发展提出了更高的要求，国际竞争也不再仅局限于经济、科技、军事实力的竞争，文化作为新的竞争焦点逐渐进入国际竞争新格局，文化竞争在城市综合竞争中的地位日益凸显，并成为影响综合国力的重要因素。从北京与纽约、伦敦、巴黎、东京等世界文化中心城市文化发展现状的比较来看，北京在文化设施、城市环境、文化创新等方面还存在明显的不足，尚未形成强有力的国际竞争力。因此，本研究基于世界文化中心城市的比较结果，提出北京文化发展战略。

1. 优化城市生态环境，加强基础设施建设

城市文化发展与当地城市生存环境、基础设施的好坏密不可分，适宜居住的城市环境，是城市形成先进文化的基本要求。世界文化中心城市都非常注重城市生态环境的优化和基础设施的建设。从城市空气质量的比较来看，纽约环保署公布的 2012 年 PM2.5 年均浓度约为 11 微克/立方米左右，英国环境部 2011 年发布的伦敦 PM2.5 年平均值在 20 微克/立方米左右，均控制在世界卫生组织对其所在国所提出的标准值以下，且 PM2.5 年均值呈现逐年下降的趋势。相比之下，北京 2013 年 PM2.5 的年均浓度达到 89.5 微克/立方米，超过《环境空气质量标准》中 PM2.5 年均浓度标准值近两倍。另外，据世界银行统计，2009 年北京总悬浮颗粒物为 73 微克/立方米，东京为 32 微克/立方米，纽约和伦敦仅为 17 微克/立方米，巴黎也仅为 10 微克/立方米。可见，北京的空气质量还存在很大的改善空间，在建设世界文化中心城市的进程中，必须提高对城市环境的重视，加大举措，着力进行空气污染的监测、治理和防控，优化城市生态环境，为文化人才提供适宜的居住环境和优越的创作空间。

基础设施建设是实现社会均衡发展、文化发展进步的前提条件和基础。北京的基础设施水平虽然在逐年提高，但与东京等世界中心城市相比还有一定的提升空

间。例如，在城市轨道交通建设上，北京起步较晚，在覆盖率和密度等方面，与国际大都市相比还远远不够。从比较结果来看，2011 年，北京的地铁密度（地铁站数/每平方千米）为 0.028 个/每平方千米，而同样作为人口密度较高的城市，伦敦的地铁密度则达到 0.28 个/每平方千米，东京也为 0.14 个/每平方千米。因此，北京在城市轨道交通建设上还应继续加大投资的力度，有效提高地铁覆盖率和地铁密度，缓解首都交通拥堵的现状，为城市文化发展进步奠定坚实的基础，提高文化基础竞争力。

2. 加强公共文化设施建设，着力宗教文化建筑恢复

北京现有公共文化设施水平还难以达到世界文化中心的标准，以图书馆为例，北京的公共图书馆数量仅为 25 个，而巴黎的公共图书馆数量为 880 个，是北京的图书馆数量的 35.2 倍，纽约、伦敦、东京均超过北京 10 倍以上。北京每十万人图书馆占有量为 0.13 个，而纽约、伦敦、巴黎、东京每十万人图书馆占有量基本达到北京的 30 倍左右。又如剧场的建设，北京剧场数量仅有 68 个，而纽约的剧场数量已达到 3 752 个，巴黎、东京和伦敦的剧场数量也分别达到 353、230 和 214 个。可见，无论是从公共文化设施的总量，还是公共文化设施的人均拥有量来看，北京的公共文化设施建设都明显不足，难以满足人民日益增长的文化需求，较纽约等世界中心城市的设施水平相距甚远。因此，以国际水平为目标，进一步加大投入，增加公共文化设施数量，提高设施水平和公共服务质量，应被视为北京未来文化发展的重要战略之一。

历史文化设施的大量破坏也是北京文化建设面临的又一问题，现代化建设过热与文化遗产设施保护不足是破坏形成的主要原因。乾隆年间，北京城仅寺院就有 1 200 余处，而如今宗教建筑数量只有 114 处。相比之下，日本东京的宗教建筑数量约是北京的 90 倍，纽约、伦敦、巴黎等世界文化中心城市的宗教建筑数量也均达到北京的 10 倍以上。历史文化设施的破坏已对北京的传统文化发展产生了严重影响，历史文化设施的恢复与保护必须得到有关部门的足够重视。

3. 以文化创新为战略基点，激发文化发展活力

文化创新是提高文化生产力、推动文化进步的核心动力，是文化发展的本质要求。重视创新、敢于创新也正是纽约、伦敦等世界文化中心城市文化建设取得成功的关键所在。而放眼国内，到处弥漫着的却是"山寨文化""模仿之风"，北京的文化发展也同样受到此类问题的困扰。文化创新意识薄弱、力度不强、成效不足、保护不力，极大弱化了北京的文化国际竞争力和对外吸引力。从 2012 年入境旅游人

数来看，北京为 520 万人左右，而伦敦、巴黎、纽约依次约达到 1 700、1 600、760 万人，可见北京落后较多。因此，北京要跻身于世界文化城市之林，必须以文化创新作为文化发展的核心理念和战略基点，立足时代的高起点，结合社会实践的要求，推动文化内容、形式、体制机制、传播手段等方面的创新，不断增强文化创新力，以独有的特色文化提高对外吸引力和国际影响力。

首先，在文化发展理念上，北京应紧跟时代发展的潮流，进一步解放思想，勇于探索和实践，既要忠于传统，又要敢于超越传统，发展先进文化。其次，在文化产品内容创新上，要注重"独特性""原创性"，应根植于首都本土文化优势和城市特色开发文化产品，并通过赋予文化内涵增加产品的时间价值，提高文化产品自身的吸引力和市场竞争力；对于已有优秀文化产品，可以借鉴学习，但不能盲目跟风模仿、不思创新改进，应在原有基础上寻求突破和优化，美国好莱坞电影《花木兰》《角斗士》《斯巴达 300 勇士》等在全球的热卖，正是对国外古老传统文化进行再创新的成功案例。再次，在文化表现和传播形式上，应结合现代科技手段，实现传统文化的现代表达，增强文化产品的吸引力；表现形式上应尽量多样化，增强娱乐性，尽量避免枯燥、死板的文字宣传，善于用影像形式呈现文化内容、传播核心价值观，使其更易被大众所理解和接受；传播手段上不要拘泥于过去传统的广播、电视、报刊等，应多借助现代媒介如微博、微信等，拓宽文化传播的途径，提高传播效率。最后，在体制机制创新上，最为根本的是要建立新的、合理的文化知识产权保护制度，规范文化市场，增强执法力度，从而激发文化创新的积极性。

4. 完善现代文化产业链，培育文化企业"航母"

北京文化产业发展尚未形成完整的产业链条，且文化企业整体规模不大、综合实力不强。在全球文化产业排名前 30 强企业中，北京没有一家企业入选，而纽约有 15 家文化企业进入前 30 强，伦敦、巴黎和东京也分别有 2～3 家文化企业入选，可见，北京文化企业的实力与其他国际大都市文化企业的实力相比差距甚远。因此，完善文化产业链条，培育文化企业"航母"，是提高北京文化产业竞争力的根本所在。

在完善文化产业链条方面，应从纵向延伸和横向扩展两个方向，构建纵横交叉的复合型产业链条结构。具体来看，在纵向延伸上，扩张企业内部的生产体系，加强文化产业内部上下游之间的信息互动、协同合作、融合发展，实现文化产品设计、制作、出品、销售等上下环节的对应衔接。国外很多成功的文化企业如迪士尼、时代华纳、索尼等，都既是内容生产商，又是产品发行方，极大地提高了文化企业的生产效率；在横向扩展上，推动文化产业与旅游、信息、科技等其他产业的融合发展，通过创新文化产业新业态和产品新类型，丰富文化产品体系，实现复合型现代文化产业链的建立。

在培育文化企业"航母"方面，首先，加快文化企业转企改制的步伐，以企业作为市场主体，增强企业进行创新、改革的动力，提高企业综合竞争力。其次，政府在政策上要给予必要的政策优惠和资金扶持，推动企业发展。再次，促进文化企业集群式发展，实现资源有效整合，降低企业成本，提高经济效益。最后，文化企业要有品牌意识，着眼于长远发展、长久利益，开发文化精品，形成企业品牌，依靠品牌竞争力争夺世界文化市场份额，从而提高企业综合竞争力。

5. 增强文化消费意愿，激活文化消费市场的活力

扩大内需是一国经济增长的内在需求，如何有力拉动文化消费，是促进文化产业增长的重要一环。2012 年北京市的人均 GDP 达到 8.71 万元，城镇居民人均可支配收入达到 3.65 万元，按照国际经验，当一个国家或者地区人均生产总值超过 5 000 美元的时候，文化消费应当进入一个需求旺盛期，而事实上，北京教育文化娱乐服务总消费为 0.37 万元，其中文化娱乐服务消费仅为 0.17 万元，占人均可支配收入的比重分别为 10.1% 和 4.5%。这与欧美等发达国家文化消费占整体家庭收入 30% 的比例相距甚远。可见，虽然北京的人均 GDP 已达到较高水平，可以说已具备增加文化消费的能力，但从文化消费支出占收入的比重来看，文化消费需求远未得到释放，与世界文化中心城市的水平还有一定的距离。因此，作为文化产业增长的内在拉动力，提高首都居民文化消费力显得尤为重要。

北京文化消费的短板主要在于居民文化消费意愿不强和文化消费市场缺乏吸引力。基于此，首先，北京市政府应完善社会保障制度，增强居民文化消费意愿。北京文化消费不足，与我国整体的消费环境、国民消费心理和消费习惯等因素关系密切。不同于欧美国家高福利、高保障、低储蓄、高消费的经济运行方式，我国的医疗保障、养老制度等尚不完善，大多数中高收入以下的人群，更倾向于将收入所得用于储蓄和购房等，以备医疗、养老或不时之需。近几年来，北京高启的房价也严重加重了京内人民的生活负担，成为阻碍文化消费的重要因素。因此，北京市政府应进一步增加居民的人均收入，提高居民文化消费的能力，并积极完善社会保障机制，严控房价、净化房地产市场，最大限度地为京内人民进行文化消费免除后顾之忧，增强居民文化消费意愿。其次，北京市政府应积极鼓励、策划节日活动，提高民众文化参与度。通过增加民众对传统文化艺术的接触、体验和了解，在无形中营造文化氛围，培养目标消费者。伦敦每年都会举办很多文化、体育、艺术等活动，如伦敦设计节、伦敦电影节、伦敦时装周、爱丁堡艺术节、威尔士文化节等，这些

活动对促进当地文化发展和传播起到了很大的作用。北京也已经举办了像平谷国际桃花音乐节、北京 798 艺术节等多个文化活动，未来除应继续坚持外，在活动主题的选取和活动形式策划上还可以更加多元化、多样化，不断拓宽文化内容的范畴、增强活动的娱乐性和参与性。最后，北京市政府应从需求出发，增强文化消费市场的吸引力。纽约等城市文化产业的迅猛发展，应归功于其旺盛的文化消费需求，即从需求出发，然后才有市场、产品。而北京文化消费市场的特征则是自上而下，即在政府规划、引导下开发文化产品，形成文化市场，这就弱化了文化消费市场的吸引力，降低了需求对文化产业的拉动效应。因此，北京文化市场应寻求转型发展，从居民的文化需求出发，开拓文化市场，政府应以建立企业与消费者之间的对接平台为主，促进文化产品的市场化流通。如北京 2013 年推出的惠民文化消费季就是一个很好的尝试，这种创新的模式应继续推广。

6. 降低中国"绿卡"申请门槛，增加国际文化人才储备

文化人才是文化创新的根本来源，是文化发展的核心动力。引进优秀的国际人才，更是北京实现文化多元化发展、建设世界文化中心城市的重要条件。北京在国际文化人才储备上尚处于劣势，从留学生的人数来看，北京 2012 年留学生的人数约为 3.91 万人，而伦敦已达到 9.93 万人，巴黎为 9.68 万人，纽约为 6.08 万人，东京也有 4.31 万人。留学生是国际人才储备的重要来源，而北京留学生的数量距国际大都市还有较大的距离。中国审批严格的"绿卡"制度，对优秀留学生留在北京发展和海外人才引进也造成了严重的阻碍。北京建设世界文化中心城市、提高文化国际竞争力，更需要大量高素质、多元化、国际化的文化人才引领首都文化实现飞跃式发展。

因此，面对文化人才紧缺的现实，北京必须广开进贤之路，广纳天下人才，重点从高校培养、社会培育、全球选才三个层面入手，增加高素质文化人才储备，即依托高校平台，培养文化人才；优化社会环境，集聚文化人才；立足全球视野，配置文化人才。在增加国际文化人才的储备上，必须加大政策的支持力度，适度降低"绿卡"申请门槛，精简审批的流程，提高政府工作效率和公共服务力。美国在政策上给予海外人才引进很大的支持，如推行开放的移民政策、设置多种临时工作签证、对人才入境申请实施"签证快车道"等，这些成功经验值得我们借鉴。

7. 营造多元开放的文化氛围，增强国际文化交流

多元开放是城市文化进步的重要特征，纽约作为著名的移民城市，多元文化的

汇集及交融成为纽约的文化特色。北京要建设世界文化中心城市，必须以兼容并蓄、海纳百川的胸怀迎接外来先进文化的进入，促进多元文化的相互融合发展，推动本土文化向多元化、国际化、先进化的目标迈进。从世界文化中心城市的比较来看，北京的多元开放性仍有待提高，国际文化交流尚显薄弱。以外籍人口的比重为例，2011年，伦敦外籍人口占总人口的比重达到了30%，纽约外籍人口的比例也达到了28.4%，巴黎和东京则分别为25%和3.7%，相比之下，北京外籍人口占总人口的比重仅为0.53%。再如国际总部的数量，2011年北京设有国际总部3个，而巴黎的国际总部数量已达到866个，伦敦、纽约和东京则分别为495、232和65个。可见，北京文化多元化的发展空间还很大，应在未来的文化发展战略中，注重营造多元开放的文化氛围，增加北京与国际城市间的文化交流，通过了解和学习不同国别、不同民族的文化特色，取其精华，去其糟粕，进而推动城市文化由一元化向多元化特征转型，焕发城市文化新活力。

另外，在国际交流中，不仅要善于"吸收"先进文化，更要懂得"传播"本土文化，即在"引进来"的同时，更要"走出去"，让更多的人了解和喜欢北京传统文化，展现北京的独特魅力，增强北京文化的国际影响力。老北京的茶馆、京剧、工艺、皮影、胡同等历史文化独具特色，这是北京抢占国际文化市场的先天优势，老北京文化也只有走出国门，才能形成竞争优势。

（三）北京建设世界文化中心城市的困境与建议

2011年12月，中共北京市委十届十次全体会议通过了《中共北京市委关于发挥文化中心作用，加快建设中国特色社会主义先进文化之都的意见》，该文件提出"到2020年，首都将建设成为在国内发挥示范带动作用、在国际上具有重大影响力的著名文化中心城市"，这对北京文化发展提出了更高的要求。

1. 北京建设世界文化中心城市的意义

当今世界处于经济全球化深入发展时期，科学技术日新月异，各国文化交流交锋更为频繁，建设世界文化中心城市已成为全球化时代城市获取更大发展空间的战略选择。北京作为中国的首都，建设成为世界文化中心城市有着重大的战略意义，同时作为国内文化遗产资源丰富、文化产业发展领先的城市，向世界文化中心城市迈进也是北京文化发展的必然趋势。

首先，北京建设世界文化中心城市有助于增强城市综合实力和国际影响力。世界文化中心城市是文化发展水平在世界坐标体系中居于领先位置的城市。城市文化发展水平是城市综合实力的重要组成部分，并且能够直接影响城市整体的发展水平，像巴黎、纽约、伦敦、东京这些全球公认的世界文化中心城市，不仅在文化发展方面全球领先，城市综合实力也位于世界前列。进一步来看，巴黎的"时尚文化"、伦敦的"创意文化"、纽约的"大众文化"、东京的"动漫文化"，大大增强了所在城市的影响力，进而使这些城市在全球市场上占据了更加有利的位置。因此，对于北京而言，建设世界文化中心城市可以提升北京城市文化发展水平，进而增强北京的综合实力和国际影响力。其次，北京建设世界文化中心城市有助于推动北京经济的发展与繁荣。强大的城市经济需要深厚的城市文化底蕴作为支撑，文化实力强大的城市可有效地带动当地城市的经济发展。世界文化中心城市的特点主要体现在文化繁荣，而文化繁荣对经济的带动一方面体现在高附加值的文化产业以及创意产业可直接促进城市经济的发展，另一方面体现在文化繁荣可以间接地促进城市经济的发展。城市的文化资本是可以间接转化为城市经济资本的重要财富，具备文化竞争优势的城市同时也是资金、人才的集聚地，城市经济也借此得以快速发展。最后，北京建设世界文化中心城市有助于提高北京市民的生活质量。从世界文化中心城市的发展经验来看，世界文化中心城市居民的整体文化水平、道德素质较高，且具有较高的生活品质和较强的生活幸福感。北京建设世界文化中心城市将会进一步推动文化事业全面繁荣、文化产业健康发展、居民基本文化权益保障水平大幅度提高、社会文化生活丰富多彩、居民思想道德素质和科学文化素质全面提高。因此，北京建设世界文化中心城市将会有效提升北京居民的生活质量。

2. 北京建设世界文化中心城市的困境

从国内城市坐标上看，北京的文化发展水平位于全国之首，但在世界主要文化中心城市的坐标上，北京与纽约、伦敦、巴黎、东京等这些公认的世界文化中心城市相比，文化发展水平尚有较大差距，尚未在国际市场上形成明显的竞争优势。具体来说，北京要建设成为世界文化中心城市还缺乏八个要素。

（1）缺乏文化氛围。

首先是缺乏百家争鸣的文化氛围。在我国的历史上，春秋战国是思想和文化最为辉煌灿烂、空前繁荣的时代，这一时期出现了诸子百家彼此诘难、相互争鸣的景象。诸子百家既相互独立，又相互学习，这些思想之所以能够交流和传播，就是由于当时有知识分子崇尚教育、学术言论自由民主的文化氛围。世界文化中心城市应该是思想的集聚地，百家争鸣的文化氛围能够促进思想的交流传播。当前我国百花齐放、百家争鸣的氛围渐有式微之态，这种文化氛围的缺乏制约了人的创造力的有效发挥。

其次是缺乏包容失败的文化环境。包容失败的文化环境对于文化创新和发展十分重要，因为创新无一不是经历无数次的失败才最终获得成功。没有失败的积淀，就不可能有创新，因为创新就是要对传统进行突破、对惯例进行改变、打破过去的条条框框。但是，我们整个社会还未形成包容失败的文化氛围，很多青年科技人员新颖的思想观点、标新立异的思维经常因遭到强大的传统力量或某些"权威"的否定而被扼杀。包容失败，才能够鼓励探索、激励成功，才会形成全社会的创新意识、创新精神，激发全社会的创造活力。

最后是缺乏多元开放的文化意识。从城市功能上来说，世界文化中心城市不是属于一个城市、一个国家或者是当地居民的，而是属于全球和世界公民的，它应该能够承载来自世界各地不同的文化，能够呈现不同文化相互包容、相互促进的城市文化精神。城市多元开放能够增强城市文化吸引力和文化再生能力，吸引到全世界的优秀人才。世界文化中心城市纽约就是一个典型的多元开放的城市，那里有世界上几乎所有主要国家的移民。20世纪80年代，纽约市民使用的语言多达到122种，外籍人口所占总人口比重达到了28.4%，而北京外籍人口所占总人口比重仅仅为0.53%，从这一数据上来看，北京的多元开放性明显不足。

（2）缺乏对优秀传统文化的传承。

党的十八大报告提出"建设优秀传统文化传承体系，弘扬中华优秀传统文化"的重大任务。优秀传统文化凝聚着中华民族自强不息的精神追求和历久弥新的精神财富，是发展社会主义先进文化的深厚基础，是建设中华民族共有精神家园的重要支撑。中华民族博大精深的传统文化，强调天人合一、人与自然和谐相处的可持续发展之道，将仁、义、礼、智、信等伦理规范作为社会活动的指南。然而，当下优秀传统文化遭遇传承困境，例如，中华优秀传统伦理文化中的"仁、义、礼、智、信"精神遭到了撼动，忠诚信仰、孝顺信仰、真诚信仰严重缺失，社会腐败现象严重，空巢老人无人照料，"陌生人社会"现象凸显。优秀传统文化不影响人的行为，不深入人心，未能成为人的精神追求和精神信仰，优秀传统文化就无法传承下去。从历史上来看，任何一个民族的延续发展，都是在既有的优秀传统文化的基础上进行的。文化不能传承，文化发展就会迷失方向、丧失根本，建设世界文化中心城市就更是无从谈起。

（3）缺乏传统文化的现代表达。

传统文化只有不断地超越和创新，才能展现其价值和生命力。当前传统文化的表达方式还需要创新，要促进传统文化的发展，传统文化必须是"活"的，要通过分析当代人的需求，利用新科技、新手段，寻找到合适的现代表达方式，进而提高传统文化的传播力。《云南映像》就是一个将文化与旅游、商业相融合，将传统文化进行现代表达的典范。它将原生态歌舞精髓和民族舞经典全新整合重构，展现了浓郁的云南民族传统文化，结合现代科技手段以及有效的营销、包装、推广，使得云南传统文化从高原村寨走向了世界，散发出了新的魅力与活力。

（4）缺乏文化设施。

北京现有公共文化设施水平还难以达到世界文化中心城市的标准，与纽约、伦敦、巴黎、东京这些世界文化中心城市相比还存在较大的差距。以图书馆为例，《北京文化发展报告》（2012—2013）中的数据显示，北京公共图书馆数量仅为25个，而巴黎的公共图书馆数量为880个，是北京图书馆数量的35.2倍，纽约、伦敦、东京的公共图书馆数量基本上是北京公共图书馆数量的10倍以上。北京每十万人图书馆占有量为0.13个，纽约、伦敦、巴黎、东京每十万人图书馆占有量基本上是北京的30倍左右。图书馆作为重要的公共文化设施，承担着传承人类文明、传播知识信息的使命，它是社会教育的学校、终身学习的场所。图书馆的缺乏，体现了当前北京的城市公共文化设施数量与城市居民日益增长的文化需求还存在差距，北京在城市公共文化设施上的投入已经跟不上城市发展的脚步，这将会极大地限制北京的城市文化发展。

对历史文化设施的大量破坏是北京建设世界文化中心城市所要面对的另一问题。当前历史文化设施的保护大多依据文物保护单位的确立而开展，而对未列入文物保护名单的历史文化设施的保护相对缺乏。《2012世界城市文化报告》中的数据显示，北京的宗教建筑数量仅有114处，而日本东京宗教建筑数量是北京的近90倍，纽约、伦敦、巴黎等世界文化中心城市的宗教建筑数量基本上是北京的10倍以上。据史料《乾隆京城全图》显示，清朝乾隆年间，北京城仅寺院就有1 200余处。北京宗教建筑的缺乏与我国近些年对于宗教建筑保护力度不足而导致大量宗教建筑被破坏有关。近年来，随着北京城市现代化建设的步伐加快，很多历史文化设施遭到破坏。千年古遗址在地产开发浪潮中惨遭碾压的现象比比皆是，北京天桥的剧场、老北京的茶馆、城墙根的胡同、老式的四合院等承载老北京文化的历史建筑也在现代化建设的过程中逐渐消失。世界文化中心城市必须要有城市自身的文化特色，有自己的文脉。在巴黎，90％以上的老区得到了保护，城市保护法律的诞生为巴黎保护历史文化设施提供了法律依据，历史文化设施作为历史和文化载体的功能在巴黎得到了完美的体现。在历史文化设施保护方面，北京应考虑借鉴巴黎的做法。

（5）缺乏文化国际交流。

北京建设世界文化中心城市应加强国际文化交流，广泛了解世界上不同民族的文化，从中获得启发，为我所用。世界文化中心城市的发展历史表明，仅仅依靠本民族文化难以形成丰富多彩的文化，因此必须促进文化的国际化，使得本民族文化"走出去"，将其他文化"请进来"，才能为城市文化注入新的活力。在"走出去"方面，北京国际文化贸易长期处于逆差，国际文化影响力不强，还没有在国际上形成北京声音，文化产品和服务"走出去"任重而道远。在"请进来"方面，根据第六次人口普查数据显示，北京外籍人口占总人口的比重仅为 0.53%，纽约、伦敦、巴黎、东京的外籍人口占总人口的比重是北京的 6～60 倍。同时，北京国际总部数量仅为 3 家，伦敦、纽约、巴黎、东京等世界文化中心城市在这一指标上是北京的 20～300 倍。建设世界文化中心城市，需要通过向世界展示中华文化独特魅力，提高城市文化吸引力，同时广泛了解、学习世界其他民族文化，去其糟粕，取其精华，推动城市文化由一元化向多元化转型。

（6）缺乏文化创新。

首先，缺乏制度创新。自主创新是强国之道，而制度创新是自主创新的保证，是促进自主创新的重要动力，也是在自主创新方面取得突破的关键所在。当前我国制度创新还不够，比如我国的知识产权制度尚不完善，知识产权执法薄弱，这些问题使得国外的先进技术不愿转移到我国，国内企业创新积极性不高，企业对我国知识产权保护有效性的担心降低了我国创新成果的商业转化率。因此应加强制度创新，彻底改变不适合原始创新、重大创新的体制机制，构建有利于创新的生态环境，为提高自主创新能力提供体制机制保障。

其次，缺乏观念创新。我国受传统文化的长期影响，"效法祖先，不敢越雷池一步"已经固化为一种观念，而这种守旧观念对于观念创新是一个极大的障碍。"电子商务""苹果""Facebook"的崛起离不开创新观念的肥沃土壤，中华民族要屹立于世界民族之林，就必须在观念上进行创新，形成强大的创造力。

最后，缺乏产品创新。产品创新缺失突出表现在日益盛行的"山寨文化"。山寨手机、山寨电脑、山寨服装、山寨电影等山寨产品粉墨登场，恰恰凸显了我们产品创新能力的严重缺失。创新是人类物质和精神活动的最高追求与成果，是智慧与勇气的结晶，当今世界，创新能力已经成为城市综合竞争力的决定性因素，创新文化的培育已是当务之急。

（7）缺乏文化企业航母。

当前北京文化产业发展还处于起步阶段，文化企业整体规模不大，综合实力不强，缺乏具有国际影响力的文化领军企业。从亚太总裁协会 2012 年公布的国际文化产业企业排名数据上来看，全球文化产业领军企业排名前 30 强中，北京未能占一席之位，纽约有 15 家文化企业位居前 30 强，巴黎有 2 家，伦敦有 2 家，东京有 3 家，可见北京文化企业的实力与世界文化中心城市的实力相距甚远。

（8）缺乏高端文化人才。

丰富的、高质量的人才资源是一个城市发展、进步的动力和源泉，是文化建设中最具有活力和最有潜力的因素。北京的人才水平与世界文化中心城市的人才水平相比存在较大差距，存在高层次创新型人才匮乏、人才创新创业能力不强、人才结构和布局不尽合理等问题。我国的城市文化发展缺乏创新与竞争力强的人才，其中一个重要的原因就是我国在人力资本投资方面远远落后于世界其他城市。根据《世界银行发展报告》的统计数据，教育支出占 GDP 比重的世界平均水平为 5.5%，发达国家一般在 6% 以上，而北京 2012 年教育支出占 GDP 的比重仅为 3.5%，远远落后于世界平均水平。

3. 北京建设世界文化中心城市的建议

北京在建设世界文化中心城市的进程中应该从自身实际出发，精准定位建设世界文化中心城市的突破口，实行规划先行、重点突破的发展模式。

（1）加强文化的传承与创新，弘扬中华优秀传统文化。

习近平总书记在中央政治局第十三次集体学习时指出："中华文化源远流长，积淀着中华民族最深层的精神追求，代表着中华民族独特的精神标识，为中华民族生生不息、发展壮大提供了丰厚滋养。"建设世界文化中心城市，必须要传承和发扬传统文化精华，多策并举，增强传统文化的影响力，建立公众对传统文化的共识。首先要发挥国民教育在传统文化传承中的基础性作用，文化传承要从孩子抓起、从学校抓起，要让优秀传统文化写进教材、走进课堂、学进头脑，让形象生动而富有教化意义的传统文化深深地植入孩子们的心灵。其次，传统文化的传承还需注重家庭文化建设。"家风"是我国最具有民族特色的一种教育，是优秀传统文化的回归，更是一种潜移默化的传承。最后，鼓励和支持各类群众团体传播优秀传统文化。加强同香港、澳门地区的文化交流合作，加强同台湾地区的各种形式的文化交流，共同弘扬中华优秀传统文化。传统文化的传承需要全社会每个人身体力行，需要每个家庭携手合作，内化于心，外化于行，将优秀的中华传统文化传承下去。

对于优秀传统文化不仅要做到传承，还要对其进行创造性发展，实现现代性转换。要让中华优秀传统文化基因与当代文化相适应、与现代社会相协调，以人们喜闻乐见、具有广泛参与性的方式推广开来。应通过文化和科技的融合，不断创造新的文化样式，使传统文化散发新的活力，同时充分利用各种传播媒介和手段，如微信、微博、短信等，建设覆盖面广、层次丰富的传播体系，加大文化对外传播的力度和广度。

（2）注重对北京历史文化资源的保护和利用，打造北京文化的特色品牌。

建设世界文化中心城市，要认识到历史文化资源的重大价值，注重北京历史文化名城的保护，充分发挥古都文化的巨大优势，彰显古都文化魅力。加大投入，精心维护世界级历史文化设施，扩大历史文化设施的保护范围，将未列入文物保护名单的历史文化设施逐步纳入保护名单范围。在保护历史文化设施的过程中鼓励广大市民参与，发挥广大市民在历史文化资源保护过程中的重要作用，提升市民的文化自觉。充分开发利用这些宝贵的历史文化资源，积极发展文化旅游，促进文化遗产保护传承与旅游相结合，吸引更多的国际旅游者，进而提升北京文化的国际影响力和吸引力，打造北京文化的特色品牌。

（3）完善公共文化服务网络，满足人民日益增长的文化需求。

北京在建设世界文化中心城市的过程中，要积极促进公共文化服务体系建设，积极构建和完善公共文化服务体系，满足人民群众日益增长的精神文化需求，保障人民群众文化权益的实现。与世界文化中心城市相比，北京在文化基础设施供给量、公共文化服务能力等方面都需要进一步加强。北京应建立具有国际竞争力的公共文化服务体系，增强文化基础设施的公益性、开放性、均等性、服务性、便利性，完善和拓展公共文化基础设施"免费开放"政策，规定文化基础设施的基本标准、资金筹措来源，提升公共文化服务整体水平。新建、改建一批城市公共图书馆、文化馆；加大对公园、文化广场等各类公共场所的投入；在北京历史文化街区建立博物馆、民俗馆、文化中心等历史文化设施；引导社会资本兴建书店、剧场、影院等文化娱乐设施；加强社区文化设施建设，增建面向妇女、未成年人、老年人、残疾人等特殊人群的公共文化设施，进一步增强公共文化服务能力。在便民商业设施和重要交通节点配置公共文化设施，以减缓交通因素给市民带来的文化参与上的障碍，注重与社区的有机结合，营造便利、亲和的文化生活氛围，推动社区文化发展，实现文化的社区化。

（4）促进文化交流，增强北京文化国际影响力。

坚持发展多层次、宽领域的对外文化交流格局，实施文化"走出去"战略，不断增强中华文化的国际影响力。充分发挥北京作为国际交往中心、世界文明古都的优势，利用国际友好城市、海外中国文化中心、孔子学院、奥林匹克公园、奥运之家等文化交流平台，积极组织、参与重要的文化交流活动，扩大对外交往、交流与合作。完善支持文化产品和服务"走出去"政策的相关措施，培育一批具有国际竞争力的外向型文化企业，开拓国际文化市场。

（5）造就高素质文化人才队伍，构建世界文化中心城市文化人才高地。

加大人力资本投入，打造高素质文化人才队伍。着重培养善于开拓文化新领域的拔尖创新人才、掌握现代传媒技术的专门人才、懂经营善管理的复合型人才、适应文化走出去需要的国际化人才。依据文化资源配置市场化的原则，对于有突出贡献的文化产业经营管理人才设立奖励奖金；加快高端人才聚集和人才引进、培养、使用和激励等体制机制创新，适度降低外国人"绿卡"申请门槛，增加国际文化人才储备；建立健全高层次人才自主创新平台和创业支持体系。

（6）大力发展文化产业，提高文化产品的科技含量。

进一步发展北京文化产业，扩大北京文化产业规模，使其朝着市场化、集团化、国际化的方向发展，推动文化产业成为北京经济支柱型产业。以培育文化企业"航母"为抓手，提升北京文化企业整体实力和竞争力，抓紧时机继续组建一批大型文化企业集团，使北京的新闻、出版、广播、电视、电影、演艺、娱乐、展览等产业都有支柱型的大集团。鼓励文化企业跨地域、跨行业、跨所有制经营和重组，提高文化企业规模化、集约化、专业化水平，改善文化企业"弱、小、散、乱"，整体实力和竞争力不强的现状。提高文化产品的科技含量，充分发挥科技创新在文化发展中的引擎作用，充分发挥文化与科技相互促进的作用，加快形成科技创新与文化创新"双轮驱动"的发展模式，加快科技创新成果转化，提高我国传媒、影视、网络、动漫等领域的技术装备水平，增强文化产品的自主创新能力。建立完善的支撑体系和市场营销网络，积极开拓国际市场，提高北京文化产品在国际文化市场的竞争力和影响力。

参考文献

[1] BARRO R J, McCleary R M. Religion and political economy in an international panel [J]. Joural for the Scientific Study of Religion, 2002, 45 (2): 149－175.

[2] Bertr M, SCHOAR A. The role of family in family firms [J]. Journal of Economic Perspectives, 2006, 20 (2): 73－96.

[3] Mangeloja E. Economic growth and religious production efficiency [J]. Applied Economics, 2005, 37 (20): 2349－2359.

[4] LUIGI GUISO, Paola SAPIENZA, LUIGI ZINGALES. Does culture affect economic outcomes? [J]. Journal of Economic Perspective, 2006, 20 (2): 23－48.

[5] GREIF A. Cultural beliefs and the organization of society: a historical and theoretical reflection on collectivist and individualist societies [J]. Journal of Political Economy, 1994, 102 (5): 912－950.

[6] GREIF A. Institutions and the path to the modern economy: lessons from medieval trade [M]. Cambridge: Cambridge University Press, 2006.

[7] HARRISON, LAWRENCE E, SAMUEL HUNTINGTON, et al. Culture matters: how values shape human progress [M]. New York: Basic Books, 2000.

[8] JOSEPH S. NYE, WILLIAM OWENS. America's information age [J]. Foreign Affairs, 1996 (4).

[9] LANDES D S. Why europe and the West? Why not China? [J]. Journal of Economic Perspectives, 2006, 20 (2): 3－22.

[10] LAWRENCE T B, PHILLIPS N. Understanding cultural products industries [J]. Journal of Management Inquiry, 2002, 11 (4): 430－441.

[11] LI MINGJIANG. Soft power: China's emerging strategy in international politics [M]. Lanham: Lexington Books, 2011.

［12］MCCLEARY R M，BARRO R J. Religion and economy ［J］. Journal of Economic Perspective，2006（2）：49-72.

［13］OECD. OECD Territorial Reviews：Competitive Cities in the Global Economy. French.

［14］OLSON M. A not-so-dismal science：a broader view of economies and societies ［M］. Oxford：Oxford University Press，2000.

［15］PORTER M E. The competitive advantage of nations ［M］. London：The Macmilan Press Ltd.，1990.

［16］PRATT A C. The cultural industries production system：a case of employment change in Britain，1984-91 ［J］. Environment and Planning A，29（11）：1953-1974.

［17］Meek R L. Turgot on progress，sociology and economics ［M］. Cambridge：Cambridge University Press，2010.

［18］RONALD INGLEHART，WAYNE BAKER. Modernization，cultural change，and the persistence of traditional values ［J］. American Sociological Review，2000，65（1）：19-51.

［19］GUIDO TABELLINI. Culture and institutions：economic development in the regions of Europe ［A］. CESifo Working Paper NO. 1492，2005.

［20］WEBBER M. The protestant ethic and the spirit of capitalism ［M］. London：Routledge Classic，1904.

［21］YANZHONG HUANG，SHENG DING. Dragon's underbelly：an analysis of China's soft power ［J］. East Asia，2006（4）：22.

［22］白志刚. 北京文化"走出去"国际比较研究 ［M］. 北京：知识产权出版社，2013.

［23］鲍玉珩，洪俊浩. 美国文化产业的现状与发展 ［J］. 电影评介，2007（16）：4-5.

［24］鲍宗豪. 国际大都市文化战略规划论 ［J］. 世界城市理论前沿，2008（9）.

［25］北京文化论坛文集编委会. 打造先进文化之都，培育创新文化 ［M］. 北京：首都师范大学出版社，2012.

［26］陈剑锋. 长三角地区城市文化竞争力浅探 ［J］. 上海城市管理职业技术学院学报，2008（2），114-121.

［27］陈明三. 福建省城市文化竞争力评价与分析 ［J］. 重庆科技学院学报，

2013（3）：143-144.

　　[28] 陈乃举. 提升老工业基地的文化竞争力 [J]. 求是，2003（24）：58.

　　[29] 陈铁宝. 解读北京文化创意产业的朝阳路径——访中国传媒大学文化发展研究院院长范周 [N]. 中国经济时报，2012-04-06.

　　[30] 陈文力，陶秀璬. 中国文化对外传播战略研究 [M]. 北京：九州出版社，2012.

　　[31] 陈运庆. 浅议用文化力打造城市核心竞争力 [J]. 江西科技师范学院学报，2004（6）.

　　[32] 崔向阳. 南京都市文化圈文化产业与信息产业互动研究 [J]. 南京社会科学，2008（3）：141-150.

　　[33] 诺思. 经济史上的结构和变革（中译本）[M]. 厉以平，译. 北京：商务印书馆，2011.

　　[34] 邓靖. 美国文化产业发展的特点及其启示 [J]. 创新，2012（3）.

　　[35] 段霞. 世界城市：规律、趋势与战略选择 [M]. 北京：中国经济出版社，2014.

　　[36] 范玉刚. 试析文化产业对提升我国文化竞争力的意义 [J]. 学习与实践，2006（11）：144-151.

　　[37] 高书生. 十年见证文化产业腾飞——我国文化产业 10 年发展对比分析报告 [N]. 光明日报，2015-02-12（14）.

　　[38] 郭蕾. 文化因素对区域经济发展的影响——以岭南文化对广东省经济发展的影响为例 [J]. 郑州航空工业管理学院学报，2007，25（5）：36-39.

　　[39] 郭晓君，吴亚芳. 提升我国城市文化竞争力的路径选择 [J]. 管理世界，2006（11）：156-157.

　　[40] 郭云. 多维视野下的国外文化软实力研究 [J]. 学术论坛，2010（12）：207-211.

　　[41] 韩恒. 试论影响经济发展的软因素 [J]. 经济与社会发展，2008，6（5）：14-16.

　　[42] 韩庆华，卢希悦，王传荣. 论文化与经济的相互融合——把握文化经济发展的历史新机遇 [J]. 山东大学学报，2010（1）：1-11.

　　[43] 侯宗华. 文化生产力：社会经济发展的深层驱动力 [J]. 探索，2006（1）：126-129.

　　[44] 胡鞍钢，门洪华. 解读美国大战略 [M]. 杭州：浙江人民出版社，2003.

［45］胡惠林．文化产业发展与国家文化安全——全球化背景下中国文化产业发展问题思考［J］．上海社会科学院学术季刊，2000（2）：114-122．

［46］胡键．文化软实力研究：中国的视角［J］．社会科学，2011（5）：4-13．

［47］胡熠．欧美国家文化管理的经验与借鉴［J］．行政论坛，2002（1）：79-81．

［48］湖南省政协文教卫体委员会．湖南省文化发展指数（CDI）研究报告［J］．文史博览（理论），2010（12）：24-31．

［49］胡攀，张凤琦．从国内外文化发展指数看中国文化发展指数体系的构建［J］．中华文化论坛，2014（7）：5-9．

［50］花建，等．文化产业竞争力［M］．广州：广东人民出版社，2005．

［51］黄活虎．我国区域文化竞争力概念研究综述［J］．华东经济管理，2009，23（11）：145-148．

［52］贾春峰．市场经济与“文化力”研究［J］．学习与探索，1994（3）：70-73．

［53］堺屋太一．知识价值革命［M］．黄晓勇，等，译．上海：三联书店，1987．

［54］金元浦．文化生产力与文化产业［J］．求是，2002（2）：38-40．

［55］雷鸣，吴斯维，王晓．城市文化竞争力测评体系及其应用研究［J］．华南理工大学学报，2009，11（6）：19-27．

［56］李春华．“文化生产力”初探——文化生产力研究之一［J］．生产力研究，2005（3）：85-86．

［57］李东红，杨利美．文化资源的价值评估、成本核算与经济补偿［J］．思想战线，2004（3）：97-101．

［58］李凡，黄耀丽，叶敏思．城市文化竞争力的定量评价方法及实证研究——以珠江三角洲城市群为例［J］．佛山科学技术学院学报（自然科学版），2008，26（2）：57-61．

［59］李怀亮．当代国际文化贸易与文化竞争［M］．广州：广东人民出版社，2005．

［60］李建盛，等．北京文化发展报告（2012—2013）［R］．北京：社会科学文献出版社，2013（5）．

［61］李妹，赵佳佳．文化产业融合与公共财政支持［J］．财政研究，2014（1）：2．

［62］李青岭．文化生产力与文化产业［J］．生产力研究，2007（6）：50-52．

［63］李卫强．北京市文化产业竞争力的实证研究［J］．国际贸易问题，2012（3）：90-96．

［64］李镇西. 中国文化金融导论［M］. 北京：中国书店，2013.

［65］廖泉文. 人力资源考评系统［M］. 济南：山东人民出版社，2000.

［66］梁君，黄慧芳. 中国省级区域文化产业竞争力分析［J］. 统计与决策，2012（11）：91-93.

［67］林拓. 世界文化产业与城市竞争力［J］. 马克思主义与现实，2004（2）：21-31.

［68］刘玉平，王晓鹏. 文化产业文献导读［M］. 福建：福建人民出版社，2013.

［69］刘国强. 世界有关国家文化产业发展策略［J］. 中国党政干部论坛，2010（1）：19-20.

［70］刘志勇. 我国区域文化竞争力研究［D］. 北京：中国人民大学统计学院，2013.

［71］陆岷峰，张惠. 文化产业大发展的金融支持系统研究［J］. 江西财经大学学报，2012（2）.

［72］罗伯特·保罗·欧文斯，等. 世界城市文化报告2012［M］. 黄昌勇，等，译. 上海：同济大学出版社，2013.

［73］罗能生，郭更臣，谢里. 我国区域文化软实力评价研究［J］. 经济地理，2010，30（9）：1502-1506.

［74］吕拉昌，黄茹. 世界大都市的文化与发展［M］. 广州：华南理工大学出版社，2013.

［75］迈克尔·波特. 国家竞争优势（中译本）［M］. 李明轩，邱如美，译. 北京：华夏出版社，2002.

［76］毛蕴诗，梁永宽. 以产业融合为动力，促进文化产业发展［J］. 经济与管理研究，2006（7）：9-13.

［77］倪鹏飞. 中国：城市竞争力与文化观念［N］. 开放导报，2002（9）：13-17.

［78］宁越敏，唐礼智. 城市竞争力的概念和指标体系［J］. 现代城市研究，2001（3）：19-22.

［79］潘嘉玮. 加入世界贸易组织后中国文化产业政策与立法研究［M］. 北京：人民出版社，2006.

［80］祁述裕. 中国文化产业国际竞争力报告［M］. 北京：社会科学文献出版社，2004.

［81］人民日报. 六问中国文化产业——专访文化部副部长欧阳坚［N/OL］.

中国政府网，http://www.gov.cn/jrzg/2009-10/28/content_1450497.htm.

［82］塞缪尔·亨廷顿，劳伦斯·哈里森. 文化的重要作用——价值观如何影响人类进步（中译本）［M］. 程克雄，译. 北京：新华出版社，2002.

［83］上海高校都市文化E-研究院. 全国31个省市自治区公共文化服务指数蓝皮书［M］. 北京：中国商务出版社，2012.

［84］沈千帆. 弘扬传统文化与建设首善之区［M］. 北京：北京大学出版社，2011.

［85］申建军，李丽娜.21世纪首都文化发展研究［M］. 北京：社会科学文献出版社，2006.

［86］谭志云. 城市文化软实力的理论构架及其战略选择——以南京为例［J］. 学海，2009（2）：175-180.

［87］谭志云. 西部地区文化竞争力比较研究——基于因子分析与聚类分析法［J］. 青海社会科学，2009（2）：44-47.

［88］唐守廉，朱虹. 国际文化创意产业发展指数研究［J］. 科技进步与对策，2014，31（2）：129-135.

［89］陶坚. 美国发展文化产业的主要经验及对我国的启示［C］//中国文化产业（国际）论坛组委会. 第二届中国文化产业（国际）论坛论文集［C］. 北京：人民日报出版社，2004：687.

［90］田丰. 论文化生产力［J］. 广东社会科学，2006（5）：5-14.

［91］万君宝. 西方文化竞争力研究的五种视角［J］. 上海交通大学学报（哲学社会科学版），2007（6），57-64.

［92］王恒峰. 文化生产力的崛起［M］. 北京：人民出版社，1998.

［93］王俊，王琪延. 中国地级及以上城市旅游竞争力评价研究［J］. 经济问题探索，2010（02）：132-137.

［94］王琪延，罗栋. 中国城市旅游竞争力评价体系构建及应用研究——基于我国293个地级以上城市的调查资料［J］. 统计研究，2009，26（7）：49-54.

［95］温源. 文化"出海"：如何顺应国际消费潮流［N］. 光明日报，2013-06-20（16）.

［96］温源. 激活文化消费，北京应带什么头？［N］. 光明日报，2013-09-17（16）.

［97］武星，郭宏，索贵彬. 我国文化产业发展指数分析及对策［J］. 商业经济研究，2016（4）：203-204.

［98］项光勤. 文化竞争力的内涵及其在城市竞争力中地位和作用［C］//中国科学院中国现代化研究中心. 文化现代化的战略思考——第七期中国现代化研究论坛论文集，2009.

［99］奚洁人等. 世界城市精神文化论［M］. 上海：学林出版社，2010.

［100］向前. 文化竞争力研究的理论视角及其展望［J］. 理论界，2011（1）：177-178.

［101］肖华锋，邓晓伟. 从"文化帝国主义"看美国的文化扩张［J］. 江西师范大学学报，2006，39（1）：107-114.

［102］熊正贤，何小松，陈立佳，秦鸿冰. 文化经济研究的国外进展评述［J］. 重庆文理学院学报，2014（1）：95-100.

［103］徐淳厚. 关于文化消费的几个问题［J］. 北京商学院学报，1997（4）：45-48.

［104］徐丹丹，等. 北京文化创意产业发展的金融支持研究［M］. 北京：经济科学出版社，2011.

［105］徐桂菊，王丽梅. 城市文化竞争力评价体系的构建［J］. 山东经济，2008（5）：101-107.

［106］徐翔，李建盛. 北京推进全国文化中心建设的战略审视［J］. 城市文化，2011（10）.

［107］杨荔斌. 论中国文化竞争力理论研究视角的选择［J］. 学术论坛，2013（5）.

［108］杨新洪. 关于文化软实力量化指标评价问题研究［J］. 统计研究，2008，25（9）：44-48.

［109］叶皓. 关于提升南京文化竞争力的思考［J］. 南京社会科学，2008（3）：121-128.

［110］叶皓. 经济搭台，文化唱戏［J］. 南京社会科学，2010（9）：1-5.

［111］叶郎，等. 中国文化产业发展报告（2012）［M］. 北京：北京大学出版社，2013.

［112］阳文锐. 北京城市生态环境保护与建设评估［J］. 北京规划建设，2011（6）：3-8.

［113］于群，李国新. 中国公共文化服务发展报告（2012）［R］. 北京：社会科学文献出版社，2012.

［114］袁丹，雷宏振，兰娟丽，章俊. 文化产业与信息产业的产业关联与波及

效应分析［J］．统计与信息论坛，2015（4）：65-70．

［115］约瑟夫·奈．软力量：世界政坛成功之道［M］．吴晓辉，钱程，译．北京：东方出版社，2005．

［116］张涵．文化产业与信息产业、知识产业、创意产业的联系和区别［J］．东岳论丛，2008（6）：192-195．

［117］张航．PM2.5年终大考：超标近两倍［N］．北京日报，2014-01-02．

［118］张洛锋，张仁开．城市核心竞争力的文化视角［J］．北方经贸，2005（10）：107-108．

［119］张京成．北京文化创意产业发展报告（2012）［R］．北京：社会科学出版社，2012．

［120］张维迎，柯荣住．信任及其解释：来自中国的跨省调查分析［J］．经济研究，2002（10）：59-70．

［121］张协嵩、庄能红．国内文化产业发展指数构建经验及对福建的启示［J］．发展研究，2014（4）：84-87．

［122］张佑林，王成菊．鲁浙文化差异对区域经济发展影响之比较研究［J］．山东经济，2010（4）：130-140．

［123］张志新．关于城市竞争力及提升中国城市竞争力的思考［J］．城市经济，2007（1）：52-56．

［124］赵德兴，陈友华，李惠芬，等．城市文化竞争力指标体系研究［J］．南京社会科学，2006（6）：20-25．

［125］赵冬菊．国内外文化创意产业发展现状及趋向［J］．企业文明，2011（11）：10-13．

［126］赵建国．中国文化产业国际竞争战略［M］．北京：清华大学出版社，2013．

［127］赵秀玲，张保林．文化核心竞争力及其评价指标体系构建思路［J］．南都学坛，2008（2）：114-121．

［128］赵彦云，余毅，马文涛．中国文化产业竞争力评价和分析［J］．中国人民大学学报，2006（4）：72-82．

［129］周保利．美国高等教育经费来源的特点及其借鉴［J］．河北大学学报（哲学社会科学版），2000，25（4）：134-138．

［130］周城雄．推动科技创新与文化产业融合发展的思考［J］．中国科学院，2014（1）：474-484．

[131] 周国富，吴丹丹. 各省区文化软实力的比较研究 [J]. 统计研究，2010，27（2）：7-14.

[132] 周群艳. 区域竞争力的形成机理与测评研究 [D]. 上海：上海交通大学，2006.

[133] 周晔. 国际大都市发展的新趋势 [J]. 城市问题，2011（3）.

[134] 周振华. 崛起中的全球城市——理论框架与中国模式研究 [M]. 上海：上海人民出版社，2008.

附录　论文成果

附录 A：北京建设全国文化中心的设想①

王琪延　王博②

[摘要] 北京建设全国文化中心是推动首都文化繁荣、促进首都转型发展、科学发展的重大机遇，同时也是破解文化建设发展难题、千方百计增强北京文化力的巨大挑战。本文认为北京建设全国文化中心应在创作、人才、展示、传播和应用五个方面发挥作用，把首都建设成为文化创作之都、文化人才之都、文化展示之都、文化传播之都和文化应用之都，充分挖掘首都的文化潜能和文化功能，发挥首都全国文化中心的示范引领作用。

[关键词] 北京；全国文化中心；文化建设

十七届六中全会通过的《关于深化文化体制改革推动社会主义文化大发展大繁荣若干重大问题的决定》明确提出，北京要"发挥首都全国文化中心示范作用"，同年，"进一步提升全国文化中心地位"被写入北京市"十二五"规划纲要，推进北京建设全国文化中心再一次被提到了战略高度。北京建设全国文化中心是推动首都文化繁荣、促进北京转型发展、科学发展的重大机遇，同时也是破解文化建设发展难题、千方百计增强北京文化力的巨大挑战。因此，当前北京建设全国文化中心应坚持立足全局、面向全国，在创作、人才、展示、传播和应用五个方面发挥作

---

①　本文获北京市社会科学界联合会北京市中国特色社会主义理论体系研究中心一般项目"首都建设全国文化中心研究"（课题编号：ZT2014006）资助。

②　王琪延，（1959— ），男，河北省衡水人，中国人民大学休闲经济研究中心主任、统计学院教授、博士生导师；王博，（1985— ），女，内蒙古赤峰市人，中国人民大学统计学院在读博士研究生。

用，把首都建设成为文化创作之都、文化人才之都、文化展示之都、文化传播之都和文化应用之都，发挥好首都全国文化中心的示范引领作用。

一、建设文化创作之都，激活文化发展活力

党的十七届六中全会指出"创作生产更多无愧于历史、无愧于时代、无愧于人民的优秀作品，是文化繁荣发展的重要标志"。文化创作直接作用于人的精神领域，是人民群众精神食粮的重要源泉，是文化发展前进的不竭动力。生产创作出更多思想精深、艺术精湛、制作精良的优秀文化作品不仅是文化繁荣发展的重要象征，同时也是文化建设的重中之重。因此推进全国文化中心建设，要将建设文化创作之都作为工作重点，进一步激发文化创作生产活力，提高文化产品质量，充分发挥文化引领风尚、教育人民、服务社会、推动发展的作用。

（一）建设学术创新中心，发挥学术创新引领作用

学术是文化的一个重要组成部分，是经过长期积累形成且具有完整理论和方法体系的文化。学术创新是最深层次的创新，是一个民族创新力最本质的表现。北京是全国高等院校最多的城市，同时又是全国最大的科研基地，聚集了全国众多学术人才，建设学术创新之都具有先天优势。北京建设学术创新中心应当以大专院校、科研院所为阵地，创新学术管理体制机制，注重高端学术人才培养，举办大型学术论坛，集聚全国乃至全球优秀的学术资源，营造包容、多元、开放的学术氛围，形成百家争鸣、百花齐放的学术环境，增强学术之都整体的学术创新能力、传播能力和成果转化能力。要以建立一个面向世界、面向未来的学术中心为己任，努力成为引领学术思潮的全球学术创新中心，提升学术方面的国际话语权，在学术创新上引领全国、引领世界。

（二）建设文学创作中心，推动优质文学作品不断涌现

文学凝结了一个民族的艺术和智慧，文学创作对于文化发展具有重要意义。应进一步激发文学创作生产活力，推动优质文学作品不断涌现和文学作品质量不断提高。坚持贴近实际、贴近生活、贴近群众的"三贴近"原则，努力创作生产更多反映国人审美需求、体现中华文化精神、传播当代中国价值观的优秀文学作品，使得文学作品能够真正扎根现实，赢得读者的喜爱。同时推进文学商业化合理发展，鼓励优秀文学作品转化成电影、动漫、电视剧，增加文学作品的影响力。

（三）建设传统文化创新中心，使传统文化散发新的活力

中华传统文化浓缩着中华民族几千年的智慧，包含着中华民族最根本的文化基因，代表着中华民族独特的精神标识，面对新的社会发展需求，传统文化的当代发展需要进一步研究和创新。北京是世界著名的历史文化名城，拥有深厚的历史文化积淀，承担着传统文化传承与创新的历史重任。北京要建设全国文化中心，必须要在传统文化创新方面有所作为，要让中华优秀传统文化基因与当代文化相适应、与现代社会相协调，坚持取其精华、去其糟粕、古为今用、推陈出新。要通过传统文化内容创新、形式创新、科技创新等，实现传统文化的创造性发展，让传统文化在新时代焕发出新的活力。

（四）建设文化节事中心，打造知名文化节事品牌

文化节事活动能够有效推动文化创作，它能够将静态的文化创作进行动态表达，如可将国画、茶艺、京剧、书法、风筝、刺绣、陶瓷、民俗等文化在节事活动中进行现场展示。北京具有丰富的节事活动举办经验，2008 年北京奥运会开幕式通过现代的表达手法，将中国武术、戏曲文化、活字印刷、国画艺术、航海技术等中国元素进行了生动的表达，向全世界展示了中华传统文化，打造了人文北京的品牌，通过这次重大的节事活动，北京作为国家文化中心的地位得到了全世界的认可。因此，通过举办文化节事活动，不仅能够有效推动文化创作，还能够增强北京的文化影响力。北京建设全国文化中心应通过大力发展文化节事活动，打造品牌响、创意新、制作精的文化节事品牌，增强北京作为全国文化中心的影响力。

二、建设文化人才之都，打造文化人才高地

"国以才立，业以才兴"。建设全国文化中心城市，队伍是基础，人才是关键。只有建立强大的文化人才队伍，才能为全国文化中心建设提供坚实的人才保障。因此，北京应以建设"文化人才之都"作为建设全国文化中心的着力点，加快培养造就德才兼备、锐意创新、结构合理、规模宏大的高素质文化人才队伍。

（一）资金"舍得花"：保障文化人才专项资金逐年增长

北京建设文化人才之都要资金"舍得花"。资金是文化人才开发的基础，没有资金，就请不来顶尖的文化人才；没有资金，就培养不了高水平的文化人才；没有

资金，文化人才的创意就很难转变成产品。因此，要进一步完善文化人才投入机制，树立文化人才投入优先保证的理念，设立专门用于人才引进、培养、产学研合作的文化人才专项经费，建立以政府公共财政投入为主的文化人才专项资金投入机制，保证文化人才专项资金的逐年增长，确保文化人才不因资金缺乏而流失。

（二）人才"留得住"：营造良好的人才成长环境

北京建设文化人才之都要使人才"留得住"。人才"留得住"就是要形成有利于文化人才扎根北京的良好环境，着力营造全社会尊重人才、尊重创造、尊重劳动、尊重知识的社会氛围，切实关心人才的工作生活，优化人才的管理服务，如明确人才子女就学安排细则、出台高层次人才配偶工作单位"对口接收"政策等，切实为高层次人才及其配偶、子女就医、就学等提供优质服务，在环境宜居、就业机会、产业基础等方面具备留住人才的条件。

（三）人才"用得上"：着力打造文化人才发展平台

北京建设文化人才之都还要让人才"用得上"。北京应当把着力打造文化人才发展平台、切实发挥文化人才作用作为建设"文化人才之都"的重中之重来抓，下大力气推进文化产业创新平台建设，为文化人才发挥作用提供舞台，使文化人才在广阔的平台上大有可为。

（四）人才"养得起"：提高文化人才福利待遇

北京建设文化人才之都要保证人才"养得起"。人才"养得起"，就是要进一步提高文化人才的福利待遇，为文化人才的成长创造有利的条件。北京应建立能够充分发挥文化人才创造性的激励机制，保证具有一流水平的文化人才能够获得一流的福利待遇，设立文化人才成果奖励基金，对在文化艺术领域取得突出成就的文化人才进行物质奖励，激发文化人才建设文化之都的热情。

三、建设文化展示之都，展示北京文化魅力

北京是我国的首都，承担着展示中华文化、展现中华文化魅力的窗口作用。北京建设全国文化中心应当以建设文化展示之都为基点，充分挖掘北京文化的现代表达方式，根据文化性质的不同，通过会议展览、平面媒体、网络媒体等媒介对文化进行展览。

（一）搭建传统文化展示平台，传播中华传统文化

北京应发挥文化会展的平台和引擎作用，充分挖掘北京历史文化积淀，开展物质文化遗产和非物质文化遗产专题展览，展现中华文化魅力，打造市场化、专业化、品牌化、规模化、国际化的传统文化会展品牌，有效展示北京传统文化的魅力，增强北京全国文化中心的吸引力和影响力。

（二）搭建文化娱乐展示平台，打造北京文化娱乐新名片

北京应利用北京国际电影节、北京国际交响乐节、北京草莓音乐节、北京青年戏剧节、北京传统音乐节等契机，举行电影、电视、戏曲展映，推出代表北京当代文化形象、体现时代精神、深受观众喜爱的优秀演艺节目，吸引更多群众参与，打造文化展示盛宴。创新现代文化展示方式，通过搭建主题文化娱乐公园、主题演艺娱乐区、文化创意 DIY 园等现代文化展示平台，将文化演艺展示同餐饮、休闲、购物、旅游等相结合，打造北京文化娱乐新名片。

（三）搭建学术创新展示平台，展示学术创新成果

开展学术会议可以展示某一专业领域最新的创新成果，为促进学术创新、学术交流提供重要的平台。北京应通过举办大量全国性、国际性的大型学术会议和学术论坛，搭建学术创新展示平台，进而增加国际学术对话交流频次，拓展学术创新视野，提升学术创新能力，向全世界展示我国学术创新成果。

四、建设文化传播之都，增强首善之区文化传播力

北京建设全国文化中心要充分发挥文化引领、文化辐射、文化凝聚作用，这些作用的发挥必须基于有效的文化传播。北京建设全国文化中心需要通过建设文化传播之都，进一步提升文化传播力，要将现代传播手段与传统传播手段有效结合运用，形成完整的文化传播体系。

（一）充分利用现代传播手段，增强文化中心传播力

互联网技术、4G 移动通信技术等高新技术的日益普及，催生了大量数字杂志、数字报纸、数字广播、数字电视、数字电影、触摸媒体等新兴媒体，颠覆了传统传播模式。在数字化、信息化时代，北京建设文化传播之都要充分利用网络、移动媒

介等现代传播手段，依托微信平台、微博平台、短信平台、移动传媒、广播电视平台等现代传播平台，发挥现代传播技术传播速度快、无地域限制、受众面广的优势，建设覆盖面广、层次丰富、双向互动的文化传播体系。同时，北京应构建国际文化交流网络平台，向全世界传播中华文化，搭建国际文化交流的桥梁，进一步提高北京的文化传播力。

（二）充分利用传统传播手段，展现首善之区精神风貌

在充分利用现代网络传播手段的同时，北京还要充分利用传统人际传播手段。首先，要发挥基础教育在文化传播中的作用。以传统文化的传播为例，可以在教学过程中将中华优秀的传统文化传播给孩子们，让优秀传统文化写进教材、走进课堂、学进头脑，让形象生动而富有教化意义的传统文化通过口传面授深深地植入孩子们的心灵。其次，文化传播还可以通过家庭文化建设进行传播，"家风"是我国最具有民族特色的文化传播方式，同时也是最为深入人心、能够潜移默化的一种传播方式。可以通过开展"家风"活动，大力弘扬家庭美德，传播社会文明新风。最后，可以鼓励和支持各类群众团体开展形式多样的文化活动，及时报道群众团体开展文化活动的新进展、新典型、新风貌，鼓励大家加入各种群众自发团体，共同传播正能量，展现北京作为首善之区的精神风貌。

五、建设文化应用之都，促进文化资源的转化与利用

在现代市场经济条件下，北京建设全国文化中心需要通过建设文化应用之都进一步促进文化资源的转化和利用，繁荣北京文化生产、文化消费，打造全国文化生产消费中心，强化全国文化中心的集聚功能、创新功能和引领功能，带动北京文化应用能力跨越式发展。北京要建设文化应用之都，要着重从推动文化产业融合、促进文化消费、培育良好的市场环境着手。

（一）推动文化产业融合，培育新兴文化业态

北京建设全国文化中心，应当在培育文化新兴业态方面走在全国的前列，充分挖掘文化产业新的增长极。例如，北京可以将文化与多种产业嫁接，促进"文化＋旅游""文化＋金融""文化＋农业""文化＋休闲"等多种产业融合发展，通过这种"文化＋"的模式，将文化的精髓和灵魂融入旅游业、金融业、农业、休闲业等载体上，使文化产业与其他产业相互延伸、相互渗透，逐步形成新型产业形态，实现文化和其他产业的共同繁荣。这种基于产业融合的文化产业创新发展模式，不仅

可以丰富文化产业业态，实现文化产业发展的升级换代，还可以使文化产业发展更具有生命力，促使文化产业发展进入新的历史阶段。

（二）优化产业发展政策环境，助推文化产业繁荣发展

北京建设文化应用之都离不开良好的政策环境支持。首先，北京应进一步形成有利于文化产业发展的政策环境，在土地、金融、税收等方面给予文化企业优惠政策，促进文化产业发展，其次，北京应安排文化产业发展专项资金，对于重点发展的文化产业集聚区给予大力支持，同时搭建中小文化创意企业与金融机构的沟通平台，鼓励金融机构开发针对中小文化创意企业特点的金融产品，改善中小企业融资难的现状。再次，下大力气推进文化产业升级，推动科技创新、文化创新和产品创新，充分发挥北京的文化、科技、资本优势，培育"北京创意""北京研发"的文化品牌，打造"文化创意之都"。最后，充分发挥市场机制在文化产业发展中的作用，建立健全文化产业的市场规则，规范市场秩序，完善知识产权保护制度等相关市场规则，形成有利于文化产业繁荣发展的政策环境，以良好的政策环境助推北京文化产业良性发展。

（三）进一步提高文化消费水平，让文化发展惠及全体人民

提升文化消费水平不仅能够进一步满足人民群众日益增长的文化需求，还能够进一步促进文化产业发展。北京应当积极促进文化消费，利用北京丰富的文化资源打造全国文化消费中心。北京促进文化消费，一方面应增加消费供给，通过打造原创文化精品，聚集世界文化艺术精品，为消费者提供更多的文化消费选择；通过政府购买服务、提供消费补贴等途径，引导和支持文化企业提供更多文化产品和服务，重点扶持一批能够提供综合性、多样化文化产品和服务的优质文化企业；继续办好北京国际图书节、北京国际设计周、北京图书博览会等重大活动，打造一批主题鲜明的文化消费活动品牌，为群众文化消费提供更多更好的选择。另一方面，建立文化企业和消费者良性沟通机制，通过搭建企业与消费者的交流平台，使得文化产品能够更加符合消费者的需求；建设覆盖全市的文化消费信息资源共享服务平台，对文化消费群体进行分层，按不同地域、不同年龄、不同收入来细分消费群体，将信息传递给文化产品生产经营者，实现资源和需求的无缝对接，促进文化消费水平的进一步提高。

参考文献：

[1] 韩圣喜，石兆宏. 济南建设全国重要的区域文化中心城市研究 [C]. 山东：山东人民出版社，2014（5）.

[2] 张小乐. 国家文化中心的内涵与特征初探 [J].《人民论坛》，2012（3）.

　　[3] 王琪延，王博. 世界中心城市文化竞争力核心要素比较研究［J］.《调研世界》，2014（9）.

　　[4] 北京市人大常委会课题组. 全国文化中心的内涵和主要功能调研报告//推进全国文化中心建设. 北京：红旗出版社，2012.

　　[5] 李建盛. 转变文化发展方式，促进全国文化中心建设［J］.《北京联合大学学报》（人文社会科学版），2012（1）.

（注：本文发表于《首都经济贸易大学学报》2016 年第 18 卷第 1 期）

附录 B：旅游业与文化产业融合发展研究

张家乐　　王琪延

（中国人民大学统计学院，北京 100872）

　　[摘要] 旅游是文化的载体，文化是旅游的灵魂。在旅游业快速发展的时代，文化的魅力更加丰富了旅游产业业态。二者的融合发展，不仅提升了旅游业的产业竞争力，也增强了目的地文化的表现力，是旅游业与文化产业提高产业效益的重要方式。本文主要讨论旅游业与文化产业之间融合发展情况，并为我国的旅游业与文化产业融合发展提供政策建议。

　　[关键词] 产业融合；旅游业；文化产业；文化旅游

一、研究意义

　　研究旅游业与文化产业的融合发展，能够了解国内外旅游业与文化产业融合发展的过程，不仅可以丰富旅游业与文化产业融合的理论，而且对旅游业与文化产业的融合发展可以起到实践参考作用。

　　研究旅游业与文化产业的融合发展，可以促进两个产业的进一步融合，推动产业升级。旅游业与文化产业的融合发展是提升旅游业文化内涵的重要手段之一，同时也为文化产业的传播发展提供了有效的途径。

　　研究旅游业与文化产业的融合发展，能够发掘促进两方面的进步。一方面，文化本身促成的经济优势在旅游业中发挥着重要的作用，旅游也能使人丰富经历、增长见识、提高素养。另一方面，游客在旅游的同时可以与目的地居民进行交流，使目的地居民更加开放，了解外部文化，增加旅游目的地居民收入，提高其生活品质。

　　研究旅游业与文化产业的融合发展，可以加深了解产业融合如何丰富旅游业与文化产业的业态，为游客提供更加多元化的旅游项目。很多旅游爱好者都是为了文化而旅游，寻找文化的历史足迹，感受文化的渊源，体验不同时代的文化氛围，在旅游中丰富自我。

二、国内外旅游业与文化产业融合的发展

旅游本身就蕴含有文化内容，文化是推动旅游活动发展的动力之一，甚至有的旅游就是为寻求文化而去的。多数旅游者出行的动机都是暂时离开所在的熟悉环境，到不太熟悉或非常不熟悉的环境去寻找一种新的体验，以丰富自己的阅历。

文化是一个很宽泛的概念，生活中文化的资源无处不在，有抽象的文化概念，也有实际存在的文化形式。旅游的项目和目的决定了旅游者旅行的文化含量，除了常规旅游项目外，还有许多为满足特定目的设定的旅游项目，如：历史探秘旅游、民族风情旅游等，这类旅游活动就是旅游业与文化产业很好融合的项目。

本文将旅游业与文化产业融合的进程分为三个阶段，即：隐形融合期、显现融合期和促进融合期。具体如附表 1 所示。

附表 1　　　　　　　　　旅游业与文化产业融合发展表

时间		相关事件	内容
隐形融合期	1759 年	大英博物馆正式开放	博物馆作为重要的文化旅游资源，逐渐成为展示城市独特历史文化，提升城市文化旅游吸引力的重要载体。在 18 世纪中期博物馆旅游就开始兴起，到了 19 世纪末，博物馆旅游非常盛行
	1789 年	法国国家自然博物馆建成	
	1793 年	法国罗浮宫博物馆开放	
	1835 年	伦敦杜莎夫人蜡像馆落成	
	1872 年 3 月	美国国会颁布了一项关于建立黄石国家公园的法令	这是世界国家公园发展史上一个重要的里程碑，为世界自然文化遗产的保护和利用指明了方向
	1933 年	国际现代建筑协会第四次会议在雅典召开	制定了有关历史建筑保护的第一个国际性文件
显现融合期	1949 年 3 月	《全国重要建筑文化简目》编制完成	该书是提供给中国人民解放军在作战及接管时保护文物之用的
	1954 年	欧洲议会审议公布了《雅典宪章》	它对历史建筑保护的推动作用及对保护理念的传播具有重要的意义
	1967 年	欧共体颁布《欧洲共同体旅游发展规划》	该文件对欧洲旅游业的发展目标等都作了统一的规定
	1971 年	法国克勒蒙特索矿区生态博物馆诞生	生态博物馆超出了传统博物馆的界限，强调社区本身就是被保护的对象
	1975 年	欧洲建筑遗产年	这是遗产旅游成为大众消费需求的标志
	1977 年 12 月	国际建筑师协会发表了《关于历史地区的保护及其当代作用的建议》	提出"城市的个性和特性取决于城市的体型结构和社会特征，因此不仅要保存和维护好城市的历史遗址和古迹，而且还要继承一般的文化传统"。历史名城的保护范围从物质文化遗产进一步扩大至非物质文化遗产领域

续前表

时间		相关事件	内容
促进融合期	20世纪80年代	工业遗产旅游在英国起源	通过工业遗产旅游项目开发，处理工业废弃地和解决传统工业区衰退问题
	1982年	中国国务院发布第一批24个历史文化名城的名单	这是一个保存具有历史价值和革命意义城市的重大举措
	1985年	中国加入世界遗产组织	国内更加重视对世界遗产项目的研究
	1987年	在华盛顿召开了国际古迹遗址理事会全体大会第八届会议，并通过了《保护历史城镇与地区宪章》	指出所谓"历史城镇"，是指具有特殊价值的传统城市文化景观的城镇。"不论大小，其中包括城市、城镇以及历史中心或居住区，也包括自然的和人造的环境。除了它们的历史文献作用之外，这些地区还体现着传统的城市文化的价值"
	1993年1月	欧共体实行《欧共体包价旅游规定》	以法律的形式规定了各成员国旅游服务的统一标准，规范了旅行社、饭店和航空公司的运作，促进了欧盟各国文化旅游的发展
	20世纪90年代中期	欧洲各国政府把文化旅游正式作为国家政策的一部分	其主要任务是协调旅游与文化部门的合作，并组建一个完整的文化旅游产品
	2002年	第九届全国人民代表大会常务委员会第三十次会议通过了修订后的《中华人民共和国文化保护法》	其中第二章第十四条规定"保护文物特别丰富并且具有重大历史价值或者革命纪念意义的城市，由国务院核定公布为历史文化名城"，对历史文化名城的概念再次进行了法律意义上的表述
	2009年	文化部与国家旅游局联合发布《关于促进文化与旅游结合发展的指导意见》	该文件提出了要高度重视文化与旅游的结合发展，并针对推进文化与旅游的结合发展提出了相应举措

（一）国外旅游业与文化产业的融合发展

1. 隐形融合期

18世纪到20世纪前期是旅游业与文化产业融合的隐形融合期。旅游业与文化产业融合发展的概念开始产生。在这一时期，多数的旅游业与文化相融合是在无意识的情形下产生的。这种融合形式初步激起了旅游者的兴趣，各国纷纷开始以各种形式尝试将旅游业与文化产业相融合，有的国家还颁布法令保护文化资源，发展旅游业。例如宗教朝圣和观光之旅在古代就已出现，而且十分盛行。古埃及的每一座金字塔都是一处神圣场所，因此，游客一般都会花上一点时间做祈祷，但他们的来访动机主要是为了满足自己的好奇心或纯粹是为了享乐，而不是出于宗教动机。

博物馆作为重要的旅游业与文化产业融合发展的资源，逐渐成为展示城市独特历史文化、提升城市文化旅游吸引力的重要载体。1735年建成的法国巴黎服装博物馆、1789年建成的法国国家自然博物馆、1870年建成的纽约大都会博物馆等，都以各自独有的魅力吸引了无数观众和游客。人文景观一直都是旅游业与文化产业融合发展的重要内容。在18世纪末的最后几年，新古典风格开始崭露头角，到了19世纪上半叶，它已经成为一种成熟的建筑风格。在"新古典"建筑理念的指导下，一座座令游人叹为观止、风格新颖独特的建筑纷纷在欧美发达国家出现，吸引着世界各地的游客慕名前来参观，这其中就有著名的位于美国的自由女神像。1872年3月1日，美国国会颁布了关于建立黄石国家公园的法令，至此，世界上第一个国家公园宣告成立，它是世界国家公园发展史上一个重要的里程碑，为世界自然文化遗产的保护和利用指明了方向。

2. 显现融合期

20世纪中期到后期是旅游业与文化产业融合进程中的显现融合期。在这一阶段，许多国家的政府通过出台相应政策来支持和鼓励旅游业与文化产业的融合发展，为旅游业与文化产业的融合发展做出合理规划，使其得到长足发展，建立起了更能吸引游客的、富含文化内容的新型旅游场所，令游客更有兴趣参与其中。许多旅游业与文化融合的形式虽然在很早就出现过，但直到这一时期才开始真正发展起来。与此同时，旅游业与文化融合的相关概念也产生了，环境保护在这一阶段得到了密切关注，相应的观光场所相继落成，以崭新的方式在吸引游客的过程中传播环境保护意识。

1933年，国际现代建筑协会第四次会议在雅典召开，制定了有关历史建筑保护的第一个国际性文件。1954年，欧洲议会审议通过了《雅典宪章》，它对历史建筑保护的推动作用巨大，在保护理念的传播方面具有重要的意义。1952年，文化景观概念产生。对文化景观进行体验性旅游是旅游业与文化产业的一种新的融合方式。它呈现由简单的审美怀旧、文化教育的表层体验旅游发展为休闲娱乐、返朴归真的中层体验旅游，最后到社交生活、情感升华的深层体验旅游三个阶段。与文化遗产相关的旅游活动在20世纪晚期的欧洲出现，第二次世界大战后的半个世纪，世界遗产景观的数量迅速增加。一般认为，1975年欧洲的建筑遗产年是遗产旅游成为大众消费需求的标志。1978年，《保护世界文化与自然遗产公约》公布，极大地促进了遗产旅游的发展。到了20世纪90年代，遗产旅游成为一种新的旅游产品，并被视为文化旅游的核心内容。

1964年5月，由联合国教科文组织倡导成立的"国际文化财产保护与修复中心"通过了《国际古迹保护与修复宪章》，这个宪章被认为具有里程碑的意义，它是第一个关于保护文物建筑的国际宪章，第一次将文物建筑保护的基本概念、理论和原则以国际性准则的形式确定下来，首次提出了必须保护文物建筑的环境，明确了文物修复的原则，提出了对文物建筑所在地段作为一个整体保护。这是国际社会从环境角度对历史名城保护的开始。

1971年，国际博物馆协会第九次大会第一次提出"生态博物馆"的概念，之后世界上诞生了以法国克勒索蒙特索矿区生态博物馆为代表的第一批生态博物馆。生态博物馆超出了传统博物馆的界限，强调社区本身就是被保护的对象，它要求里面的每个人都要小心保护文化遗产。

1975年，欧洲通过了《阿姆斯特丹宣言》，它提出了历史名城作为一座发展中的城市，对名城的保护不应局限于静态的保护，应促进名城的可持续发展。1976年，联合国教科文组织通过《关于历史地区的保护及其当代作用的建议》。文件中提出了对历史地段的保护内容、保护历史街区的普遍价值和应采取的措施。1977年12月，国际建筑师协会发表了《关于历史地区的保护及其当代作用的建议》，使历史名城的保护范围从物质文化遗产进一步扩大至非物质文化遗产领域。

3. 促进融合期

20世纪晚期至今是旅游业与文化产业融合的促进融合期。在这一时期，政府出台新政策，规范产业融合的发展运作，注重产业融合效率，持续进行旅游业与文化产业的融合发展，与生活和社会现状相结合，注重新形式的产业融合开发方式，旅游业与文化产业正在以各种各样的方式相互融合，蓬勃发展。此外，各企业不断学习融合政策，了解旅游业与文化产业融合的规则，发展多样化的融合形式，为游客提供亲临现场观摩的机会，让游客切身体验旅游业与文化产业融合的成果。

旅游业与文化产业融合发展的方式是游客通过鉴赏异地文化或参加各种文化活动来满足自身寻求文化享受的需要，如文化创意旅游、茶文化旅游等，体育旅游则借助体育文化资源，吸引热爱体育运动的消费者参加体育活动，既满足其参与需要，又通过体育与旅游的结合，倡导一种现代的休闲生活方式和新的旅游形式。

1987年，国际古迹遗址理事会全体大会第八届会议通过了《保护历史城镇与地区宪章》，其中指出：所谓"历史城镇"，是指具有特殊价值的传统城市文化景观的城镇。历史城镇"不论大小，其中包括城市、城镇以及历史中心或居住区，也包括自然的和人造的环境。除了它们的历史文献作用之外，这些地区还体现着传统的城市文化的价值"。

自1990年开始，欧盟采取了一系列有关旅游业与文化产业融合发展的行动。1993年1月实行《欧共体包价旅游规定》，以法律的形式规定了各成员国旅游服务的统一标准，规范了旅行社、饭店和航空公司的运作，促进了欧盟各国旅游业与文化产业的融合发展。20世纪90年代中前期，欧洲各国政府把文化旅游正式作为国家政策的一部分，其主要任务是协调旅游与文化部门的合作。

1994 年 12 月，世界遗产委员会第 18 次会议通过了《关于原真性的奈良文件》。文件强调了原真性是"与遗产价值有关的最为基本的资格要素"，将"保护"定义为：所有的设计与操作包含对遗产的理解、了解其历史和含义、保证其实体的安全以及必要的修复与改善。

（二）中国旅游业与文化产业融合的发展

我国最早的旅游与文化融合的形式是宗教旅行。长期以来，宗教旅行一直作为旅游活动的热点吸引着国内外游客，我国已经积累了丰富的宗教文化旅游的经验。在过去的千百年中，以佛教为代表的宗教文化旅游场所成倍增加，并且随着佛教逐渐为人们所接受，出现了很多朝拜圣地。

在 20 世纪 80 年代，我国开始推行风景名胜区，这是最早的文化旅游运营组织，它们大多是自然—人文复合型，分为国家、省（直辖市、自治区）两级风景名胜区。继风景名胜区之后，各个拥有旅游资源配置权的政府部门也纷纷建立起了自己的旅游景观运营体系。

1985 年，我国加入世界遗产组织，此后国内更加重视对世界遗产项目的研究。目前，中国共有 37 处世界遗产，这些世界遗产各有独特的历史文化价值、科学价值、美学价值，成为国内旅游研究的热点。

1982 年 11 月 19 日，国务院颁布了《中华人民共和国文物保护法》，其中指出："保存文物特别丰富、具有重大历史价值和革命意义的城市，由国家文化行政管理部门会同城乡建设环境保护部门报国务院核定公布为历史文化名城。"2002 年 10 月修订后的《中华人民共和国文物保护法》中，对历史文化名城的概念再次进行了法律意义上的表述。我国现有国家历史文化名城 122 座。

国家旅游局在 1993 年举办了"中国山水风光游"，在 1994 年举办了"文物古迹游"，之后又在 1995 年元旦拉开"中国民俗风情游"的帷幕，2002 年继续推出"中国民间艺术游"。文化部、国家旅游局决定从 2010 年开始每四年推出一个"文化旅游主题年"，每两年举办一届"中国国际文化旅游节"，这是我国实现旅游与文化一体化发展的开始。

文化部曾于 2004 年、2006 年、2008 年先后分三批命名了 137 个国家文化产业示范基地企业和单位。在这些国家级文化产业基地中，不乏以文化产业园区的形式建设起来的企业和单位，这其中又有相当一部分是以旅游景区、旅游相关产业为核心资源与重要业务的旅游文化产业园区。

我国政府出台了旅游业与文化产业融合发展的相关文件，将旅游业与文化产业的融合发展纳入了国家战略体系。国家文化部与国家旅游局于 2009 年 9 月联合发布了《关于促进文化与旅游结合发展的指导意见》，提出了要高度重视文化与旅游的结合发展。从该文件来看，国家旅游局与文化部联合发文的举措首先体现了政府部门对于促进旅游产业与文化产业结合发展的决心。各省纷纷贯彻落实文化与旅游业融合发展精神，2011 年 12 月，河北省文化厅与河北省旅游局联合印发了《河北省文化厅、河北省旅游局关于促进文化与旅游融合发展的指导意见》，具体推出了十项举措推动文化与旅游融合发展。2013 年 8 月，北京市政府召开专题会议，研究加快推进旅游与文化融合发展等事项。

三、启示

（一）保持文化的原真性

旅游业与文化产业的融合发展为游客提供了多种多样的旅游方式，旅游目的地根据自身的文化特点吸引不同的游客前来观光。在文化旅游中，旅游目的地政府往往会根据商业需求对文化进行改造或适当修正，但是有的地方政府在对文化建筑进行重整时，使被重整的建筑失去了其本身所具有的原真性，也令游客体会不到文化本身所真正表现的生命力和历史价值。政府在以旅游为目的进行文化建筑改造时，应该最大限度地保留其本来面目，把文化完全真实的一面呈现给游客。

（二）创新旅游项目吸引游客

随着人们旅游休闲意识的增强，游客出游次数不断增多，游客对于千篇一律的旅游项目已经失去了起初的兴趣。以创新求发展，旅游目的地要考虑不断增长的文化要素，创新旅游项目，使游客再度找回新奇的感觉，提升旅游目的地魅力。例如，开发特色旅游项目，让游客身临其境地感受旅游目的地的文化生活，给游客留下美好回忆，激发游客在未来再次回到旅游目的地享受浓郁文化氛围的激情；开发多主题的旅游项目，如历史文化类、人文探索类、生活体验类项目，满足不同旅游消费者的需求，使旅游业与文化产业的融合可持续发展。

（三）开发特色文化旅游衍生品

文化旅游产品是宣传旅游目的地的有效途径，但在我国，文化旅游目的地的旅游产品在很大程度上没有得到游客的关注，没有激发游客的购买欲望。因此，旅游目的地要注重开发当地特色文化旅游衍生品，根据自身特色，打破旅游产品同质化现象，打造独特的旅游产品，在旅游产品中突出地域文化特色，提高旅游产品的创意水平。例如，开发地方个性化的纪念品、旅游商品、旅游工艺品和文物艺术品等，使旅游产品具有地方文化内涵，满足游客对旅游产品的文化品位要求。

（四）做好宣传工作

旅游业与文化产业的融合发展离不开宣传。许多有价值的、含有丰富文化资源的旅游目的地并没有很好地被世人所知晓，这其中的影响因素很多，但是宣传工作不到位是其中一个重要原因。有很多地方的文化是十分有价值的，但是并不是有很多人了解它，很多非物质文化遗产，如皮影戏、剪纸、戏曲等，都是活生生的文化财富，应得到高度重视，不应在无声无息中流失。在信息时代，政府的宣传工作应跟上信息时代发展的脚步，通过微博、博客、网站、电视和广播等途径，全面做好宣传工作，提高旅游目的地的知名度。

（五）需要政府投入资金加强基础设施建设

中国的悠久文化无处不在，有些地区文化得到了很好的继承发扬，有些地区的文化正在逐渐被人们遗忘，这其中原因有很多，没有良好的基础设施帮助该地区进行文化的发展是其中一个重要原因。文化要想向世人展示，就要为游客提供前来观摩文化的便利条件。因此，政府应适当拨款，用于改善文化地区的基础设施，为游客的旅行带来便利，促进文化地区的旅游发展。

总之，我国要积极学习国外成功的融合模式和经验，结合自身旅游业与文化产业的特点，进行旅游业与文化产业的融合发展。此外，国外学者有关旅游业与文化产业的相关理论研究也对我们的实践具有很好的指导作用，值得我们在促进旅游业与文化产业融合发展的过程中学习和借鉴。

参考文献：

［1］邹统钎. 遗产旅游发展与管理［M］. 北京：中国旅游出版社，2010.

［2］刘家明，刘莹. 基于体验视角的历史街区旅游复兴——以福州市三坊七巷为例［J］. 地理研究，2010，29（3）.

［3］张慧丽. 历史文化名城旅游发展问题研究［D］. 桂林. 广西师范大学，2010.

［4］张晓楠，王颖. 现代文化旅游产业的突破与趋势［J］. 商业经济评论，2011（1）.

［5］文斌. 历史文化名城旅游开发分析［J］. 桂林师范高等专科学校学报，2005（19）.

　[6] 张文喜. 中国和欧洲文化旅游比较研究 [J]. 边疆经济与文化，2006 (9).

　[7] 袁芳. 历史文化名城保护与开发的中外法律制度比较研究 [D]. 桂林. 广西师范大学，2008.

　[8] Trevor Sofield，Sarah Li. Tourism development and cultural policies in China [J]. Annals of Tourism Research，1998，25 (2)：362-392.

　[9] 黄秀琳. 韩国文化旅游的发展经验及对我国的启示 [J]. 经济问题探索，2011 (3).

　[10] 马悦. 旅游文化产业园区发展探讨 [D]. 广西师范大学：硕士论文，2010.

（注：本文发表于《调研世界》2014 年第 1 期）

附录 C：基于产业关联视角的北京旅游业与文化产业融合研究

王琪延　　徐玲

（中国人民大学统计学院，北京 100872）

　[摘要] 本文采用 RAS 法编制 2010 年北京市投入产出表，并利用投入产出法分析产业关联性，揭示旅游业与文化产业融合现状。结果表明，北京旅游业与文化产业关联度仍处于较低水平，关联方式主要为后向关联；旅游业具有与文化产业融合的动力，但实际融合的主动性不足；旅游业对文化产业的拉动力大于推动力；三个行业部门中，旅游业与广播、电视、电影、音像业的关联程度相对最高。根据结论，提出促进旅游业与文化产业融合发展的思路及建议。

　[关键词] 文化旅游；投入产出；产业关联；产业融合

　融合化发展是当前世界产业发展的一个重要趋势，被称为新经济条件下促进就业与增长的一个强有力的"发动机"。在全球旅游业迅速发展的今天，推动旅游业与其他产业融合发展更具有现实意义，是当前我国旅游经济持续增长以及发展空间不断拓展的重要动力与路径。北京市拥有丰富的文化资源，将旅游和文化结合起来，推进二者融合发展，是做大做强北京文化产业，推动北京旅游业快速发展，打造国际一流旅游城市，培育首都经济新的增长点的有效途径和重要举措。

一、旅游业与文化产业融合机理分析

1. 产业关联是产业融合的基础和前提

　两个产业之间的关联性越强，彼此间的资源利用率就会越高，越容易形成融合发展。旅游业与文化产业的产业特性决定了二者之间具有较高的产业关联性。首先，旅游业与文化产业本身都是关联性极强的产业。旅游活动的六要素"吃、住、行、游、购、娱"构成了一条完整的产业链，几乎与国民经济各行业都发生着直接或间接的经济联系。而以文化创意产品为主要载体的文化产业，不仅是经济活动中的生力军，同时也是其他产业发展的源泉。其次，旅游业与文化产业之间具有天然的耦合性。旅游说到底是一种文化现象，任何一次旅游经历，都是一次对新文化的体验。旅游产业中那些利用文化资源为旅游服务的经营企业，其本质属于文化产业，而文化产业中那些主要生产供旅游者参观、游览、鉴赏和购买产品的企业又发挥着旅游的作用。最后，旅游业与文化产业具有优势上的互补性。旅游产业能为文化产业提供平台和载体，文化产业能使旅游产业具有更高的文化附加值与更大的利润空间，即文化是旅游的灵魂，旅游是文化的载体。

2. 旅游业与文化产业融合发展形成文化旅游新业态

文化旅游是旅游产业融合的一种类型，是在市场需求导向下形成的新型产业形态，是旅游业利用文化产业的旅游属性，并依托文化产业的发展优势而形成的新型产业。收入水平的不断提高，使得单一化、观光型的旅游产品已不能满足人们不断升级的旅游消费需求，旅游背后所蕴藏的历史文化越来越多地受到关注和推崇，文化体验和文化感知的程度成为人们评判旅游品质的重要因素。在这样的需求刺激下，旅游业开始寻求与文化产业的协调合作，并在不断发展过程中与业务、组织、管理和市场资源等方面实现相互渗透、相互交叉，通过资源共享、优势互补，产生"1+1＞2"的协同效应，使旅游业和文化产业在加速发展中产生进一步融合发展的动力。随着融合程度的不断加深，二者之间的界限愈加模糊，产业间分工逐渐转化为产业内分工，产业内企业之间竞争合作关系发生深层次的改变，最终形成一种新的产业形态——文化旅游。

3. 旅游业与文化产业融合是新价值的增长点和动力源

产业融合作为产业创新的一种方式，在形成新产业、催生新市场、满足新需求的过程中，通过资源配置优化、知识技术共享、优势互补等，实现产品创新、产业加速发展、产业结构优化升级。因此，旅游业与文化产业融合发展是传统旅游业突破增长瓶颈的必然选择，是产生新价值的增长点和动力源。

随着人们需求层次的不断提高，以观光型旅游产品为主的传统旅游业面临发展的瓶颈，导致旅游持续吸引力不强，复游率下降。文化旅游作为一种全新的、知识含量非常高的旅游形式，文化要素将成为旅游产生持续吸引力的新来源，旅游产品的文化深度将成为衡量旅游品质、提高重游率的关键。因此，文化旅游能够有力助推旅游业突破产业发展的瓶颈，形成旅游经济新价值的增长点。同时，文化产业也可借力旅游产业良好的市场运行环境，提升文化产业的传播力和影响力。因此，推动旅游业与文化产业融合发展，将实现旅游业与文化产业发展上的双赢，并通过加强行业间企业的竞争合作关系，延长产业链，丰富产品类型，促进技术创新，提高产业生产效率。

二、北京旅游业与文化产业的关联分析

产业关联性能够反映产业间内在的结构关系。因此，利用投入产出数据，对旅游业与文化产业之间的关联性和关联程度进行数量分析，能够有效揭示北京旅游业与文化产业的融合现状。

1. 北京 2010 年 23 部门投入产出表的编制

投入产出表是定量研究产业关联的数据基础。目前，官方公布的北京市投入产出表仅到 2007 年。以此为基础，本文采用 RAS 法，结合 2011 年《北京统计年鉴》和《中国第三产业统计年鉴》中公布的各产业部门总产出、增加值等数据资料，对北京市 2010 年投入产出表进行编制。根据北京市新颁布的《文化创意产业分类标准》的口径，文化创意产业分类中还包含了与旅游相关的一些服务。为避免旅游业内部自身关联的影响，且北京市 2007 年 135 个部门投入产出表中，仅对文化产业的核心产业进行了核算，因此，本文只选取了文化产业的核心层产业即文化艺术业，新闻出版业，广播、电视、电影、音像业三个行业部门作为主要分析对象，通过揭示旅游业与文化核心产业的关联状况，来近似反映旅游业与文化产业的融合程度和变化特征。基于合并整理和推算所得到的 2007 年和 2010 年北京市各产业对旅游业的中间投入如附表 2 所示。

附表 2　　　　　2007 年和 2010 年北京市各产业对旅游业中间投入表　　　　单位：万元

产业部门	2007 年	2010 年
农林牧渔业	0.45	0.46
工业	167 139.22	231 391.05
建筑业	1 347.91	3 892.27
交通运输及仓储、邮政业	345 623.83	313 963.36
信息传输、计算机软件	4 003.06	6 219.22
批发和零售贸易业	5 473.65	9 836.57
住宿和餐饮业	508 766.01	723 640.13
金融保险业	33 551.14	44 013.66
房地产业	3 647.39	8 901.67

续前表

产业部门	2007 年	2010 年
租赁业	20 942.4	37 886.36
商务服务业	19 408.51	56 147.78
旅游业	773 802.14	1 578 456.03
科研、技术与地质勘查业	67 737.96	119 282.13
水利、环境和公共管理业	71 014.79	111 955.27
其他社会服务业	1 040.56	1 115.04
教育事业	352.15	660.46
卫生、社保和社会福利业	0	0
新闻出版业	337.88	580.51
广播、电视、电影和音像业	803.79	1 049.98
文化艺术业	9 969.98	18 701.18
体育业	0	0
娱乐业	1 130.04	8 689.86
公共管理和社会组织	34 247.05	64 210.19
总投入	2 328 228.1	3 895 860.41

2. 北京旅游业与文化产业的关联状态分析

投入产出系数可以有效揭示产业部门之间直接或间接的技术经济联系,反映产业关联的方式、状态和特征。基本的投入产出系数包括直接消耗系数、完全消耗系数、直接分配系数和完全分配系数。直接消耗系数和完全消耗系数反映了一个产业对那些向其供应中间产品或服务的产业部门的影响,产业关联方式表现为后向关联。而直接分配系数和完全分配系数反映的是某产业对那些将本产业产品或服务作为生产资料的产业部门的供给推动作用,产业关联方式为前向关联。本文基于2007年和2010年北京市投入产出表,分别计算了旅游业与文化核心产业的直接消耗系数、完全消耗系数、直接分配系数和完全分配系数(具体见附表3)。

附表3　北京市旅游业对文化核心产业的消耗系数和分配系数

系数	年份	旅游业对文化核心产业	旅游业对新闻出版业	旅游业对广播、电视、电影、音像业	旅游业对文化艺术业
直接消耗系数	2007	0.004 8	0.000 1	0.000 3	0.004 3
	2010	0.005 2	0.000 1	0.000 2	0.004 8
完全消耗系数	2007	0.028 0	0.005 62	0.014 9	0.007 5
	2010	0.039 1	0.007 7	0.020 0	0.009 9
直接分配系数	2007	0.000 0	0.000 0	0	0
	2010	0.000 0	0.000 0	0	0
完全分配系数	2007	0.000 9	0.000 4	0.000 4	0.000 1
	2010	0.001 9	0.000 8	0.000 9	0.000 2

根据附表 3 的计算结果，可以得到如下几点结论：

第一，相较于 2007 年，2010 年旅游业对文化核心产业的直接消耗系数和完全消耗系数均有所增加，说明总体上旅游业与文化核心产业之间的技术经济联系越来越紧密，北京旅游业发展确实对文化核心产业起到了直接或间接的需求拉动作用。直接消耗系数上升了 0.000 4，完全消耗系数上升了 0.011 1。完全消耗系数是某一产业部门在生产过程中对其他产业部门产品的直接消耗和全部间接消耗之和，由此我们可以近似得到 2007 年和 2010 年旅游业对文化核心产业的间接消耗系数的值分别为 0.023 2 和 0.033 9，上升幅度约为 0.010 7，大于直接消耗系数的上升幅度，说明两个产业之间间接技术经济联系要大于直接技术经济联系，即北京市旅游产业的发展对文化核心产业的需求拉动作用主要以间接拉动为主，且这种间接拉动作用有增强之势。从文化核心产业所包含的三大行业部门来看，2010 年，旅游业对文化艺术业的直接消耗系数最大，且大于对该产业的间接消耗系数（0.003 2）；对广播、电视、电影、音像业的完全消耗系数最大，其中直接消耗系数（0.000 3）远小于间接消耗系数（0.019 8）；除广播、电视、电影、音像业外，2010 年旅游业对其他两个文化核心产业部门的直接消耗系数和完全消耗系数较 2007 年均有所增长。由此可得，旅游业对广播、电视、电影、音像业的完全需求拉动作用最强，其中主要以间接需求拉动为主，对文化艺术业则是直接需求拉动力最强，而对新闻出版业的直接需求和完全需求拉动作用都相对最弱。

第二，从分配系数的结果来看，旅游业对文化核心产业的分配系数较低，说明供给推动效应并不明显。相较于 2007 年，2010 年旅游业对文化核心产业的完全分配系数上升了 0.001 1，说明整体上二者之间相互联系的紧密程度有上升趋势，旅游业对文化核心产业的供给推动作用一定程度上有所增强。同样，完全分配系数为直接分配系数与间接分配系数之和，由此可得 2007 年和 2010 年旅游业对文化核心产业的间接分配系数分别为 0.000 8 和 0.001 9，间接分配系数的值及上升幅度均大于直接分配系数，说明旅游业对文化核心产业的供给推动作用主要以间接作用为主。从文化核心产业所包含的三大行业部门来看，旅游业对三个行业部门的直接分配系数都接近于 0，2010 年的完全分配系数以广播、电视、电影、音像业的值最高，文化艺术业最低，说明旅游业对三个文化核心产业的直接供给推动作用很弱；对广播、电视、电影、音像业的完全推动效应相对最强，对文化艺术业则相对最弱。

第三，将旅游业对文化核心产业的消耗系数和分配系数进行比较，可以看到，直接、完全消耗系数都大于直接、完全分配系数，说明现阶段北京旅游业对文化核心产业的需求拉动作用大于旅游业对文化核心产业的供给推动作用，产业关联方式主要以后向关联为主，即现阶段文化产业相对于旅游业更具初级产品部门的特征，在对旅游业产生供给推动效应的同时，依靠旅游业需求的增加来拉动自身产业的发展。

第四，根据定义，直接消耗系数和直接分配系数同时也分别是某产业对另一产业中间投入率和中间需求率的数量反映，能够在一定程度上反映两个产业之间的融合情况。可以看到，北京旅游业与文化核心产业相互之间的中间投入率和中间需求率均比较低，说明现阶段两个产业之间的融合情况并不十分理想，融合主动性及融合力度均有待进一步提高。比较来看，旅游业中文化核心产业的中间投入率要远大于文化核心产业中旅游业的中间投入率，说明北京旅游业对文化核心产业的依赖程度要高于文化核心产业对旅游业的依赖程度，即旅游业的发展更需要文化产品的大量投入，以提高旅游产品的附加值，旅游业具有更强的向文化核心产业融合的动力。同时，文化产业对旅游业的中间投入率要大于旅游业对文化产业的中间需求率，说明虽然旅游业融合的动力更强，但目前更多的是文化产业通过增加对旅游业的投入，主动寻求与旅游业的融合，即现实中文化产业融合的主动性更强。另外，旅游业对文化核心产业的中间需求率也远大于文化核心产业对旅游业的中间需求率，说明文化核心产业依赖于旅游业对其中间产品的使用和消耗，因此，文化核心产业同样具有向旅游业融合的动力，而旅游业对文化核心产业使用其中间产品的依赖程度则相对较弱。

3. 北京旅游业与文化产业关联程度分析

影响力系数和感应度系数通常可以用来度量某一产业与其相关联产业后向、前向的关联程度。影响力系数是研究某一产业部门的生产和需要发生变化时，其他产业部门的生产和供给发生相应变化的程度，表示的是该部门对其他部门的影响。感应度系数是研究其他产业部门的最终需求发生变化时，该产业的生产和供给发生相应变化的程度，表示该部门对其他部门生产变化的敏感度。影响力系数和感应度系数的计算公式如式（1）、式（2）所示。

$$e_j = \frac{\sum_{i=1}^{n} C_{ij}}{\frac{1}{n} \sum_{j=1}^{n} \sum_{i=1}^{n} C_{ij}} (i,j=1,2,\cdots,n) \tag{1}$$

$$e_i = \frac{\sum_{j=1}^{n} C_{ij}}{\frac{1}{n} \sum_{j=1}^{n} \sum_{i=1}^{n} C_{ij}} (i,j=1,2,\cdots,n) \tag{2}$$

其中，e_j 和 e_i 分别表示影响力系数和感应度系数，i 和 j 分别代表投入产出表的横行与纵列，n 表示产业部门的个数，$[C_{ij}]$ 为列昂惕夫逆矩阵系数，亦即 $[C_{ij}]=(I-A)^{-1}$。

为了进一步度量和分析北京旅游业与文化核心产业的关联程度，本文对影响力系数和感应度系数的计算公式略作修改，调整后的公式如式（3）、式（4）所示。

$$e_{lj} = \frac{C_{lj}}{\frac{1}{n}\sum_{j=1}^{n}\sum_{i=1}^{n}C_{ij}}(i,j=1,2,\cdots,n) \tag{3}$$

$$e_{il} = \frac{C_{il}}{\frac{1}{n}\sum_{j=1}^{n}\sum_{i=1}^{n}C_{ij}}(i,j=1,2,\cdots,n) \tag{4}$$

其中，e_{lj} 表示某产业 j（本文为旅游业）对文化产业 l 的影响力系数，e_{il} 表示某产业 i（本文为旅游业）对文化产业 l 的感应度系数，计算结果如附表 4 所示。

附表 4　　　　　北京旅游业对文化核心产业的影响力系数和感应度系数

系数	年份	旅游业对文化核心产业	旅游业对新闻出版业	旅游业对广播、电视、电影、音像业	旅游业对文化艺术业
影响力系数	2007	0.009 4	0.001 9	0.005 0	0.002 5
	2010	0.013 0	0.002 5	0.007 4	0.003 1
感应度系数	2007	0.000 1	0.000 1	0.000 1	0.000 1
	2010	0.000 3	0.000 2	0.000 3	0.000 2
旅游产业对所有产业平均影响力系数	2007	0.064 4	旅游产业对所有产业平均感应度系数	2007	0.024 2
	2010	0.060 7		2010	0.024 8

根据附表 4 的计算结果，可以看出：

第一，与 2007 年相比，2010 年旅游业对文化核心产业的影响力系数和感应度系数均有所增加，说明北京旅游业与文化核心产业的关联程度在逐渐提高。其中，旅游业对广播、电视、电影、音像业的影响力系数和感应度系数是三个行业部门中最大的，上升幅度也大于其他两个行业部门，说明旅游业与广播、电视、电影、音像业的关联程度相对最高，对其发展的拉动作用和支撑效应最为明显。旅游业对新闻出版业的影响力系数最小，对文化艺术业的感应度系数最小，说明旅游业对新闻出版业的拉动作用最不明显，对文化艺术业发展的敏感度最低。

第二，影响力系数均大于感应度系数，说明北京旅游业对文化核心产业各部门的拉动作用要大于推动作用。

第三，旅游业对文化核心产业的影响力系数和感应度系数都不高，均远小于旅游业对国民经济所有产业部门的平均影响力系数和平均感应度系数，说明北京市旅游业与文化核心产业之间的关联程度还处于较低水平，未来仍具有较大的提升空间。

4. 结论

本文利用投入产出法对旅游业与文化产业之间的产业关联性进行数量分析，以揭示二者之间的融合现状，得到如下几点结论：

第一，从关联状况来看，总体上旅游业与文化产业之间的技术经济联系越来越紧密，但关联程度仍处于比较低的水平，现阶段的融合情况并不十分理想。二者之间具有相互融合的动力，但融合的主动性和融合力度不足。在实际发展中，文化产业表现出了更强的向旅游业融合的主动性。目前，旅游业与文化产业主要以后向关联为主，即现阶段文化产业相对更依赖旅游业产品需求的增加拉动自身的产业发展。

第二，从影响作用及作用途径来看，北京旅游业发展对文化产业确实具有一定程度的需求拉动和供给推动作用，且这种关联作用主要以间接作用为主，并有逐渐增强的趋势。比较而言，拉动作用要大于推动作用，即北京旅游业对文化产业的影响作用主要以需求拉动作用为主。

第三，从文化核心产业三大行业部门来看，旅游业与广播、电视、电影、音像业的关联程度相对最高，对其发展的完全拉动作用和完全推动作用相对最强；对新闻出版业发展的直接推动作用相对最强，需求拉动作用则相对最弱；对文化艺术业发展的直接需求拉动作用最强，但供给推动作用最不明显。

三、北京旅游业与文化产业融合发展的思路及建议

1. 增强融合主动性，提高前向关联

在与文化产业融合发展的实践中，旅游业更多的是被融合，向文化产业拓展业务的意识和能力还很弱。因此，北京应采取措施增强旅游业融合的主动性，增加对文化产业的中间投入，提高向文化产业拓展业务的能力，将融合动力转化为融合现实。在融合方式上，应以提高旅游业与文化产业的前向关联作为提高二者融合度的突破点，即提高对文化产业发展的敏感度，充分发挥旅游业对文化产业的推动力和支撑效应，以文化提升旅游，以旅游带动文化，最终实现双赢。

2. 以市场需求为主导，开发文化旅游产品

需求增加导致的市场融合是旅游业与其他产业融合发展的根本动力。因此，必

须以市场需求为主导，以旅游者的偏好为出发点，结合文化资源优势设计文化旅游产品，将文化资源优势转化为文化产品优势，形成具备持久吸引力和更具竞争力的文化旅游产品，实现资源优势、游客满意与市场需求的一致性。

3. 发挥政府引导作用，加强产业宏观管理

北京市政府应充分发挥社会舆论的引导作用，为旅游业与文化产业的融合发展营造良好的产业发展环境。在政策扶持上，应根据北京的文化资源特色制定旅游业与文化产业融合发展的战略规划，促进融合有序发展。对于文化旅游产品的开发和营销，要制定相应的法律法规进行约束和监督，避免经营者对文化资源的盲目开发和肆意破坏，规范文化旅游市场的秩序，并通过适当提高社会公共服务的投入支持旅游业与文化产业的融合发展。

4. 吸引人才集聚，促进知识创新

文化旅游的形成过程同时也是人才聚集、知识融合的过程。人力资本水平的提高将有效促进技术创新、知识创新和产品创新，从而促进产业新形态的形成。首先，在人才培养上，应充分利用北京教育资源丰富的优势，培养应用型、复合型、创新型专业人才。其次，在人才引进上，要建立和完善人才引进机制，尤其是要建立和完善对国际化人才的引进机制，要积极采取措施提高吸引力，如通过适度降低中国"绿卡"的申请门槛，将经营管理、专业策划、文化创意等方面的优秀海外人才留在北京，推动北京文化旅游的大发展。

参考文献：

[1] 宋子千. 旅游业应增强产业融合的主动性 [J]. 旅游学刊，2011，26（4）：7-8.

[2] 王朝辉. 产业融合拓展旅游发展空间的路径与策略 [J]. 旅游学刊，2011，26（6）：6-7.

[3] 程晓丽，祝亚雯. 安徽省旅游产业与文化产业融合发展研究 [J]. 经济地理，2012，32（9）：161-165.

[4] 李华敏，王花毅. 我国文化产业的关联性研究 [J]. 西部商学评论，2010（1）：128-141.

[5] 朱桃杏，陆林. 近 10 年文化旅游研究进展——*Tourism Management*、*Annals of Tourism Research* 和《旅游学刊》研究评述 [J]. 旅游学刊，2005，20（6）：82-88.

[6] 张海燕，王忠云. 旅游产业与文化产业融合发展研究 [J]. 资源开发与市场，2010，26（4）：322-326.

[7] 袁俊，张萌. 深圳市旅游业与文化产业互动发展的模式构造 [J]. 深圳大学学报，2011，28（2）：17-21.

[8] 王琪延，徐玲. 基于产业关联视角的北京旅游业与农业融合研究 [J]. 旅游学刊，2013（8）：101-110.

（注：本文发表于《经济与管理研究》2014 年第 11 期）

图书在版编目（CIP）数据

中国城市文化发展指数. 2016/王琪延，徐玲著. —北京：中国人民大学出版社，2016.11
（中国人民大学研究报告系列）
ISBN 978-7-300-23516-5

Ⅰ.①中… Ⅱ.①王…②徐… Ⅲ.①城市文化-文化发展-研究报告-中国-2016 Ⅳ.①G122

中国版本图书馆 CIP 数据核字（2016）第 252386 号

中国人民大学研究报告系列
中国城市文化发展指数（2016）
王琪延　徐玲　著
Zhongguo Chengshi Wenhua Fazhan Zhishu（2016）

出版发行	中国人民大学出版社		
社　　址	北京中关村大街 31 号	邮政编码	100080
电　　话	010 - 62511242（总编室）	010 - 62511770（质管部）	
	010 - 82501766（邮购部）	010 - 62514148（门市部）	
	010 - 62515195（发行公司）	010 - 62515275（盗版举报）	
网　　址	http://www.crup.com.cn		
	http://www.ttrnet.com（人大教研网）		
经　　销	新华书店		
印　　刷	北京宏伟双华印刷有限公司		
规　　格	185 mm×260 mm　16 开本	版　次	2016 年 11 月第 1 版
印　　张	16 插页 1	印　次	2016 年 11 月第 1 次印刷
字　　数	290 000	定　价	58.00 元